金融改革
创新启示录

砥砺奋进的五年

| 张超　张兴军◎编著 |

经济日报出版社

图书在版编目（CIP）数据

金融改革创新启示录／张超，张兴军编著．-- 北京：经济日报出版社，2018.5

ISBN 978－7－5196－0413－4

Ⅰ．①金…　Ⅱ．①张…　②张…　Ⅲ．①金融改革－研究－中国　Ⅳ．①F832.1

中国版本图书馆 CIP 数据核字（2018）第 181056 号

金融改革创新启示录

作　　者	张　超　张兴军
责任编辑	郭明骏
责任校对	杨欣萌
出版发行	经济日报出版社
社　　址	北京市西城区白纸坊东街 2 号 A 座综合楼 710
邮政编码	100054
电　　话	010－63584556（编辑部） 010－63538621　63567692（发行部）
网　　址	www.edpbook.com.cn
E－mail	edpbook@sina.com
经　　销	全国新华书店
印　　刷	中国电影出版社印刷厂
开　　本	710 × 1000 mm　1/16
印　　张	16.75
字　　数	247 千字
版　　次	2018 年 10 月第一版
印　　次	2018 年 10 月第一次印刷
书　　号	ISBN 978－7－5196－0413－4
定　　价	78.00 元

改革开放40年金融大事记

（1978–2018）

1978年

中国开始实行改革开放的政策，次年邓小平首次提出开办“经济特区”，深圳成为首个“经济特区”。

1981年

国务院发布《中华人民共和国国库券条例》，决定从1981年开始发行国库券。

1984年

共和国时期第一只股票——上海飞乐音响诞生。

1985年

主要国家签订《广场协议》，联合干预外汇市场，诱导美元对主要货币的汇率有秩序地贬值。

美国成为世界上最大债务国，这是1914年以来美国首次成为债务国，净负债为1074亿美元。

1987年

纽约股市黑色星期一，道琼斯工业平均指数暴跌507点，一天之内投资者损失6000亿美元。

1990年

上海证券交易所获批成立。深圳证券交易所获批成立。

1991年

深圳证券交易所获批成立。

欧洲共同体签订《马斯特里赫特条约》，分布推进单一货币和欧洲中央银行。

1992 年	中国证券监督管理委员会成立，刘鸿儒担任首任主席。
1993 年	朱镕基兼任中国人民银行行长，推动金融改革和资本市场发展，解决长期存在的金融三角债问题，奠定了中国金融现代化的基础。
1994 年	中国开始实行管理浮动汇率制。
1996 年	中国成为国际货币基金组织第八条款国，开始实行人民币经常项目下的可兑换，标志着中国外汇管理体制改革取得重大进展。
1997 年	由迈伦·斯科尔斯与费雷·布莱克一起给出了著名的布莱克—斯科尔斯期权定价公式，由此斯科尔斯获得 1997 年诺贝尔经济学奖。 亚洲金融危机爆发，由泰国开始，进一步蔓延到亚洲其他国家，造成亚洲大部分主要股市大幅下跌，货币贬值，企业倒闭，工人失业，社会经济萧条。
1998 年 -2000 年	王岐山成功完成粤海集团债务重组，拯救了中国金融机构的国际声誉，成为解决亚洲金融危机的经典案例。
1999 年	欧洲单一货币欧元在欧盟 11 国正式启动。欧洲一体化进程又迈出了重要的一步。
2001 年	美国安然公司申请破产，创下美国历史上最大宗的公司破产案纪录。 中国正式加入世界贸易组织，标志着中国的产业对外开放进入了一个全新的阶段。 9·11 事件发生，恐怖分子劫持民航客机撞入美国世界贸易中心及五角大楼。
2003 年	中国银行业监督管理委员会正式成立，刘明康担任首任主席，建立了全面金融风险监控系统，从根本上改变了不良资产状况。

2006 年

穆罕默德·尤努斯开创“小额贷款”的服务，他与孟加拉乡村银行共同获得诺贝尔和平奖。

中国外汇储备突破 1 万亿美元，超过日本成为全球第一外汇储备国，2009 年突破 2 万亿美元。

2007 年

美国第二大次级房贷公司新世纪金融公司因其经营的次级债坏账问题严重导致公司市值迅速蒸发而被迫申请破产保护，揭开了 2007 年美国次贷房屋信贷风暴的序幕。

2008 年

前世界第四大投行雷曼兄弟公司宣告破产，美国次贷危机至此演变为百年一遇的全球金融危机。

摩根大通公司宣布将以总值约 2.36 亿美元收购次级按揭风暴中濒临破产的贝尔斯登公司。

美国房地产市场泡沫破裂，房利美和房地美深陷 700 亿美元亏损困境，美国政府随后宣布出手救助。

2009 年

周小川发表《关于改革国际货币体系的思考》，提出建立超主权货币的构想。

希腊债务危机拉开序幕，随之引发欧洲主权债务危机。

中国政府制定出台了十大措施以及两年 4 万亿元的刺激经济方案。

美国纳斯达克前董事会主席伯纳德·麦道夫承认证券诈骗、作伪证、洗钱等罪名，成为美国历史上最大的金融诈骗案。

2010 年

欧盟与国际货币基金组织成立了欧洲金融稳定机制（ESM），并且成立了稳定基金，向申请援助并得到批准的欧元区成员国提供紧急贷款。

中国超越日本成为世界第二大经济体。

《巴塞尔协议Ⅲ》在瑞士巴塞尔出炉，旨在加强全球银行体系资本要求。

2011 年

平安集团的陆金所上线。传统金融机构开始进入互联网金融领域。

2013 年

1 月，全国中小企业股份转让系统（简称新三板）在北京金融街正式揭牌，这意味着继上海和深圳两大交易所之后，又出现了第三个全国性的证券交易场所。

6 月底，股市 IPO 重新开闸。

7 月 7 日，证监会发布修订后的《上市公司重大资产重组管理办法》，打开上市公司并购重组的大门。

11 月 17 日，上海证券交易所开通“沪港通”业务，第一次将中国资本市场和海外市场连接。

2015 年

5 月 22 日，沪深两市成交金额逼近 2 万亿元，在创出 A 股历史新高的同时，也刷新了全球股市“单日成交纪录”。

6 月 5 日，创业板指数经过 5 个月飙涨，创下了迄今为止 4037 点的最高点，涨幅接近 3 倍。

12 月 16 日，e 租宝涉嫌非法集资 500 多亿元而被立案侦查。

2016 年

2 月，国务院决定，任命刘士余为中国证监会主席，免去肖钢的中国证监会主席职务。

12 月 5 日，深港通正式启动。

2017 年

十九大成功召开，强调要深化金融体制改革，增强金融服务实体经济能力，提高直接融资比重，促进多层次资本市场健康发展。

2018 年

互联网金融连续第五年写入政府工作报告，金融监管体系得到进一步完善。报告中明确，要强化金融监管统筹协调，健全对影子银行、互联网金融、金融控股公司等监管，进一步完善金融监管。3 月 13 日，国务院关于提请第十三届全国人民代表大会第一次会议审议国务院机构改革的议案表示，中国将组建中国银行保险监督管理委员会。将中国银行业监督管理委员会和中国保险监督管理委员会的职责整合，组建中国银行保险监督管理委员会，作为国务院直属事业单位。

序一

与金融改革创新同行

金融是现代经济的核心。金融领域的改革开放，是全面深化改革和构建开放型经济新体制的关键之一。

金融改革创新的大发展得益于十八大的战略定位。时任中国人民银行行长周小川表示：十八大报告关于深化金融体制改革的内容虽字数不多，但指出了下一步金融体制改革方面最重要的领域。改革的重点则是健全现代金融系统，促进宏观经济稳定，支持实体经济发展，加快民营金融机构发展，完善金融监管，推进金融创新等。

十八大以来的五年，是金融业砥砺奋进的五年，是深水区金融改革创新发展的五年，更是我国金融业发生“基因突变”的五年。在政策、市场的推动下，以互联网或移动互联网信息技术和平台为基础，在移动化、云计算、大数据、区块链等互联网和信息技术革命推动下，衍生出诸多新的金融业态、金融服务模式、金融产品等，民营银行、互联网金融、P2P网络借贷、互联网保险、众筹、消费金融等代表着我国金融业改革创新的又一次时代巨变，而扫码支付更被誉为中国的新四大发明之一。

这种改革、创新的新业态充分扮演着传统金融的有效补充角色，为实体经济发展，中小企业融资，社会资本利用等提供着便利的服务。新金融在大大提升金融服务效率的同时，也触发了新一轮的金融风险，以泛亚、e租宝等为代表的恶性事件带领整个行业跌入谷底。

由于工作的原因，我频繁接触金融业的各个机构，从2012年开始慢慢熟悉和了解这些金融改革或创新的新业态，有幸见证和参与了砥砺奋进的五年中我国金融改革创新发展的这一关键阶段，同时也是我媒体从业生涯中的一个非常重要的经历。

时间节点上而言，砥砺奋进的五年是从十八大到十九大期间的这五年。在此期间，我们以远鉴为题，探寻和记述着中国金融改革创新的过程和足记。

远鉴之谓，即从高远之处观察，从细微之处鉴别。5 年来，我们一直为金融改革创新的健康发展而努力：

以远鉴为题，我们开展了诸多金融创新模式的研讨、调研活动，就新的金融模式创新、金融理念革新等组织政府相关部门负责人、研究机构的专家学者、行业从业企业等进行互动，并就意见、建议形成报告呈报有关单位，并倡导提出“新金融品牌重塑”行动及新金融规范发展的“五个统一”；

以远鉴为题，我们连续 4 年策划出版了 4 期金融改革创新的深度报道，并分别向参加 2015 年全国两会、2016 年全国两会、2017 年全国两会、2018 年全国两会的全国人大代表和全国政协委员赠阅，并听取他们对于金融改革创新的意见、建议；

以远鉴为题，我们就金融改革创新发展进程中取得的先进经验、创新的商业模式，以及深度剖析那些引发金融风险的恶性事件、模式等主题策划推出砥砺奋进的五年·金融改革创新启示录系列活动，希望能够总结梳理过去 5 年的发展实践，不仅将好的经验、模式进一步推广，更把典型的恶性事件或教训整理成册，警醒未来的创新者们，以免重蹈覆辙。

5 年来，金融改革创新发展中，我们先后采访了高云龙、易纲、郭树清、刘士余、潘功胜、周小川、吴晓灵、李东荣、刘明康、马蔚华、谢平、刘世锦、贾康、徐晓兰、张承惠、焦瑾璞、姚余栋、霍学文、王素珍、杨涛、李爱君、黄金老、孙陶然、陈劲、盛佳、唐宁、陈龙、周晔、安晓博、张俊、周歆明等领导、专家、企业家等，是他们给我们提供了发展的真知灼见。

5 年来，更要感谢远鉴的团队成员，张兴军、杜鸣皓、宋谊青、张佳、贺佳雯、薛靖东等，是他们夜以继日的辛苦付出和分享精神，才生产出了这些精彩活动、深度报道和远鉴思想。

此外，还要感谢新金融业领域的媒体人王奇、李占锋、张杰、黄河，他们对行业的洞窥和观察，体现出了金融媒体人的专业素养。也正是在他们的鼓励、帮助和支持下，我们举办的远鉴系列活动才能够成功举行。

当然，我们更要感谢这本书的责任编辑、经济日报出版社的郭明骏女士，在本书的出版过程中，她给出了很多专业而又具体的建议。在后期完稿的过程中，如果不是她的认真、负责地督促，相信本书的与读者见面的时间还将推迟。

当下，中国发展步入新时代，经济发展进入高质量阶段，金融改革创新发展也迎来新的时期。在十九大报告的战略引导下，金融体制改革将进一步深化、金融业态创新将讲一步加快、金融服务能力将进一步增强。这本《砥砺奋进的五年：金融改革创新启示录》可以说是对中国金融改革创新成就的一个阶段性总结，我们希望以这本书的出版为契机，继续为国家金融改革与发展进行鼓与呼，并持续聚焦行业发展的方方面面。

张超

2018 年 7 月于北京

序二

一次未完的旅程

《砥砺奋进的五年：金融改革创新启示录》一书付梓之际，适逢第十三届全国人民代表大会第一次会议胜利闭幕。在新时代与新征程的指引之下，全国各行各业均在筹谋着未来发展的战略与方向。对于金融行业而言，同样是一个值得总结与展望的关键时刻。

事实上，从最初本书立项伊始，我们就开始了一次回溯之旅。通过定位 2013 年至今以来五年多时间里中国金融改革与发展的足迹，尝试去记录中国金融领域变革的重要节点。总体而言，这一期间中国金融领域的蜕变发展，正与中国经济的崛起一道，以“一枝独秀”的方式引领着世界金融的改革与创新。

过去五年，金融领域的一个独特所在，无疑是以技术和模式创新为特征的发展脉络。其集中体现，便是互联网金融的异军突起。这一点，从过去五年的政府工作报告中就可窥一斑。

2014 年，互联网金融行业首次登上政府工作报告，报告中明确写道：“促进互联网金融健康发展，完善金融监管协调机制。”这句话，被业内解读为“为科技金融正名”，同时也是对野蛮生长的新金融的一次审慎定位。2015 年，政府工作报告用“互联网金融异军突起”来形容行业的发展，同时亦部署了“促进互联网金融健康发展”的目标。2016 年，政府工作报告的侧重点变成“规范发展互联网金融”。到了 2017 年，“对互联网金融等累积风险要高度警惕”则上升为首要任务。在 3 月闭幕的 2018 年全国两会上，政府工作报告中明确写道“强化金融监管统筹协调，健全对影子银行、互联网金融、金融控股公司等监管，进一步完善金融监管、提升监管效能”的内容。从2016年到2018年，互联网金融行业的规范管理进一步加快，监管力度空前加强，合规发展成为重中之重。政府工作报告中措辞变化的背后反映的是行业大环境的变迁及政府对行业发展的态度，说明了行业监管正在不断深化，显示了新金融行业五年来经历的从高速发展到规范整治的历程。

值得注意的是，自2017年以来，网贷行业银行存管、备案、信息披露三大主要合规政策悉数落地，与2016年8月24日发布的《网络借贷信息中介机构业务活动管理暂行办法》共同组成网贷行业“1+3”制度体系。一系列有的放矢的政策的颁布，让行业监管体系愈加健全，行业发展愈加理性。

在市场实践层面，蚂蚁金服、京东金融、宜信财富、众安保险等超级独角兽，也以各自独特的方式，构建着一个又一个新金融领域的成长奇迹，从而也为更多后来的弄潮儿构建了值得借鉴的样本。它们在普惠金融等层面的开拓，填补了我国金融服务业的空白，成为传统金融行业的有益补充。

中国金融科技跨越式发展的另一个重要例证，是大众创业、万众创新在“互联网＋金融”的大潮中正不断地绽放着活力，使创新的个体以几何级增长的态势与日俱增。数据显示，近五年来新创金融独角兽企业的数量，中国稳居第一。在这一过程中，中国传统的互联网公司在其中起到了至关重要的排头兵作用。与此同时，传统金融机构也不断加快改革和转型的步伐，在互联网金融的大潮中，诠释了自身的价值和意义。

值得一提的是，包括宜人贷、趣店、和信贷、拍拍贷和融360在内的众多本土新金融平台海外上市。新金融平台的上市潮诠释了中国金融创新的力量，证明了普惠金融需求的渐进式增长。某种程度上，优秀市场实践力量的涌现，也推动着国家层面的重视和传统金融行业的转型发展。如今，加强金融创新、发展网络金融和发力绿色金融已经被明确为未来金融发展的新方向。

除了技术与模式的创新，中国金融业在过去五年值得书写的，则是金融改革与市场化进程的加快，因之而取得的各项成就可以说有目共睹。从利率和汇率改革不断取得进展，到银行业机构改革的不断推进；从金融业风控水平的持续提升，到金融市场功能的不断完善；从债券市场的迅猛发展到金融产品与模式的不断革新；从资本市场功能的不断完善，到金融监管的体系化的构建，无不是金融成就的集中展示。

纵览过去五年多中国金融业的改革与创新，金融领域的发展有主流，也有支流。有金融创新势如破竹的一面，也有金融监管雷霆万钧的一面，有金融竞争金戈铁马的一面，也有金融服务润物无声的一面。一言以蔽之，中国金融大业以野蛮生长的姿态，探寻着未来的成长道路。

过去的五年，我们能够清晰地看到传统金融机构在融合的进程中不断提升服务能力和服务意识，更能够看到人民的生活因为金融创新而变得更加便利。很多被称之为梦想的设想，在不断地照进现实。这些，无疑值得中国金融从业者骄傲和自豪。

当然，在发展的主流之中，也出现了一些负面与消极之音。以e租宝、泛亚有色金属交易所、北银消费金融等为代表的平台，充当了我国互联网金融领域庞氏骗局和虚假宣传的始作俑者，部分机构甚至被监管部门、公安部门立案侦查。在业内专家们眼中，对于互联网金融这种前所未有的创新载体，既要看到其积极的一面，同时也要时刻保持审慎。正如国务院发展研究中心金融研究所前所长张承惠在接受本书作者采访时所言，任何监管都具有滞后的特征。对于渐进中的金融创新，不妨“让子弹先飞一会”。

在这本您将阅读的《砥砺奋进的五年：金融改革创新启示录》中，我们对上述提到这些成绩、经验、教训都有所涉及，并尽我们最大所能，客观地予以呈现。我们也知道，这种挂一漏万般的叙述和书写，注定将无法全景展示中国金融事业的所有成就。作为记录者和观察者，我们也深知这是一次未完的旅程，因为中国金融改革与发展的事业仍在不断开拓，中国金融创新的边界仍在不断延伸。

需要阐明的是，我们在撰写、编辑这本书的过程，跨越了2013年-2018年之间的五年多时间；这五年里金融发展瞬息万变，尽管我们力求做到以最新的数据、观点来诠释金融业的递变，但面对着行业的动态发展，在具体数据、观点等的呈现上，有时自然难免力有不逮。与此同时，为了保持本书的原汁原味和特定阶段中国金融业的特定实践成果，我们尽可能还原相关文章的撰写背景，从而站在特定的时间节点，来阐述中国金融的渐进历程。例如，中国银监会与保监会在2018年3月经整合后组建中国银行保险监督管理委员会，作为国务院直属事业单位。但我们在文章中，仍然沿用“银监会”“保监会”的称谓，以查明其特定阶段的职责和定位。而在其他文章中，我们尽可能从具体实践的标注上，让读者更为清晰地了解本书的所记述的金融事件的特定背景等重要内容。

对于中国金融事业而言，“砥砺奋进的五年”远远不是终点。相反，它只是中国金融继续以引领的姿态屹立于世界金融之林的开始。在金融融合发展的大潮中，作为世界第二大经济体和拥有世界最多网民的国家，在金融改革和创新层面，拥有着其他国家难以媲美的先天优势。

对于我们这些记录者与观察者，更难言终结。在金融蜕变的新时代，我们仍将秉持一颗敬畏与公允之心，一如既往地聚焦金融改革的进程与成就，希冀能够看到中国金融的改革、创新和发展能够引领世界。

张兴军

2018年7月于北京润园

目 录

CONTENTS

第一章

金融改革的历程

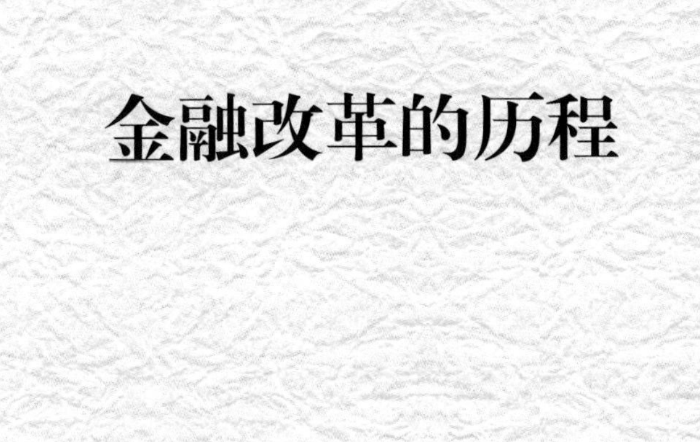

伴随着中国改革开放的进程，中国金融事业的发展从摸着石头过河开始，走出了一条渐进式的发展道路。回顾中国金融实业的发展历程，经历了从无序到有序，从单一到多元的渐进过程。

但无论金融怎样发展，其本质与任务不会有任何改变。从过去五年每年一度的全国两会到年度金融工作会议，再到开启了新时代中国特色社会主义的党的十九大，都明确了当前和今后金融工作的重点和方向。

第一节　金融改革与发展的未来之路

回顾过去这五年，可以看到党的十八大提出的目标已基本完成，涌现出的金融改革与发展的案例、取得的经验、发现的问题和前瞻的趋势，都为金融领域的进一步跨越，做好了必要的铺垫。

党的十八大以来的五年，是以习近平同志为核心的党中央团结带领全国各族人民勠力同心、攻坚克难，开创中国特色社会主义伟大事业新局面的五年。五年时间里，无论是开辟治国理政的新境界、开创中国特色社会主义新局面，还是践行新发展理念、引领经济发展新常态，无论是在坚持中国特色社会主义、推进国家治理体系和治理能力的现代化，还是全面从严治党、确保党始终成为伟大事业的坚强领导核心方面，悉数取得了举世瞩目的辉煌成就。

2017 年 10 月 12 日，《砥砺奋进的五年》大型成就展于北京展览馆盛大启幕，在中国共产党十九大召开前夕，对党的十八大以来的五年进行了回溯。而作为经济发展新常态的重要一环，我国过去五年的金融改革与创新，在方方面面都引领于世界。

党的十八大以来，伴随着新一届国家领导人换届完成，涉及金融改革的政策出台节奏明显加快，无论是贷款利率下限松绑还是人民币自由兑换进程加速，或是各种金融创新品种的次第推出等，都表明了金融改革在2013年开始便步入了深水区。党的十八大报告中为我国金融改革与发展做出了深谋远虑的部署，即深化金融体制改革，健全促进宏观经济稳定、支持实体经济发展的现代金融体系，加快发展多层次资本市场，稳步推进利率和汇率市场化改革，逐步实现人民币资本项目可兑换。加快发展民营金融机构，完善金融监管，推进金融创新，提高银行、证券、保险等行业竞争力，维护金融稳定。

回顾过去这五年，可以看到党的十八大报告中提出的目标已基本完成，而涌现出的金融改革与发展的案例、取得的经验、发现的问题和前瞻的趋势，都为下一步的金融领域的进一步跨越，做好了必要的铺垫。

第一，金融改革政策与时俱进、持续出台，为金融改革与创新铺平了道路。2013年党的十八大以来，我国金融改革步伐明显加快，国家陆续出台了一系列涉及金融改革的政策，如取消贷款利率下限、取消票据贴现利率管制、扩大人民币汇率浮动区间等，而国债期货、融资融券扩容、拟发行优先股等涉及股市债市的品种或政策的推出或即将推出更进一步理顺了市场投资结构。而余额宝等明星金融产品顺利发行所带来的积极影响，彻底激发了阿里巴巴等民营资本进入未曾主导的金融领域的信心，从而进一步驱动了整个金融行业的市场化变革。

可以说，互联网理财领域的《证券投资基金销售机构通过第三方电子商务平台开展业务管理暂行规定》；互联网保险的《关于专业网络保险公司开业验收有关问题的通知》；第三方支付的《支付机构互联网支付业务风险防范指引》，客观上都为各个金融细分领域的发展指明了方向。

第二，区域金融改革成就显著，突出典型不断涌现。2015年12月2日，国务院总理李克强在北京主持召开国务院常务会议。会议认为，坚持突出特色、重点推进，选择一批条件成熟的地区分类开展金融改革创新试点，可为深化金融改革开放积累经验，增强服务实体经济能力。

这次会议决定，一是建设浙江省台州市小微企业金融服务改革创新试验区，通过发展专营化金融机构和互联网金融服务新模式、支持小微企业在境内外直接融资、完善信用体系等举措，探索缓解小微企业融资难题。二是在吉林省开展农村金融综合改革试验，围绕分散现代农业规模经营风险、盘活农村产权，对农村金融组织、供应链金融服务、扩大农业贷款抵质押担保物范围、优化农业保险产品等进行探索。三是支持广东、天津、福建自由贸易试验区分别以深化粤港澳合作、发展融资租赁、推进两岸金融合作为重点，在扩大人民币跨境使用、资本项目可兑换、跨境投融资等方面开展金融开放创新试点，成熟一项、推进一项。有关部门和试点地方要向国务院专题报告试点工作情况。

在这次会议的直接推动下，中国（上海）自由贸易区于 2013 年 10 月 1 日正式启动，金融改革进入深度试验。浙江省义乌市国际贸易综合改革试点金融专项方案也于 2013 年对外公布，开始探索贸易金融新模式。中国地方金融改革持续发力，释放出金融改革由局部向全面推进的提速信号。

而从更为深远的层面来看，“成熟一项，推进一项”的改革实践思路，大大加快了我国普惠金融发展的速度，解放了金融发展的思想。

第三，金融科技不断迭代创新，金融业态加快变革进程。概念而言，金融科技是技术本身与金融业态不断融合的产物，更为确切地说，是不断发展的互联网科技在金融领域的不断应用。以大数据、云计算、区块链、人工智能为代表的新一代信息技术不断实践着“技术 + 金融”的开拓，继而使金融业态的效率和服务得以质变式的提升。

金融科技的变革带来的是金融业态的变革，包括 P2P 网络借贷、第三方支付、众筹、互联网保险、互联网征信和数字货币等在内的诸多领域，都涌现出了细分的企业实体。比较典型的如阿里旗下的蚂蚁金服，已经成长为金融科技领域的巨无霸级企业，涵盖金融业务的方方面面；P2P 网络借贷领域，宜信旗下的宜人贷、和信贷已在美国上市，拍拍贷和人人贷也早就传出将赴美上市的消息，源自中国的 P2P 领先者，正逐步走向世界资本市场，获得了国际投资者的垂青。

中国金融科技跨越式发展的另一个例证，就是“大众创业、万众创新”在“互联网 + 金融”的大潮中绽放活力，金融独角兽级别企业不断诞生。数据显示，近五年来新创金融独角兽企业的数量，中国稳居第一。在这一过程中，中国传统的互联网公司在其中起到了至关重要的排头兵作用，传统金融机构也不断加快改革和转型的步伐，在互联网金融的大潮中，诠释了自身的价值和意义。

第四，金融监管与时俱进，金融法治不断完善。2016 被称为互联网金融“监管元年”，各主管机构密集出台了包括《互金风险专项整治方案》《网络借贷信息中介机构业务活动管理暂行办法》《网络借贷资金存管业务指引（征求意见稿）》《互联网金融信息披露个体网络借贷标准》和《中国互联网金融协会信息披露自律管理规范》等各项监管政策。

新常态下金融运行呈现监管趋严的特征，随着我国经济进入新常态，金融领域的风险、挑战和机遇也随之发生变化。在这种背景下，以一行三会为代表的各个机构通过不断完善监管规则，以顺应金融发展的大势。例如 2016 年 7 月份证监会发布《证券期货经营机构私募资产管理业务运作管理暂行规定》，明确将“八条底线”升级为证监会的规范文件，不但收紧了机构的宣传、推介、销售行为，对于杠杆倍数、“资金池业务”的开展以及优先级保本收益等问题也做出了要求。

第五，银行业市场化改革逐步深入，民营银行借政策东风异军突起。党的十八大之后，民营资本进入银行业取得新进展，民营资本在中小银行机构的重要性逐步体现。早在 2014 年，首批 5 家民营银行就完成了完成获批筹建，新设 14 家民营控股的非银行金融机构，新增 108 家民间资本占主导地位的村镇银行。截至目前，民营银行的大名单已经增加至 17 家，当下正朝着一省至少一家民营银行的方向发展。

目前的民营银行的发展已经各具特色，差异化明显。而伴随民营银行发展的狂飙突进，我国的存款保险制度的适时出台也填补了行业空缺，银行业市场化退出机制建设取得重大突破。与此同时，银行业对外开放步伐加快，外资银行准入和经营人民币业务的条件也在不断放宽。

挂一漏万地叙述从 2013 年到 2017 年“砥砺奋进的五年”之金融成就，显然难以历数我国金融业所取得的所有成就，更无法充分诠释中国金融之于世界的地位嬗变。金融之于一国的经济及各项事业，其地位与作用怎样强调都不为过。正如时任中国人民银行行长的周小川在为《中国共产党领导下的金融发展简史》一书撰写的序言中强调，金融是现代经济的核心，是国家经济的命脉。只有金融安全稳定运行，才能充分有效地实现货币资金的筹集、融通和使用，合理高效地配置社会资源，促进国民经济的良性循环，保障社会经济的稳定发展。

毫无疑问，中国金融的跨越式发展，已经越来越被世界所承认，而未完的改革与创新进程，还将引领中国金融进一步蜕变。我们也希望通过独特的视角，回溯过去，展望未来，力争使中国金融变革长河中的璀璨之光，为世人所知。

第二节　金融工作的本质与任务

“金融要把为实体经济服务作为出发点和落脚点，回归本源，服从服务于经济社会发展。”

2017 年 7 月 14 日至 15 日，第五次全国金融工作会议在北京召开，习近平总书记在会上发表了重要讲话，强调金融是国家核心竞争力，金融安全是国家安全的重要组成部分，金融制度是经济社会发展中重要的基础性制度。必须加强党对金融工作的领导，坚持稳中求进工作总基调，遵循金融发展规律，紧紧围绕服务实体经济、防控金融风险、深化金融改革三项任务，并就如何做好上述任务提出要求；指出做好金融工作的四项重要原则；对下一步金融领域的重点工作进行了具体部署，还提出了设立国务院金融稳定发展委员会，强调党中央对金融工作集中统一领导。

财政部科研所研究员张鹏表示，党的十八大以来，我国金融业总体上保持了快速发展。金融产品日益丰富，金融服务普惠性增强，金融改革有序推进，金融体系不断完善，人民币国际化和金融双向开放取得新进展，金融监管得到改进，守住不发生系统性金融风险底线的能力增强。

张鹏认为，在金融行业发展取得重大突破的同时，也表现出较高的运行风险：银行表外业务急剧膨胀，资产规模已经超过银行资产负债表内资产的水平；金融杠杆快速累加，政府、企业、家庭三大资产负债表全面承压；房地产泡沫压力仍在积累，整体市场尚处于抑制风险的阶段；人民币国际化进程出现扰动，在国际货币体系中的地位有所波动。因此，必须以习近平总书记提出的“三项任务”为抓手，全面做好新形势下的金融工作。

在第五次全国金融工作会议中，国务院总理李克强也明确指出，“要把服务实体经济作为根本目的，把防范化解系统性风险作为核心目标，把深化金融改革作为根本动力，促进经济与金融良性循环。”

金融服务实体经济

相较于前四次金融工作会议将工作重点放在金融监管改革和银行等金融机构的改革问题上，此次会议将实体经济放在了更为重要的位置上。四大原则中的回归本源、优化结构和市场导向无一不是“脱虚向实”、服务实体经济的体现。

那什么是实体经济？“所谓实体经济就是能够满足社会的最终需求的商品和服务。”在张鹏看来，服务实体经济关键要做好三个方面：一是服务实体经济的生产，强调产出效率的提高和产出质量的提升；二是服务于生产的商品服务与最终需求之间的匹配及支持有效供给；三是有效巩固和提升区域的比较优势，有效形成产业竞争优势。

习近平总书记指出：“金融要把为实体经济服务作为出发点和落脚点，回归本源，服从服务于经济社会发展。”然而，近年来受中国金融业增加值的急速增长、金融空转等因素的影响，实体改革节奏落后于金融改革，致使经济潜在增速下行、实体投资回报率下降；而另一方面，金融体系本身也存在着融资链条不断拉长的问题，导致实体企业融资成本不断提升，尤其是中小企业融资困难的局面。因此，习近平总书记针对银、证、保三个领域均做出了强化支持实体融资的要求。对证券业来说，要把发展直接融资放在重要位置，形成融资功能完备、基础制度扎实、市场监管有效、投资者合法权益得到有效保护的多层次资本市场体系。对银行业来说，要改善间接融资结构，推动国有大型银行战略转型，同时发展中小银行和民营金融机构。对保险业来说，要促进保险业发挥长期稳健风险管理和保障的功能。

习近平总书记把服务实体经济定位为金融的“天职”和宗旨，提出要大力发展直接融资，改善间接融资结构，促进保险业发挥长期稳健风险管理和保障的功能，建设普惠金融体系，促进金融机构降低经营成本这五个方面，发挥金融服务实体的作用，而这也是防范金融风险的根本举措。

中国民生银行首席研究员温彬总结，此前习近平总书记在中央政治局工作会议中曾指出：金融稳则经济稳，金融活则经济活。这其中就强调了金融的两个方面：金融稳定和金融创新。金融稳定和金融创新是一个问题的两个方面，其最终都会作用于实体经济。所以从金融对实体经济的支持角度来看，要强调服务实体经济是本源，离开了实体经济的金融创新将变成无源之水、无本之木，最终将导致自身带来系统性风险。

对于下一个阶段的金融改革开放，温彬也表示，金融创新不能因噎废食，在加强金融监管和防范系统性风险过程中，仍要支持金融机构通过创新服务支持实体经济的发展。比如说，一方面，要在金融制度方面进一步的改革完善。从银行体系来说，下一阶段要对大的金融机构，设立普惠金融部、事业部，专门支持中小企业和经济薄弱环节。再比如，对一些银行进行投贷联动试点，通过商业银行设立金融投资公司，对中小企业特别是中小科技企业，进行投资和信贷联动，以此更加鼓励金融机构加大对实体经济特别是中小科技企业的支持力度，实现商业银行和投资银行的结合，在推动实体经济发展同时，推动创新创业和经济结构的转型升级。

目前，互联网金融发展比较快，互联网银行的设立将有机会切实解决中小企业融资难的问题。通过中小金融机构银行的设立，利用大数据或云计算等先进的互联网信息技术改变传统授信业务中对担保抵押的依赖，运用先进的技术来进行风险管理。将技术创新更好地运用到切实服务实体经济中来，促进实际经济的发展。

主动防范和化解系统性金融风险

习近平总书记指出，“防止发生系统性金融风险是金融工作的永恒主题。要把主动防范化解系统性金融风险放在更加重要的位置，科学防范，早识别、早预警、早发现、早处置，着力防范化解重点领域风险，着力完善金融安全防线和风险应急处置机制”。

改革开放以来，我国经济已经取得了重大成就。着眼未来，无论从自身发展还是从国际竞争格局看，我国经济的关键不在于走得更快，而在于走得稳健，行稳才能致远。从目前经济金融运行状态来看，在多个重要领域客观上已经积累了不少风险因素，如果忽视风险防范或处置不当，都有可能演变成系统性金融危机。

“中国金融业扩张对规模的依赖性较强，尚未经过一个完整经济和信用周期考验。”温彬表示，近几年行业资金空转现象比较突出，社会资金大量流向房地产等领域，导致资产价格上涨，造成房地产泡沫，而制造业等实体部门经营困难、盈利水平下降，“融资难、融资贵”等问题尚未根本解决。

张鹏对于此次金融工作会议中相关内容做阐述，中央在用词上已经有了变化，从“防范”变成了“防控”。顾名思义，“防范”的意思是防备，也即防而有备，以防为主；而“防控”的意思是预防、控制，即防控并重，兼防监控。从这个意义来上来看，中央对待金融风险的态度明显开始强调行动的重要性，要让监管行动起来，风险预警和处置手段运行起来，市场扭曲和泡沫要消解下去。

对于下一阶段的工作重点，习近平总书记也指出，要推动经济去杠杆，坚定执行稳健的货币政策，处理好稳增长、调结构、控总量的关系；要把国有企业降杠杆作为重中之重，抓好处置“僵尸企业”工作；各级地方党委和政府要树立正确政绩观，严控地方政府债务增量，终身问责，倒查责任；要坚决整治严重干扰金融市场秩序的行为，严格规范金融市场交易行为，规范金融综合经营和产融结合，加强互联网金融监管，强化金融机构防范风险主体责任；要加强社会信用体系建设，健全符合我国国情的金融法治体系。

对于后期的影响，国都证券研究员肖世俊表示，过去几年经济增长主要引擎在于房地产与基建投资，但代价为货币超发、杠杆快速上升、资产轮番泡沫压力凸显。此次会议提出经济去杠杆，且提出坚定执行稳健货币政策，处理好稳增长、调结构、控总量之间的关系；预计控制货币信贷投放总量这一杠杆将从源头贯彻落实，在货币严控总量趋势下，资金池水位或下降，这将对资产估值中枢形成持续的抑制。同时，预计去产能、并购重组、国企改革等供给侧改革将发力落实，传统行业龙头将持续重点受益于行业集中度提升、产品量价回升。

坚定深化金融改革

金融改革的方向是市场对于第五次金融工作会议关注最高的焦点。习近平总书记在会议上提及的金融改革方向主要在三个方面：一是优化金融机构与市场的体制机制，二是加强金融监管协调，补齐监管短板，三是扩大金融对外开放。而其中的亮点无疑在于金融监管改革，提出将设立国务院金融稳定发展委员会，强化人民银行宏观审慎管理和系统性风险防范职责，落实金融监管部门监管职责，并强化监管问责。

对此，张鹏表示，金融改革的目的是化解金融体系的风险，提高金融服务实体经济的能力，调整和完善金融监管体制。因此，深化金融改革要从监管体制、市场机制和产业组织三个层面着手，坚持防风险、提效率、强监管的“三位一体”，协调有序地进行。从防风险的改革来看，要健全风险监测预警和早期干预机制，强化风险内控机制建设，加强外部市场约束；从提效率的改革来看，要坚持市场导向，发挥市场在金融资源配置中的决定性作用，完善市场约束机制，提高金融资源配置效率；从强监管的改革出发，加强金融监管协调、补齐监管短板，加强金融基础设施的统筹监管和互联互通，推进金融业综合统计和监管信息共享，设立国务院金融稳定发展委员会，授权地方政府部分监管事权。

招商证券对此表示，如何加强金融监管，补齐监管短板，是本次金融工作会议的重点内容，有三点值得强调：一是在国务院层面设立金融稳定发展委员会，在一行三会的基础上负责解决金融稳定有关的突出问题（特别是跨领域和跨市场的问题），加强（监管各方乃至国务院部委之间的）协调，强化（监管各方）综合监管，加强事后监管问责（出了事情负责，把责任落实到人，以加强委员会的权威性和协调能力，做到令行禁止）。

同时，强化人民银行宏观审慎管理和系统性风险防范职责，以期央行能够发挥更大作用；二是明确金融管理主要是中央事权，但强调地方政府的属地风险处置责任；三是突出强调“金融管理部门要努力培育恪尽职守、敢于监管、精于监管、严格问责的监管精神，形成有风险没有及时发现就是失职、发现风险没有及时提示和处置就是渎职的严肃监管氛围”，避免出现“监管不姓监”的情况。

近年来，对于完善中国金融监管体系的讨论一直此起彼伏，早在“十三五发展规划”中便明确提及未来五年要“改革并完善适应现代金融市场发展的金融监管框架，实现金融风险监管全覆盖”。各界对金融监管框架改革也有诸多讨论，并提出了多种改革的方案，如超级央行模式、一行一会模式、一行两会模式等。瑞穗证券亚洲公司董事总经理，首席经济学家沈建光表示，此次会议决定成立国务院金融稳定发展委员会的模式，相比于此前早就存在的金融监管协调部际联席会议，更加强化了决策职能，在人事任命上也将高于一行三会，国务院金融稳定发展委员会的成立强化了监管的地位和执行效力。

但会议并未具体明确国务院金融稳定发展委员会的职责和权限，而根据本次金融工作会议的通稿：“设立国务院金融稳定发展委员会，强化人民银行宏观审慎管理和系统性风险防范职责，落实金融监管部门监管职责，并强化监管问责”“增强金融监管的权威性有效性”，平安证券分析认为，金融稳定发展委员将会是一个具有监管协调与监管问责实际权力的高层级机构，对一行三会具有明显的制约能力。而如下这句话则强调了金融稳定发展委员会领导下的一行三会在化解金融风险方面对地方政府的领导能力：“地方政府要在坚持金融管理主要是中央事权的前提下，按照中央统一规则，强化属地风险处置责任。”

总之，成立国务院金融稳定发展委员会，在没有根本性改变一行三会分业监管格局的前提下，增强了一行三会之间的监管协调，既有助于应对监管空白与监管套利，也有助于缓解运动式监管竞争可能引发的不必要风险，这是一种将监管常态化、制度化的可贵努力。“坚持问题导向、强化综合监管、突出功能监管和行为监管”，这表明未来的监管体系将会是针对各种机构的所有业务的全方位、无死角式监管，监管套利的时代已经基本结束了。

在温彬看来，设立国务院金融稳定发展委员会是这次会议的重要成果之一，是金融监管协调更高层次的制度安排，从职能定位上看，国务院金融稳定发展委员会强调了金融稳定与发展的协调统一。随着我国金融市场化和创新加快，金融混业经营日益普遍，上述制度安排有利于在现有“分业监管”框架下更好地加强金融监管协调、补齐监管短板、防范系统性风险。这次会议强调“要把发展直接融资放在重要位置，形成融资功能完备、基础制度扎实、市场监管有效、投资者合法权益得到有效保护的多层次资本市场体系”。发展直接融资对优化企业融资结构、降低企业杠杆率、推动企业创新具有重要作用。大力发展资本市场是金融改革开放的重要组成，资本市场将有更为巨大的发展潜力和空间。

第三节　加强金融管控 深化金融改革

2017 年底中央经济工作会议指出，今后 3 年，打好防范化解重大风险攻坚战，重点是防控金融风险，要服务于供给侧结构性改革这条主线，促进形成金融和实体经济、金融和房地产、金融体系内部的良性循环，做好重点领域风险防范和处置，坚决打击违法违规金融活动，加强薄弱环节监管制度建设。

作为国之重器，国民经济的血脉，当前及今后金融改革与开放的意义怎么强调都不为过。以“一行三会”为代表的金融主管机构，在 2017 年，即中国共产党第十九次全国代表大会召开之年，在金融监管上做出了诸多努力，并取得了明显的成效。

整个 2017 年，由央行牵头，证监会、保监会、银监会（银保监会现已合并，成立中国银行保险监督管理委员会）针对金融市场的乱象和不稳定因素，不断强化金融监管，深化金融改革、防范金融风险、加强金融监管成为金融工作的重中之重。

时任中国人民银行（下称“央行”）行长周小川认为，总体看我国金融形势是好的，但当前和今后一个时期我国尚处在风险易发、高发期。

针对金融市场中存在的各种乱象，央行、证监会、保监会、银监会纷纷发力，加强监管工作，监管政策不断落地，“严监管”成为贯穿一整年的金融主题词。金融监管全面升级的背后，是监管层对于金融风险的清醒认识和精准把握。

习近平指出，防止发生系统性金融风险是金融工作的永恒主题，要把化解系统性金融风险放在更加重要的位置，科学防范，要做到早识别、早预警、早发现、早处置。要坚定深化金融改革；要优化金融机构体系，完善国有金融资本管理，完善外汇市场体制机制；要完善现代金融企业制度，完善公司法人治理结构，优化股权结构，建立有效的激励约束机制，强化风险内控机制建设，加强外部市场约束；要加强金融监管协调，补齐监管短板。

从第五次全国金融工作会议到党的十九大报告，再到中央政治局会议，深化金融改革，加强金融监管，足可见防范金融风险是金融工作的重中之重。

央行：牵头发布资管新规

近年来，我国金融机构资管业务快速发展，规模不断攀升，在满足居民财富管理需求、优化社会融资结构、支持实体经济融资需求等方面发挥了积极作用。但由于各类机构的主管部门不同，所遵守的行业规范也不尽相同，因此，同类资管业务的监管规则和标准不一致，部分业务发展不规范、监管套利、产品多层嵌套、刚性兑付等问题也随之出现。

2017 年 11 月 17 日，央行牵头三会一局联合发布《中国人民银行、银监会、证监会、保监会、外汇局关于规范金融机构资产管理业务的指导意见（征求意见稿）》（以下简称《指导意见》），向市场公开征求意见，截止日期为 12 月 16 日。此举旨在规范金融机构资产管理业务，统一同类资管产品监管标准，有效防控金融风险，更好地服务实体经济，这也是首个横跨各类机构、涵盖全部资管业务的纲领性文件。

《指导意见》共29条，按照产品类型制定统一的监管标准，实行公平的市场准入和监管，主要内容是确立资管产品的分类标准，降低影子银行风险，减少流动性风险，打破刚性兑付，控制资管产品的杠杆水平，抑制多层嵌套和通道业务，切实加强监管，设置合理的过渡期，过渡期为自《指导意见》发布实施后至2019年6月30日。

相关数据显示，截至2016年，我国金融机构资管业务的资金总量已经达102万亿元，规模接近同期的全国贷款总额，占据我国金融市场的半壁江山。《指导意见》的发布，中国百万亿资产管理市场将进入统一监管的时代，对信托、银行理财、基金、证券等领域都有重要影响。尤其值得注意的是，《指导意见》在打破刚性兑付、规范非标、减少嵌套等问题上，表现出极其坚决的监管态度。

分析人士认为，破除刚性兑付短期内可能会对资管行业形成冲击，但长期来看有利于资管行业发展。中国银行业协会首席经济学家巴曙松表示，在刚性兑付条件下，无论资产项目好坏，融资成本都比较高，这向市场传递了模糊信号，抬高市场的无风险收益率，限制行业发展。打破刚性兑付有助于形成市场的选择机制，促使资本追逐优质资产，从而降低优质资产的融资成本，形成有效的奖优罚劣机制。

从《指导意见》来看，未来对资管业务的监管将转向按照业务类型进行监管的方式。不论发行资管产品的主体是什么金融机构，只要是同一类产品，都将按统一的监管标准来管理。银行、证券、保险、信托、基金等各领域的诉求并不相同，横跨整个金融行业的监管业务经过几年的发展，现在由一个统一标准来衡量，要做到各方平衡并不容易。银行、信托、私募等都会因此受到影响与挑战，这个过程中遇到的问题与难题需要各部门和机构之间协调配合，行使应尽职责。

在对资管行业充分了解，对行业的问题深入地分析之后，央行此次牵头发布《指导意见》，希望通过监管来促进资管行业健康发展的期待和愿望。《指导意见》已于2017年12月16日结束征求意见，下一阶段相关部门将根据各方反馈意见修改和完善资管新规，这也意味着资管新规的正式发布进入倒计时。资管新规出台以后，整个行业的竞争格局将会被重塑，规模增速放缓的同时，质量也会得到大幅提升，长期将会利好资本市场的健康发展。

证监会：保持新股发行常态化

就股票市场而言，新股发行是源头活水。为更好发挥资本市场服务实体经济和供给侧结构性改革的功能，证监会自2016年以来调整新股发行上市的思路，根据市场情况适时适度加大了IPO发行力度，致力于解决困扰A股市场多年的待发新股大量积压的问题。监管层用多种手段提高新股质量，一方面推进新股常态化发行，另一方面严把审核关，通过现场检查、发审委过滤等方式，将问题申报企业拒之门外。

坚定推行新股发行常态化，去除长期存在的“政策预期变量”，有利于市场稳定，增强理性投资氛围。过去只要市场行情一低迷，舆论就会要求监管部门暂停IPO，新股发行常态化后，证监会将不会再像过去一样关闭一级市场，这一举措将改变投资者的固有预期，推进新股发行的市场化。

2017年，证监会坚持稳中求进的工作总基调，贯彻新发展理念和以人民为中心的发展思想，牢记服务实体经济的根本发展方向和保护投资者合法权益的根本监管使命，不断强化依法全面从严监管，着力提升上市公司质量和促进资本市场的稳健发展。

一是立足增量优化，从源头上提升上市公司的质量。证监会继续保持新股发行常态化，进一步优化股票发行审核流程，不断提高审核效率。同时，理顺发行、定价、配售等环节运行机制，完善股票发审委制度，坚持选聘、运行、监察相分离，提高透明度。并且严把审核质量关，推动更多优质企业进入资本市场。

二是注重存量重组，着力提升服务实体经济的质量和效率。2017年前10个月，全市场实施并购重组超过2000家次，上市公司并购重组在加快国有经济布局优化、结构调整、战略性重组方面的主渠道作用日益彰显。同时，强化监管和稽查执法，严格遏制“忽悠式”、跟风式及盲目跨界重组。符合条件的优质企业通过重组上市实现做强、做优、做大，并购重组的质量大幅提升，“炒壳”现象明显降温，市场估值体系回归理性。

三是贯彻新发展理念，助力经济发展“三大变革”。在服务国家创新驱动发展战略方面，加大政策倾斜力度，实施差异化信息披露监管安排，扶持高新技术企业做优做强，促进新旧动能转换。在服务国家脱贫攻坚战略方面，对贫困地区企业 IPO、债券发行、并购重组等实施“绿色通道”政策。在服务构建开放型经济新体制方面，扩大资本市场双向开放，A 股成功纳入明晟（MSCI）新兴市场指数，首批 220 多家上市公司纳入指数。强化监管约束，督促上市公司加大现金分红力度，优化投资者回报机制。通过贯彻新发展理念，上市公司质量不断提高，盈利能力持续提升。

接下来证监会将继续落实好服务实体经济、防控金融风险、深化金融改革的任务，稳步提高直接融资比重，持续推进股票发行制度和并购重组市场化改革，发展交易所债券市场，拓展多层次、多元化、互补型融资渠道，健全完善与实体经济投融资需求相适应的多层次资本市场体系，坚持依法全面从严监管，推进资本市场实现新一轮高水平开放，展现新时代资本市场新气象，实现新作为。

保监会：加强资产负债管理监管

保险的宗旨是共济互助、扶危济困，其关系广大人民群众的切身利益，关系经济金融安全，一些局部的、基础的工作做不好，长期积累就可能诱发大的问题与风险。当前保险业全面服务国家治理体系和治理能力现代化建设的工作格局已经打开，已经成为保障和改善民生、支持实体经济发展的重要渠道。保险资金应发挥长期投资优势，为“一带一路”等国家重大战略和产业政策、国有企业混合所有制改革、棚户区改造、基础设施建设、新经济增长等提供资金支持，做长期资金的提供者而非短期资金炒作者，使金融体系的资金供需在期限结构上更加匹配。

2015 年 10 月至 2017 年 12 月，保监会接受了由国际货币基金组织和世界银行联合开展的中国金融部门评估规划（FSAP）更新评估。该评估成果报告给予我国保险监管体系高度评价，具体而言，中国保险监管体系在保险监管制度建设、偿付能力监管制度现代化建设、全集团监管水平等方面取得了显著进展。

该评估成果报告针对进一步加强保险监管提出一些建议，如加强危机管理、充实监管资源、加强监管协调等。接下来，保监会将按照十九大会议精神，借鉴吸收 FSAP 评估的合理建议，继续推动保险监管深化改革，全面强化监管，切实防控风险，牢牢守住不发生系统性风险的底线。

良好的资产负债管理是保险公司可持续经营的基础，也是保险业在日益复杂的风险环境中稳健发展、防范系统性风险的重要保障。加强资产负债管理监管，有利于弥补监管短板，增强监管体系的科学性和有效性；有利于推动行业回归本源，发挥长期稳健风险管理和保障功能；有利于引导资金稳健配置，为实体经济发展提供有力支持；有利于防范资产负债错配风险，守住不发生系统性风险的底线。

2017 年 7 月，保监会系统性发布了保险资产负债管理监管制度的总体框架。12 月 15 日，保监会下发《保险资产负债管理监管办法（征求意见稿）》，严防资产负债错配，将保险公司资产负债管理综合评级分为 A、B、C、D 四大类，根据评级进行差别化监管。其中提到，保监会可以采用材料调阅、现场查验、问卷调查、质询谈话、穿行测试等方式，对保险公司资产负债管理能力进行量化评估。依据评估结果，保监会将对保险公司进行评级，从而依据评级对保险公司进行差别化监管。对于 A 类公司将鼓励先行先试，对于 C 类公司进行风险提醒或下发监管函，对 D 类公司将采取责令调整业务结构或禁止申报新产品等措施。

截至 2017 年 12 月，保监会发了 37 份监管函，超过保监会 2014 年至 2016 年下发的监管函数量总和。12 月 15 日，保监会下发第 37 份监管函，对安心财险车险业务违规行为提出监管要求。保监会还撤销了昆仑健康保险变更股东和变更注册资本的行政许可，首次对保险公司的违规股权进行清退，并将相关投资人和中介机构列入市场准入黑名单。保监会发展改革部主任何肖锋接受采访时指出，接下来还有 9 家保险公司的违规股权将被处理，目前已开始走程序。

连续下发多份监管函以及强监管举措充分显示了保监会强化保险监管、防范金融风险和严厉打击保险公司股权违法违规行为的决心，而要求保险公司严格执行公司治理相关规则制度，对部分公司关联交易采取禁止性措施，并着手清退违规股权，同样显示出保险公司治理监管从柔性引导向刚性约束的转变。可以预见，未来保监会将持续加强股权监管力度，部分股东将保险公司当成“提款机”的现象将无处藏身。

银监会：强监管规范与整治现金贷业务

2017 年以来，监管部门有序对银行业市场乱象进行整治工作，取得阶段性成效，但当前金融风险仍处于易发高发期。时任中国银监会副主席王兆星表示将有计划、分步骤地深入整治市场乱象，严厉打击乱办金融、非法集资等非法金融活动，严格规范金融市场交易行为。并且接下来，监管标准会越来越高，监管措施会越来越严，对于违规违法与不审慎经营行为的处罚会进一步加大。

随着互联网金融和消费金融的发展，无场景依托、无指定用途、无客户群体限定、无抵押、小额的现金贷业务发展迅速，对于服务长尾人群，具有一定的便利性，但多数现金贷企业还是采取高利率来覆盖高风险的商业模式，过度借贷、畸高利率、不当催收等问题突出，以及一些公司风控模式简单粗放、掩盖真实的借贷信息等造成了极大的金融风险和社会隐患，关于现金贷的负面事件频频发生。

2017 年 12 月 1 日，中国银行业监督管理委员会在北京召开“近期重点工作通报会”，银监会普惠金融部冯燕表示，现金贷业务将纳入本次互联网金融专项整治范畴，相关的整治要求将形成文件下发。根据先前互联网金融专项整治办的要求，各地应暂停新批设网络小额贷款公司，不得新增小额贷款公司跨省开展小额贷款业务，下一步将对小额贷款存量业务集中整顿，纠偏网络小额贷款、规范持牌网络小额贷款行为、打击非持牌放贷机构，按照问题导向用负面清单界定业务，降低高息费率，严禁多头借贷等。

早在 2017 年 4 月，P2P 网贷风险专项整治工作领导小组曾下发《关于开展“现金贷”业务活动清理整顿工作的通知》，指出要分类整治，切实防范风险，引导现金贷业务健康有序发展。11 月 21 日，互联网金融风险专项整治工作领导小组办公室下发《关于立即暂停批设网络小额贷款公司的通知》。11 月 23 日，央行、银监会联合召开网络小额贷款清理整顿工作会议，17 个批准开展互联网小贷业务的省市金融办参会，汇报辖内网络小额贷款机构的批设情况。11 月 24 日，中国互联网金融协会发布《关于网络小额现金贷款业务的风险提示》，要求相关机构应严守法律底线，不具备放贷资质的机构应立即停止非法放贷行为。

12 月 1 日，互联网金融风险专项整治工作领导小组办公室、P2P 网贷风险专项整治工作领导小组正式下发《关于规范整顿“现金贷”业务的通知》，指出银行业金融不得以任何形式为无放贷业务资质的机构提供资金发放贷款，不得与无放贷业务资质的机构共同发放贷款。银行业金融机构与第三方机构合作开展贷款业务的，不得将授信审查、风险控制等核心业务外包。“助贷”业务应该回归本源，银行业金融机构不得接受无担保资质的第三方机构提供增信服务以及兜底承诺等变相增信服务，应要求并保证第三方合作机构不得向借款人收取息费。12 月 8 日，P2P 网络借贷风险专项整治工作领导小组办公室下发《关于印发小额贷款公司网络小额贷款业务风险专项整治实施方案的通知》，对互联网小额贷款公司的资金端融资收紧。由央行和银监会联手，一场强监管风暴降至野蛮生长的现金贷行业。强监管之下，从事现金贷业务或者即将从事现金贷业务的公司行为正在得到规范与整治。

2018 年 3 月 13 日，国务院关于提请第十三届全国人民代表大会第一次会议审议国务院机构改革的议案表示，中国将组建中国银行保险监督管理委员会。将中国银行业监督管理委员会和中国保险监督管理委员会的职责整合，组建中国银行保险监督管理委员会，作为国务院直属事业单位。本文撰写于保监会、银监会均为二者合并之前的 2017 年，是为注。

第四节 中国金融发展流变

2016 年全国“两会”召开期间，时任国务院发展研究中心金融研究所所长张承惠接受专访，对中国金融发展的历史与现状、改革与创新，以及新金融的未来，都给出了其独特的见解。

伴随着中国改革开放的进程，中国金融事业的发展从摸着石头过河开始，走出了一条渐进式的发展道路。回顾中国金融事业的发展历程，无疑是一个从无序到有序，从单一到多元的过程。

事实上，中国金融的改革与发展亦是改革开放事业的重要一环。从最初“一行三会”的逐步设立，到如今金融机构功能、金融业态和技术模式等领域的嬗变，金融发展的业态发展，以及改革、监管等各个层次，都面临着与时俱进地与国际接轨，跟上时代节奏的挑战。

时任全国政协委员、中国人民银行副行长易纲在2016年全国两会开幕时向媒体透露，有关部门正在研究一行三会监管体系的改革；在互联网金融领域，尤其是P2P领域存在的问题和监管，也正逐步地走向正轨。2015年，十部委发布的《关于促进互联网金融健康发展的指导意见》中就已经明确：“P2P机构应选择符合条件的银行业金融机构作为资金存管机构”。可以说，顶层设计和业态及模式的转变，正是当下中国金融发展的主流。

金融改革与创新就是为了提高效率

《金融改革创新启示录》：如何评价金融创新的作用和意义？

张承惠：金融创新要从中国的经济转型、实体经济发展的需要出发，设计我们的未来金融体系、金融服务的架构和金融服务的一些新的方式。其实金融创新是一个很广意的词，它有好几种含义，首先它肯定是有金融产品的创新，金融工具的创新，金融交易流程的创新，还有一些体制和制度、政策的创新，这些创新是包括很多层面的。若是深入挖掘，经济转型的每一个点可能都有不同的金融需求。

比如说我们面临着去产能的问题，去产能有什么方式？大规模兼并重组。大规模兼并重组需要什么样的金融创新？要传统的银行因为你的资信给你借贷吗，这方式肯定是不合适，因为这个企业都已经要被并购了，而且并购资金的需求不会是一个长期的或者一年期的，并购资金要的非常快，量非常大，但并购完成以后可能很快就可以还贷款了。银行传统的经营模式以抵押、以担保为风险防范手段这样的管理风险的方式是不适合的，这个也是需要创新。总的方向一直在往那走，没有停顿的。可能这个阶段我们着重资本市场，我们就开始推注册制。注册制推不动了，那就想办法把场外市场怎么样推一推，这当中有很多的改革的策略问题。还有一个相机抉择的问题，现在定下来的事不一定能做。

金融改革不是一蹴而就的

《金融改革创新启示录》：您认为当前金融改革工作的重点和难点都体现在什么地方？

张承惠：我这两年一直在主张的是，我们的金融机构特别是银行为主的金融机构的公司治理怎样进一步完善，当然这不是一朝一夕的事情。要说当前要做的重中之重，那就是要逐步减少国家的隐性担保，因为隐性担保是金融市场不能够按照市场规律运作的一个最大的障碍，也就是说无论市场主体经营情况如何我都不会退出市场，我都永远存活，那这个事情的道德风险不可避免，谁还规范经营？谁还保护消费者利益？如果没人来做，市场秩序就乱了。

很难说改革重点方向是什么？但是我觉得，第一个目标在明确我们要朝着哪儿走；第二个要逐层的梳理，找出哪一个环节是阻塞的点，是肠梗阻的地方就要把那个环节梳理开。我们现在银行、证券、保险还有信托，每个行业都有各自的问题，都不是一个非常成熟的、效率非常高的、能为实体经济提供充分服务的行业，那就要针对这些问题一点点改。

《金融改革创新启示录》：您对现在呼吁比较多的“一行三会”调整和金融大部制怎么看？

张承惠：我的看法是，现有的分业监管的金融监管架构必须调整。为什么要调整呢？因为分业监管的架构是建立在分业经营的基础之上的，但现在事实上，我们的金融机构早已经不是分业经营了，早已经是在相当程度上业务交叉、业务混合的经营了，在此基础上还有很多的创新活动。现在这种按照分业监管的监管架构，很大的一个弊端就是画地为牢，导致我们的监管部门只对我管辖之内的领域进行监管；管辖之外的，会有很多交叉业务监管不到。它这不是功能监管，而是机构监管。

互联网金融趋势已经明朗

《金融改革创新启示录》：讨论金融发展，不可忽略的一个关键就是“监管”，从顶层设计层面，您认为监管的核心是什么？

张承惠：监管的关键首先就是要改变理念，监管工具要变，要建立信息的传递沟通机制。我们现在的信息是不沟通的，彼此进行信息保密，在这种情况下，无法进行全国一盘棋的监管。

第二，监管架构的改革有一个时机问题，什么时候改也是一个技术性很强、策略性很强的问题。

第三，金融监管架构怎么调。是一次把它合并了还是分步骤一步步地推进，这些都需要精细的设计。

《金融改革创新启示录》：互联网金融发展是目前金融行业最热门的领域，对于它的发展您怎么评价？

张承惠：从发展脉络来看，2006 年就有一些人在探索和试水互联网金融，像宜信引进的 P2P 模式就是典型。大概到了 2012 年前后，以海外留学生为代表的一批互联网领域的专业人士人开始大范围从事这一领域的，这里面有很多人还不是金融领域的，他们是做互联网的。通过互联网技术来突破、解决融资的风险的评价问题，成本的问题，信息的传递问题，寻找客户的问题，互联网可以有效地解决我前面说的成本问题、获客的问题和风险评价，这是要做互联网金融最核心的三个关键点。

互联网技术可以有效地降低这三个点的成本、提高效率。在中国的人口基数、信贷需求和市场规模的叠加作用下，互联网金融一下子就发展起来了。但是要注意到，互联网金融在发展早期阶段因为没有明确的规范，也造就了最初鱼龙混杂、泥沙俱下发展态势。

在发展最热的时候，每个月有 100 多家互联网金融平台出现，最终达到几千家的规模，这种过热和过快的发展是不健康的。

《金融改革创新启示录》：到目前为止，您认为互联网金融市场算成熟了吗？

张承惠：互联网金融一开始我们是不确定的，所以我去年（2015 年，编者注）主张“让子弹再飞一阵”，看看情况。今年（2016 年）我觉得已经看的比较清楚了，所以规范互联网金融已经势在必行。

行业过热也让一些心怀叵测的人也进来了，希望借助这个概念骗钱。我去年（2015 年）就把做互联金融的人分成两类：第一类是真心想做的；第二类就是看到这个行业是一个新的赚钱的工具，他也完全不了解这个行业的特点，就觉得有商机就进来了，就糊里糊涂的进来了。

互联网金融监管的制度也好，监管的重点也好，我认为应该将他们区分开来。我们所说的欺诈，不是互联网金融的本质，其他形式的金融也一样欺诈。线下的搞庞氏骗局的人没有互联网也照样在欺诈。

所以说，从维护金融健康发展角度来讲，对于欺诈者和违法者，一定要严厉惩处，要加大惩治的力度。目前来看，我们的惩治力度不足，各个部门之间协调的也不够，还要加大打击力度。

对于中间糊里糊涂的人，我觉得要淘汰掉绝大多数，可能有一小部分人会慢慢地在这个市场学会游泳，但是淹死的一定是大多数，我们要通过一些市场的筛选机制使他们淘汰。至于想认真做事的那些人，也需要优胜劣汰，一部分更认真做事的人会存活下来。

《金融改革创新启示录》：就像您刚才说的传统金融的小型的豁免一样，我觉得应该也同样享受这样的监管政策。

张承惠：其实我一直在提，我觉得互联网金融是最适合功能监管的，但是我们的监管部门由于监管架构的问题，一开始是不把互联网金融放在眼里的，等互联网金融发展起来了又把互联网金融当成洪水猛兽，其实想监管起来挺简单的。比如说他在互联网上卖基金，你就让他去拿基金牌照；他在互联网上卖保险，你到保监会去拿保险代理销售牌照。你做这条线我就按照这条线去管，如果你做的很小我还可以不管，或者让你自查，或者靠行业的自律。你要做大了，平台规模到一定程度你就必须要向我报报表，必须要接受我的现场非现场检查，要符合我的监管要求，不同的级别得有不同的监管要求。

《金融改革创新启示录》：你认为互联网金融在西方为什么不流行？

张承惠：很明显，西方的金融体系比较健全，金融服务比较到位。中国由于金融体系还存在缺陷，大批的、大量的企业特别是中小微企业，还有农业部门得不到资金，在这些领域里面社会集资和体制外融资活动本来就是非常活跃的。有了互联网金融这个工具，就可以高效率地、低成本地实现借贷双向的连通，大批的民间借贷需求自然就转到互联网金融领域了，这个是很自然的。所以互联网金融巨大市场的成因，最主要的就是我们传统的金融体系存在巨大的缺陷。

互联网颠覆不了金融

《金融改革创新启示录》：在您看来，像阿里巴巴、腾讯这样的互联网企业进入到了金融市场后，会对传统金融的机构和模式带来颠覆性的影响吗？

张承惠：颠覆不了，怎么可能颠覆呢！金融还是金融，金融的本质是不会改变的，它只不过是工具不同，载体不同而已，我觉得颠覆不了传统的金融模式。当然现在所谓的区块链这个事情如果真做起来，那是有可能颠覆的。但是区块链这个商业模式也没成熟，它需要相应的基础设施，相应的上层建筑，包括制度、法律、政策，是一整套的完整的系统。我们没有看到成功的区块链的商业经营的案例。

所以说至少在目前，我觉得所有的互联网金融都没有改变传统金融的基本的、核心的元素。

《金融改革创新启示录》：作为一种金融的创新，您对这个行业的监管有什么看法和建议？

张承惠：中国互联网金融既然发展得这么好，表明我们有希望在全球引领互联网金融规则的制订，因为我们的市场规模很大，再做到引领市场，那我们探索出和制订的规则别人必须遵守。但现在这个规则还基于传统的金融的架构，我们在全球没有引领的价值和意义。

总的来说，我认为对互联网金融要看到它的积极的一面，不能一下子就把它打死，不能一刀切。所以适当监管很重要，既不能监管过度，也不能监管不足，这个需要不断摸索，需要监管部门不断与监管对象沟通。

我们现在的问题就是监管部门沟通不够，未来的监管架构我希望是一个更广泛的参与的、共同构建的过程。既要听被监管对象的声音，也要广泛征求社会的意见，征求的过程中就是一个不断调整、不断完善的过程。

《金融改革创新启示录》：在现在的监管模式和挑战之下，您怎样看互联网金融，尤其是P2P行业未来发展的态势？

张承惠：最终的互联网金融，特别是P2P市场，我觉得能有几百家P2P公司能够长期经营就很不错了。而且这还是一个动态的过程，可能有一些做了5年了，到第6年失败了，这也有可能，正常的企业都有可能。换了一个管理人了或者股东之间不合了，或者哪一个技术失败了，或者被黑客钻了漏洞了都有可能，所以还是一个动态的过程，还会有一些人进来。但是进来的人速度要大幅度地下降，出去的、市场淘汰的也会有，这种动态不会改变，但是会维系一个比较稳定的队伍。有它服务的固定的客户群，也能够不断地提高它的服务水平，提高风险管控能力，这些人最终是朝这个方向走。关键还是要有一个适当的、恰当的监管。我一直主张对互联网金融不能参照传统金融的监管模式，这样一定会把它管死的，因为它的经营方式，甚至一些它所依托的经营的基础都是不一样的，你得有一个适应互联网特性的监管的架构。

第五节　改革与监管都需对症下药

2016年全国“两会”召开前夕，十二届全国人大代表吴晓灵接受我们采访时就金融改革、互联网发展等方面进行了深入的探讨。吴晓灵代表的“在改革和法治的轨道上推进金融改革”“要从体制上解决融资难和融资贵的问题”“互联网金融让传统金融觉醒”的观点仍言犹在耳，无论是对于金融机构还是企业，都起到了重要的指导作用。

回顾在此之前的一年，对于中国金融行业来说无疑是具有“标志性”意义的。金融改革全面铺开，利率市场化渐行渐近，“注册制”提上了日程，十部委联合出台了互联网金融的监管措施，一行三会的机构改革亦在酝酿之中……吴晓灵代表对我们表示，人民币汇率没有长期大幅贬值的基础，注册制改革顺利推行的前提是完善法制。她也认为，人民币加入SDR

等成果，都是中国金融改革的重要成果。

《金融改革创新启示录》：您怎样看金融改革与发展的现状？

吴晓灵：回顾 2015 年，改革中有深远意义的是利率和汇率的改革。

金融本身就是配置资源的工具，资金的配置效率决定了其他生产要素的配置效率，配置资金重要的指示器就是资金价格，对内就是利率，对外就是汇率。资金价格的改革是金融市场的重要改革。

2015 年，利率市场化改革基本取消了利率管制，把存贷款的定价权交给了金融机构。利率市场化改革基本上只剩下两件事：一是央行还在公布存贷款基准利率，基准利率在金融机构定价能力增强的情况下将会取消；二是还没有确定政策目标利率。市场上可以看出来，人民银行在培育利率走廊，趋势也越来越明显。如常备借贷便利利率可能成为利率走廊的上限，利率走廊的下限可能是超额准备金利率。美联储实行的是政策目标利率，公布的是联邦基金利率，目前我们选择利率走廊还是明确的政策利率，具体落实方案还在研究。另外，国债收益率曲线还不是很完备。我们的利率市场化改革迈出了重大一步，但还有未完的任务。

汇率改革自 1994 年开始以来，实行的就是有管理的浮动利率。在实行政策的过程中，过去浮动幅度较窄，目前我们能够上下浮动 2%，浮动区间足够大了，但是汇率中间价形成机制市场化程度不够高。“8.11 汇改”实现了汇率中间价报价机制改革，公布了人民币汇率指数，一直在引导市场关注一篮子货币，这是汇率走向市场化的关键改革。这次改革比较遗憾的是，在一个敏感的时点出台了措施。同时，国际形势也不太好，改革推出后，市场上的表现不尽如人意，迫使央行进行了一定调整。

从中国基本面来看，人民币汇率没有长期大幅贬值的基础。从物价水平、利率水平和经济增长来说，中国基本面并不差，人民币没有长期贬值压力，如果汇率形成机制能够更加市场化，如果我们能够坚持市场化改革，完善市场规则，平等保护各类产权，那么投资者信心就会增强，人民币汇率就不会长期贬值。目前人民币也加入了 SDR，也是对我国改革成果的认可。

我国是一个以间接融资为主的国家，商业银行作用很大，2015 年修改了《商业银行法》，取消了存贷比限制，这也是一大举措，这就把资产运作的自主权交给了商业银行。随着利率市场化改革和取消存贷比，商业银行的经营自主性提升，风险也会充分暴露，因而也适时推出了存款保险制度。

《金融改革创新启示录》：现在互联网金融的热度仍然不减，当然对互联网金融发展的意义也存在不同的声音，您怎样看这个行业的发展和相应的监管现状？

吴晓灵：2015 年出台了关于促进互联网金融健康发展的指导意见，互联网金融对于中国金融改革是强大的推动力。互联网是用互联网技术和思维来从事金融业务的，这使得传统金融不能覆盖的领域得到覆盖。互联网公司介入金融业务，市场份额迅速扩张，既给客户带来了便利，又给传统金融机构带来极大冲击，迫使传统金融反思，如何改变服务。互联网金融有野蛮生长的一面，但客观地讲也推进了改革。其野蛮生长的风险目前已经暴露了出来，这也是让其恢复金融信息服务本质的好时机。

但我不认为互联网金融是一个新业态，它没有改变金融的本质。现在大家看到了，如果不遵循金融规律，那必然会引发风险。2015 年是互联网金融风险集中暴露的一年，也是规范意见出台的一年，今后互联网金融对传统金融的正效益会增加，而野蛮生长带来的副作用会减少。

《金融改革创新启示录》：您怎么看互联网金融未来的发展空间？

吴晓灵：没有金融牌照的互联网金融的本质是为金融服务的信息平台，这类平台就不能有资金池。但做金融外包服务还是有很大空间的。比如有应用场景信息的企业，可以对海量信息进行整理，帮助银行做客户筛选，再向银行推荐；还可以做金融产品的比较分析，向客户推荐；在账户管理上，可以通过信息系统做手工难做的事情，如伞形账户分仓系统；还可以提供金融产品登记服务，在发展区域股票市场时，会涉及在区域市场登记的问题。互联网企业金融服务外包方面，有很多细分市场。中国人口多，设计出一个细分领域就能有千万客户。在服务和产品的创新上，互联网企业都具有优势。

但也要防范互联网金融的风险，在网上销售金融产品时都要有销售许可，并且要明示产品的金融名称。为了有效防范非法集资的发生，一定要明确公民自己是财产的第一责任人。如果投资者慎重就很难上当。树立投资者的自我保护意识，减少对政府的依赖，是有效防范非法集资的重要方面。

《金融改革创新启示录》：你认为过去一年（2015–2016），中国资本市场的重大改革是什么？

吴晓灵：资本市场上，尽管经历了股市波动，注册制改革的启动，对于资本市场来说是很重大的事情。但是，要清醒地认识到，注册制改革是资本市场改革的结果。这不能等同于商业企业注册，不是随便一家公司就能公开发行股票。注册制改革需要有多层次的资本市场作支撑，需要完善的法律制度作保障。

注册制改革功夫在场外。要大力发展场外市场，只有大量企业在场外能够多轮融资、健康成长，才能培育优质的上市企业。如果不发展场外市场，还是“千军万马过独木桥”，这不利于资本市场发展。

注册制改革的核心是信息充分完整的披露，把股票公开发行的主动权交给市场。注册制对信息披露的充分性和完整性要求更高，相对应的，要建立严格的处罚机制。注册制改革要对信息披露提出更高要求、对违法行为要有更严厉的打击、对大股东抛售股票套现也要有严格规则限制。因而希望 2016 年能够加紧修订相关法律，用修订相关法律来弥补制度的漏洞，才能顺利推进注册制改革。

《金融改革创新启示录》：怎样的监管才是好的监管？你怎么看当前业界提到的“三会合一”？

吴晓灵：首先要理清监管的理念，监管的目的是要防范金融行为的外部性。对于外部性较大的金融业务要严格审慎监管，外部性小的则适度自律监管。银行和保险因其较大的外部性需要严格监管。证券的公开发行也涉及众多投资人，因而要严格监管。同时，监管部门不宜承担行业发展的责任。创新和发展是市场主体赖以生存的基础，监管是要保证其发展和创新不损害消费者利益。

其次，金融监管应该按照功能划分，不同金融产品有不同功能。功能监管和行为监管就是同样法律关系的金融产品要按照同样的规则监管。其中很重要的是要区分货币事务和金融事务。货币事务就是创造货币，中央银行和商业银行共同完成了货币创造。商业银行要被严格监管，一方面是因为其吸收存款，另一方面还创造存款，为了使得信用货币创造适度也要对其严格监管。中央银行对商业银行有监管的责任有利于货币政策的实施。金融事务是指直接融资的活动。对这类活动最重要的是保持市场运行的公开、公平、公正。监管是市场秩序的维护人。中央银行作为最后贷款人，必须了解全市场的信息，尤其是涉及金融稳定的事件时，要突出央行的作用。

第二章

改革的力量——人物篇

改革抑或创新，都需要引领者。对于关乎国计民生的金融领域，权威部门的管理者，拥有金融专业背景的学者，无疑对于行业拥有举足轻重的作用与意义。本章遴选的吴晓灵、刘士余、焦瑾璞、李东荣和霍学文，都是典型的代表，他们在金融理论与实践上的建树，对于过去、当下以及未来金融改革和创新的大势，都起到了先锋的作用。

第一节　吴晓灵：在路上的金融改革者

对于吴晓灵而言，专注于金融改革与创新既是一种职业担当，同时也是其个人愿景。翻看吴晓灵的履历，会发现这位学者型官员所从事的事业脉络异常清晰。

中国人民银行原副行长、国家外管局原局长　吴晓灵

在搜索引擎中检索“吴晓灵”的新闻，网页数量超过224万，新闻数量也有两万余条。而绝大多数内容，都是她对中国金融发展的建设性的建

议与观点。

粗略遴选一下权威媒体以吴晓灵观点命名的文章，会发现无不是当下中国金融的改革、创新与发展而进行的。如“推动金融标准建设主动防范化解金融风险”“能力建设是解决普惠金融诸多问题的密钥”“发展农村信用互助仍需政策支持”“防风险需打破刚性兑付”。

对于吴晓灵而言，专注金融改革与创新既是一种职业担当，也是她的个人愿景。翻看吴晓灵的履历，会发现这位学者型官员的事业脉络异常清晰。

辉煌履历

1984 年，当时 27 岁的吴晓灵于中国人民银行研究生部毕业，获得经济学硕士学位，顺理成章地成为一名专业的研究员。1985 年，吴晓灵开始担任中国人民银行研究所应用理论研究室副主任；1988 年，她开始担任金融时报社副总编辑。

20 世纪 90 年代，吴晓灵相继任央行金融体制改革司副司长、政策研究室主任、国家外汇管理局副局长和央行上海分行行长等职，这十年里，这位金融领域的专家和研究者，从崭露头角到逐渐走上央行的高级管理职位，其工作得到了充分的认可。2000 年起，吴晓灵正式走上央行副行长岗位，并在这个岗位干了 7 年，直至 2007 年 12 月其因年龄原因卸任。

在 2008 年 3 月 5 日召开的第十一届全国人民代表大会第一次会议上，吴晓灵当选为第十一届全国人民代表大会财政经济委员会副主任委员。2011 年 12 月 12 日，她因在金融事业中的贡献而获得第十二届中国经济年度人物奖项。2012 年 3 月，吴晓灵担任清华大学五道口金融学院院长。

作为学者，她荣获过孙冶方经济科学奖项；作为官员，她在中国人民银行系统工作了长达 23 年，在央行副行长的职位上的时间也长达 7 年。从金融体改司到外汇管理局，再到央行，几乎都是我国金融改革的顶层设计部门。

亮剑时刻

吴晓灵在金融改革进程中所留下的为业界称道的事迹，与其所任职的部门从事的研究和管理工作息息相关。

中国人民银行（简称央行），即中华人民共和国的中央银行，是中华人民共和国国务院组成部门。央行的主要职能是在国务院领导下，制定和执行货币政策，防范和化解金融风险，维护金融稳定。

人民银行工作的特殊性，决定了她作为一名领导者所要面临的诸多压力。在 1997 年的金融危机中，作为外汇局史上第一位女局长，吴晓灵和众多政府官员一起，在金融危机中起到了中流砥柱的作用。

在 1998 年的外汇大检查中，外汇局采取了及时和恰当的措施，使一场可能爆发的金融危机得到了及时地化解和制止。

2005 年，人民币汇率改革之后，是她首先提出了“藏汇于民”，并且多次强调中国企业要关注对新汇率政策的适应情况。

而当面对境外组织要求人民币升值时，吴晓灵曾多次代表中国政府明确了拒绝人民币过快升值的观点。

“中国外汇体制改革过快将损害中国经济，也不利于世界经济，甚至可能因此拖垮世界经济。”对于 G7 国际会议上敦促中国政府允许人民币加速升值的声音，吴晓灵针锋相对地这样回应。

人民银行金融稳定局成立伊始，主管金融稳定工作的副行长吴晓灵就遇到了一个棘手的事件，那就是德隆系坍塌所引发的一系列金融稳定问题。

作为当时与吴晓灵一起战斗在第一线的主要负责人，人民银行金融稳定局的一位副局长回忆说：“刚接手时，大家真的是有点心里没底，因为德隆的情况比此前我们遇到的任何一个案件都复杂。”但处置 3 年，外界对德隆风险处置状况的评价很高，认为其处置基本实现了平稳、有序，金融风险得到了较好的化解。

参与了德隆风险处置的人评价说，吴晓灵在德隆风险的处置问题上贡献很大，她在处置过程中推动了很多开创性的决定，对后来的多项金融工作都具有指导意义。

"应该说，德隆系的风险处置过程创造了很多第一。"这位副局长如此评价德隆的风险处置工作。打折收购个人债权，就是处置过程中的一项机制性创新。此前破产金融机构的个人债权都是由政府全额买单，"花钱买平安"的思路曾是不少政府部门解决问题的主要方式。但吴晓灵坚持认为，"要建立一个真正健康的市场经济秩序，就要彻底改变国家全额买单的做法。"她认为，只有这样，才能吸取教训、防范道德风险。

改革足记

吴晓灵在落实国务院领导"让投资人吸取教训"的指示中发挥了重要作用。2004 年 9 月 30 日，四部委联合出台了《个人债权和客户交易结算资金收购意见》，对个人债权实施了打折收购的政策。

《意见》规定，收购的个人债权 10 万元（含 10 万元）人民币以下全额收购，10 万元（不含 10 万元）人民币以上部分按九折收购。这一新政策对以往金融风险处置的债权偿付机制进行了关键性突破，"之所以定在 10 万元，主要是当时比照了我国的存款保险制度的设计，因为经过调查，我们发现 10 万元覆盖的面比较广。"这位副局长解释说。

德隆事件中，吴晓灵的另一个重要贡献就是促成了第三方存管制度的建立。此前，不少证券公司存在挪用客户资产的情况，并形成了巨大的资金黑洞。填补黑洞的工作，落到了央行头上。这位副局长说："当时我们坚持一点，凡是关闭的证券公司，需要动用人民银行再贷款的，一律要实行第三方存管，不实行第三方存管的，我们不给补保证金。对于这一点，吴行长的态度十分坚决。"

这项制度的确立，使得监管机构从过去的"花钱买平安"彻底过渡到了"花钱买机制"。"第三方存管机制"已写入《证券法》，其制度存在的优势和必要性得到了充分体现。

如果说拒绝人民币过快升值是吴晓灵从经济理论与现状出发而做出的科学应对，那么开创多项金融稳定制度则是其对中国金融改革所做出的历史性贡献。

在吴晓灵任上，对于私募股权基金健康发展的支持也是有目共睹。

所谓私募股权基金，一般是指从事非上市公司股权投资的基金（Private Equity，简称“PE”）。目前我国的私募股权基金（PE）已有很多，其数量亦在迅速增加。而值得一提的是，在私募股权基金的发展道路上，吴晓灵起到了重要的推动作用。

吴晓灵曾经多次公开表示支持发展私募股权投资基金，在她看来，中国的经济环境已经能够适应私募股权基金的发展。2007年9月16日，在吴晓灵等的推动下，中国第一个私募股权投资基金协会在天津正式成立。吴晓灵对于私募股权投资基金的推动意义，不只体现在相关基金机构的建设上。其具有国际视角并结合中国金融发展现状的深度分析，也是让私募股权投资基金得以被业界认同和积极参与的重要原因。

例如，吴晓灵认为私募股权基金应当是在监管豁免条款下生存，要有一个专业的规定合格投资人的标准。这一论断，被业界人士一致推崇，同时也体现出了其专业素养和前瞻思维。

不仅如此，吴晓灵还一直呼吁完善私募股权基金的制度建设和成立人民币股权基金等，为我国金融事业的科学发展起到了助推作用。在此基础上，吴晓灵还认为“应尽早明确信托模式的特殊退出问题”，非常全面地对私募股权投资基金的发展指明了道路。

到了普惠金融观念深入人心之后，吴晓灵的突出贡献则是她对我国小额信贷的推动。

作为农村金融改革的重要推动者之一，吴晓灵曾明确指出，农村金融改革是一个系统工程，必须整体推进农村金融改革，才能建立健全的农村金融体系。在完善农村金融体系的大框架下，发展贴近农户的小额信贷是对农村金融体系的重要补充。

众所周知，农户的小规模信贷主要来自农村信用社，而规模庞大的民间金融却被排斥在外。

通过与人民银行研究局的相关领导多次考察调研后，吴晓灵提出了发展小额贷款公司的框架性意见。在此之后人民银行相继推动地方政府批准了7家只贷不存的小额贷款公司。这一举措被业界认为是向民间金融“阳光化”迈出的重要一步。

吴晓灵为小额信贷组织获得合法身份的奔走取得了令人瞩目的成果。经过多个部门的协作，截至目前，小额贷款未来获得金融牌照已经有望，其向村镇银行和贷款公司的转型，亦在趋势之中。

在路上

“离开领导岗位是一个自然的规律，也是人生的新起点，我将尽自己所能，继续为社会尽一份力量，也会为自己安排一个平和多彩的生活。但我的心永远和大家在一起。”这是吴晓灵以中国人民银行副行长身份在全行大会上最后的发言。

2008 年 1 月 3 日，人民银行正式对外公布人事任免通知，由于年龄原因，吴晓灵卸任副行长之职。面对她曾经工作了 23 年的人民银行，吴晓灵的感谢来得真诚而感人：“我是人民银行培养出来的干部，在此我想向培养过我的历届老领导、老同事、老师和青年的同仁们，对大家多年来对我的帮助、教导、理解和支持表示衷心的感谢。”

不过，时任央行行长周小川称，吴晓灵虽然退出领导班子，但并未退休，还将继续担负其他重要工作。外界也对吴晓灵的下一站充满遐想：这位在金融改革中的功勋人物将以怎样的身份，继续助力中国普惠金融事业的变革与发展。

“我卸任副行长的岗位后，希望专心地做一位老师。我的愿望之一，是能够散发余热，利用我在人民银行工作时的影响力，将金融知识普及到农村去。”对于吴晓灵而言，显然“退休”并不是她为金融事业做出奉献的最后一站。

到了 2012 年，吴晓灵迎来了实现她普及金融知识理想的机会。2012 年 3 月，中国金融学界的一件大事，是清华大学五道口金融学院的成立。这家由清华大学与中国人民银行共建的学院，前身为中国人民银行研究生部，也是我国金融系统第一所专门培养金融高层管理人才的高等学府。而吴晓灵，便是毕业于中国人民银行研究生部。

吴晓灵担任的，正是五道口金融学院的院长，这距离她当年从这里获取硕士学位，足足已经 28 年。

“培养金融领袖，引领金融实践，贡献民族复兴，促进世界和谐”是五道口金融学院的使命。吴晓灵等一众具有央行和金融背景的管理者，自学院成立以来就一直保持与金融业界的紧密合作，并为培养更多金融专业精英，打造国家的金融智库而努力着。

在此期间，吴晓灵还创办了《清华金融评论》，从一个新的领域诠释五道口的专业性和权威性。作为学院发展的整体战略中的一部分，不仅仅是一本杂志，更是一个领域的开拓，是教育与金融业界合作打造高端金融平台的探索。

2017 年 7 月 2 日，在清华五道口金融学院的毕业庆典上，吴晓灵院长致辞时为这些未来金融业界的栋梁寄语：五道口的学生除了学习金融之术，更要提升自身的人文修养，以服务人类的情怀，运用金融工具改善人们的福祉。

在利益和财富分配不均而造成的世界动荡中，金融从业人员绝不能坐在高高的象牙塔上自我服务，而应脚踏实地，用金融服务于每一个公民，用普惠金融的理念约束金融在财富分配上的马太效应，用普惠金融增进低收入人群的财富增长，用普惠金融夯实和谐社会的经济基础。

迄今为止，吴晓灵在这家培养金融人才的黄埔军校担任院长职务已经五年。这位金融界的女强人虽然告别了央行副行长的岗位，但她仍然在为中国金融的改革事业殚精竭虑，用她的金融学识与远见，影响着越来越多的人。从金融象牙塔到国内外的顶级金融论坛，从金融改革创新的顶层设计到普惠金融的具体实践，吴晓灵的声音从未缺席。吴晓灵的贡献，也已经被中国金融界所铭记。

面对一起奋斗了多年的工作伙伴，时任中国人民银行行长周小川对吴晓灵做出了高度评价：“晓灵同志有较强的组织领导能力和协调能力，为积极稳妥推进金融业各项改革做出了大量艰苦细致的开创性工作，为我国金融改革与发展做出了重要贡献，在我国经济金融界享有较高的威信。”

正如周小川评价的那样，经济、金融理论基础扎实的吴晓灵除了中国人民银行副行长的身份之外，还是多所大学的兼职教授、研究员和博士生导师。而对于吴晓灵在金融界的威信，国际媒体也给予了高度评价。

2004年和2005年，吴晓灵曾被《华尔街日报》两度评为“年度全球最受关注的50位商界女性”。2006年和2007年，吴晓灵又被美国《福布斯》两度选入“全球最有影响力的女性”排行榜。

第二节　刘士余：证监会主席的攻守之道

公众场合中，证监会主席刘士余的神情越来越凝重，这种凝重反馈的则是对中国资本市场的管理越来越严格。

中国共产党第十九届中央委员会委员，
中国证券监督管理委员会主席、党委书记　刘士余

中国有两个官最不好当，一个是足协主席，另一个是证监会主席，因为总是吃力不讨好，总是遭遇指责。证监会主席常被人称为坐在火山口的官员。

以救火队长的身份坐上火山口的刘士余，一年多的时间里，全面趋严成为其鲜明的监管风格，同时也为其收获无数点赞。

银行家的低调务实

提起刘士余，最让人熟知的身份是“证监会主席”，事实上，他大部分职业生涯都在中国人民银行度过，在那里他一步步升职，并担任了8年的副行长。

尽管担任要职，但刘士余出现在媒体上的次数并不多，《银行家》杂志一篇封面文章称其为“大银行家”。文章称，刘士余是中国金融业监管层中典型的实干派。

根据网站提供的个人简历，刘士余的工作经历非常丰富：1996年，刘士余进入央行，先后担任中国人民银行银行司助理巡视员、副司长、银行监管二司副司长、司长、办公厅主任、党委办公室主任、党委委员、行长助理。他曾是央行五位副行长中，唯一一位理工科专业出身的，毕业于清华大学水利工程系水利水电工程建筑专业。在央行工作了18年的刘士余，2014年终于亲自执掌了一家国有大行——中国农业银行。

四大银行中，农行由于在县域经济中扎根较深，近年来受利率市场化以及互联网金融冲击相对较小，业绩涨幅较为稳定，但也同样面临挑战。刘士余要带领这家大行进一步创新，需要很大的智慧和魄力，农行内部人也充满期待。

在刘士余任职中国农业银行董事长的一年多的时间里，农行净利润增速从12.65%暴跌至0.5%。2015年9月，农行不良率从6月末的1.83%直接突破2%，3个月猛增197亿不良贷款，不良贷款高达1792亿，远超其余四大行。农行也是唯一一家不良率攀升至2%以上的上市商业银行。

对此，他认为这是一个教训，并开启了农行互联网金融条线的构建和布局。相比于中行和工行，农行的架构改革较为慎重，改革的“渐进式”特征明显。

在业内人士看来，作为央行曾经分管互联网金融领域的副行长，刘士余将推动农行的深化改革和互联网金融的创新。

执掌农行后，刘士余终于有机会实施其“完全可以胜出金融机构负责人的思路及落实方案”，而资产证券化，或许就是其中的一个突破口。

在央行工作多年的刘士余对资本市场也颇为熟悉。自2010年开始，刘士余几乎每一年都在公开发言时表示，要大力发展资产证券化产品。他称，信贷资产证券化是金融市场发展到一定阶段的必然产物，“银行需要通过证券化业务，将信贷资产打包出售，信贷资产由表内转到表外，减少对资本的占用，缓解补充资本对资本市场造成的压力。”

2015 年 8 月，农行完成首单商业银行主导的企业资产证券化项目发行。

两年之后，中粮集团、中船重工等多家央企均提出加大资产证券化的举措，以推动企业混改、重组等改革落地。同时，不少地方政府在出台的地方国企改革文件中，都将资产证券化作为国企改革的重要工作，并明确提出将推动企业实现上市。这样的预见性，刘士余两年前就有。

风口上的忧虑与希望

每逢证监会主席人选更换，卸任的一位总会受到一番质疑，新上台的则被抱以无限期望。此轮证监会主席交接班也不例外，就连刘士余的名字也被股民改编为“牛市雨”，似乎会给股民带来好运。

2016 年两会之前，A 股市场并不平静，年初初尝熔断，至 2 月底，上证综指的跌幅达到 24.05%，2 月的最后一个交易日 A 股有近 500 家上市公司跌停。此前 2015 年股灾中的千股跌停仍让市场仍心有余悸，在期盼两会行情中，2016 年 2 月 20 日，刘士余履新。

刘士余主持的证监会和肖钢主持的证监会，完全是两种风格。肖钢在位时，中央给出了做大做强资本市场的方向，但 2015 年至 2016 年初发生了什么，大家也都清楚，肖钢并没有做错什么，但形势如此，只能换人。

十八届三中全会后，作为各方博弈最激烈的资本市场的主要对口监管机构，证监会不仅仅是证监会本身，同时也代表着中央在金融领域新调整的施政体系，在这个体系下，各部门是高效协同联动的。

承受疾风暴雨时，刘士余就明确抛出“全面监管、依法监管、从严监管”的监管理念，此后，他又在多个公开场合脱稿演讲，猛烈抨击资本市场乱象，大快人心。

尽管自刘士余担任证监会主席以来，基准的沪深 300 指数（CSI 300）上涨了约20%，但他辜负了自己的名字——投资者指出，他的名字音似“牛市雨”。实际上，他把自己打造成了一个鹰派监管者，下定决心根除市场不当行为和日益膨胀的金融风险。

可要命的是，历经 27 年的发展，A 股沉疴已久。我国一直是以散户为主的市场结构，其投资专业能力并不强。庄家们“夜雨剪春韭”怡然自乐，散户们则往往“新炊间黄粱”空自欢喜。对广大散户来说，没有其他权威第三方机构的信用评级，证监会的严格审核就是为上市公司的投资价值背书，也只能高度依赖证监会的审核。一旦上市公司造假、业绩变脸、股价下滑，散户们自然就要找监管部门讨说法。

上任以来一直强调从严监管的刘士余，承受着越来越大的压力。他说，“我到证监会工作后，花了较长时间来了解资本市场的各种乱象，也感到很震惊。”

矫枉必须过正，刘士余施以猛药。2017 年 2 月 26 日，刘士余在国新办举行的发布会上，肯定了 IPO 加速决策的正确性。4 月 8 日，刘士余出席中国上市公司协会第二届会员代表大会，矛头指向上市十几年没有现金分红的“铁公鸡”，痛批“全世界都没有”的“10 送 30”高送转现象。4 月 15 日，刘士余出席深圳证券交易所 2017 年会员大会，向交易所“喊话”，“监管是交易所的法定主业”，交易所做好一线“全方位”监管。

有不少人对刘士余“喊话”表示赞同。财经评论员曹中铭认为，对于市场上涉嫌违规的行为或不正常现象进行“抨击”，这是刘氏监管的一大特色。2016 年，证监会行政处罚决定数量和罚没金额创历史新高。2017 年第一季度，其行政处罚罚没款金额就超过 2016 年全年。他强调，上市公司是资本市场的基石，是市场最具活力的竞争主体。上市公司的治理水准是公司质量的重要标志。

“聪明人要避免摔跟头。”刘士余说，资本市场无论是市场方面还是监管这一侧，都要牢牢坚持稳中求进的总基调。“有句话‘风平浪静好行船’，中国资本市场多年的实践证明，没有稳定的市场环境，任何改革都无法推进，甚至已经迈出的改革步子可能要倒回来。这方面我们是有深刻教训的。反过来，如果我们不坚持市场化、法治化、国际化的改革方向，不坚持问题导向的改革哲学，那么资本市场当中长期积累下来的“顽疾”就不可能减少，更谈不上根除，资本市场的发展就没有活力，稳定就缺乏牢固的基础。所以说，改革和稳定是相辅相成的。”

救火队员变监管哨兵

改革速度与估值波动之间的关系，一直以来都是历任证监会主席最头疼的问题，IPO 节奏一快股指就跌，股指一跌 IPO 就面临”叫停“。改革时断时续，无法一鼓作气。“企业 IPO 的数量不断增加，这是好事儿，如果资本市场要‘找米下锅’，反而要出大事儿。”刘士余表示，注册制是监管的方法论的要求，和行政核准制并不对立。注册制既不要理想化也不要神秘化，要理解制度，咬住牙关，保证质量好的公司能够及时上市，用两三年的时间解决 IPO 堰塞湖。

如今，IPO 堰塞湖压力已逐步缓解。证监会主席助理宣昌能近日表示，2017 年 IPO 企业从发行申请受理到完成上市，平均审核周期为 15 个月左右，较之前需 3 年以上的审核周期大幅缩短，直接融资效率显著提升。

近期 IPO 申报与核准的公司数量双双大降。2017 年以来，已有 400 多家公司在 A 股实现 IPO 上市。与年初的存量相比，目前证监会受理的首发企业数量减少了 200 多家。申报上市的公司数量不及上市数量，主要得益于监管部门通过加强新股发行制度改革，严把市场准入关，在客观上起到了“控增量”的效果。

市场人士认为，新一届发审委员更抠细节，更懂业务。IPO 审核越严，越有利于提高上市公司的质量，防止企业带病上市。

随着上市公司新业务、新模式的不断涌现，新型、隐蔽的商业模式增多，会计审计监管的复杂性也进一步加大。而这正是资本市场“看门人”落实退市主体责任的起点，证监会审计监管正在发挥“哨兵”作用。

刘士余主席在第十七届发行审核委员会就职仪式上讲话时说，必须强化对发审委和委员的监督机制。证监会党委已经决定成立发行与并购重组审核监察委员会，对首次公开发行、再融资、并购重组实行全方位的监察，对发审委和委员的履职行为进行 360 度评价。要健全监督制约机制，坚持无禁区、全覆盖、零容忍，终身追责。

一时间，“终身追责”一跃成为热门财经词汇。这四个字意味着什么呢？发审委员必须要做到归位尽职，受证监会之托，必须忠发行审核之事，出了问题，即便你已经卸任委员之职，也会秋后算账！对中介机构、拟发行企业来说，如果自身有明显的财务、法律等方面缺陷，如果还抱着侥幸心理，硬闯发行审核大关，那些近期被否的数十家企业就是前车之鉴！可以说，“终身追责”切中了新股发审痛点。

然而，这只是建设强大的资本市场的第一块铺路石，正如刘士余所言，“严惩挑战法律底线的资本大鳄，逮鼠打狼，敢于亮剑。”这场“未来务实之战”，才刚刚开始。

第三节　焦瑾璞：为金融改革开放鼓与呼

焦瑾璞在推动我国农村金融、小额信贷、微型金融和普惠金融发展和研究方面居于领先地位，是我国金融消费权益保护理论和实践的先行者。

上海黄金交易所理事长、经济学博士　焦瑾璞

作为学者，他拥有经济学博士的学历，研究涉猎范围极广，金融改革、货币政策、金融监管、农村金融和小额信贷、普惠金融、金融消费者保护等，均是其专长。

中国农业大学经济管理学院、天津财经大学金融学院、中南财经政法大学金融学院教授、博导，清华大学五道口金融学院教授、硕士生导师，人民大学财政金融学院、厦门大学金融学院兼职教授……，这一系列高等学府金融领域的教职头衔，足以印证其金融研究的专业水平。据不完全统计，他还担任《金融会计》《资本市场》《金融发展研究》《区域金融研究》等多家杂志编委，曾经发表学术论文200余篇，出版专著10余本。

作为官员，他拥有中国人民银行金融消费权益保护局局长、中国人民银行金融研究所副所长、重庆市经济委员会副主任、上海黄金交易所理事长等重要岗位。

他就是焦瑾璞，业界与媒体对他的评价可以用一句话予以总结：

“焦瑾璞在推动我国农村金融、小额信贷、微型金融和普惠金融发展和研究方面居于领先地位，是我国金融消费权益保护理论和实践的先行者。”

新起点：履新“上海金”

2015年1月，上海黄金交易所理事长一职在空缺4个月后终于迎来了新人选。中国人民银行正式宣布提名中国人民银行金融消费权益保护局局长、中国人民银行上海总部党委委员焦瑾璞为上海黄金交易所理事长人选。

这意味着，在央行系统工作了近30年的焦瑾璞走上了一个新的关键岗位，这一人事变动在外界看来，亦是推动上海黄金交易所快速发展和进一步打造“上海金”品牌的关键之举。

资料显示，上海黄金交易所是经国务院批准，由中国人民银行组建，在国家工商行政管理总局登记注册的，中国唯一合法从事黄金交易的国家级市场，遵循公开、公平、公正和诚实信用的原则组织黄金交易，不以营利为目的，实行自律性管理的社团法人。

上海黄金交易所的建立，与货币市场、证券市场、外汇市场等一起构筑成我国完整的金融市场体系。未来，交易所将在中国人民银行的领导下，一如既往，与时俱进，为我国黄金市场的繁荣做出更大贡献。

2000年以前，中国黄金市场尚属高度垄断、统购统销的计划市场，在此之后，才逐渐走向市场化。从历史发展走向而言，作为整个金融市场的重要组成部分，我国的黄金交易大致由上海黄金交易所为代表的现货市场、以上海期货交易所为代表的黄金期货市场和以商业银行为代表的黄金购买市场。这也不难看出，上海这个中国的金融中心，实际上也担当着中国金融国际化的重任。而焦瑾璞担任理事长的上海黄金交易所，就在其中起到了至关重要的推动作用。

实践者：助力金融国际化

虽然中国的黄金市场起步较晚，但上海黄金交易所在为投资者、交易者提供便利方面，怎么强调都不为过。从2002年上海黄金交易所的成立算起，经过15年的跨越式发展，中国的黄金市场可以说已经成为全球最大的现货黄金市场。如果再把上海黄金交易所的现货市场和上海期货交易所的黄金期货市场相加，我国在全球黄金市场中可以稳居第二。

“可以说我们国家的黄金市场这几年在全球也逐渐凸显了自己的力量。三个市场里面，黄金交易所是核心和基础，因为期货交易所和商业银行黄金业务背后都基于现货的交割和清算。”焦瑾璞这样评价黄金交易所的地位。

“黄金市场的发展与自贸区、金融改革开放的发展是密不可分的。黄金市场现货方面现在我们已经达到了全球第一。”焦瑾璞介绍，以上海黄金交易所为例，通过紧抓中国金融改革开放和上海自贸区设立和发展的机遇，2014年9月，上海黄金交易所在自贸区率先设立了国际黄金交易中心。与此同时，交易所在陆家嘴还有一个全资子公司。从2014年9月算起，三年时间里交易量已经突破了3万亿元。值得一提的是，参与交易的主体都是全球化的境外大投资者。

交易方面，全球投资者的不同货币都可以作为冲抵保证金，之后以人民币计价交易。债券也可以冲抵保证金。另外，上海黄金交易所还达到了交割全球化，在自贸区专门设立了上千吨的黄金交割库，其既是中国的实物交割中心，也是亚太的中心。

正是在自贸区这样较好的区域性改革政策驱动下，中国的黄金市场也更好地融入了全球。区域性改革确实为中国金融改革提供了良好的条件和经验。从这个角度讲，上海自贸区的设立和发展，为上海国际金融中心建设提供了基础条件，也为下一步上海金融中心成为国际金融中心提供了条件。

从上海黄金交易所的发展来讲，亦一直秉承着改革开放的基本理念。在开放过程中，从一个小众市场、体量很小的交易所，到走向世界和在全球市场当中占有一席之地。

倡议人：坚信技术终会变革金融

焦瑾璞坚信，中国金融业对区块链、数字货币等代表未来发展趋势、技术的研究或尝试，未来终将会有所回报。与此同时，他也颇具前瞻性地对数字金融未来的发展保持警醒。

在 2016 年第 12 期《清华金融评论》的卷首语中，焦瑾璞明确表示，数字普惠金融的发展也需要加以引导和规范，才能保证其走上健康的轨道，使之真正成为“普及大众、惠及民生”的事业。焦瑾璞认为，数字普惠金融还需要做很多保证数字普惠金融长远健康发展的基础性工作，包括构建适当的法律和制度框架，扩展数字金融服务基础设施，平衡好数字普惠金融发展中的创新与风险，以及做好金融消费者保护和教育工作等方面，我国金融业都还任重而道远。

焦瑾璞这种高屋建瓴式的建言，无疑是具有前瞻意义的。

在 2017 年 6 月举办的以“全球视野下的金融改革与稳健发展”为主题的上海陆家嘴论坛上，焦瑾璞发表的《普惠金融需要可持续的商业模式》再度引起与会者的共鸣。

焦瑾璞认为，在提高获取正规金融服务的可获得性、提高金融服务的覆盖面和解决成本偏高等方面，数字金融作用明显，也使相关机构获益匪浅。

在焦瑾璞看来，各国在推进普惠金融发展的过程中，都形成了各具特色的普惠金融发展模式。而目前，我国互联网金融发展也非常迅猛，第三方支付、P2P 平台和众筹都发展较快，在国际上处于领先地位。在这样的背景下，我国也要大力推动数字化金融创新，确立普惠金融的中国模式。

“互联网金融将传统金融服务与互联网技术、云计算、大数据结合起来，具有快捷、透明、廉价的特点，在规范发展的前提下，可以考虑引导将其作为具有中国特色的普惠金融模式。”焦瑾璞说。

与此同时，焦瑾璞也认为，数字技术是一柄双刃剑，它具有有利的一面外，同样也具有风险和挑战。市场上来看，已经出现了许多打着数字普惠金融的旗号，借助互联网从事非法集资等违法活动的现象。

谋前路：力推金融开放与消费者保护

纵览近年来以金融为主题的重要论坛，但凡是焦瑾璞出席的场合，必然会带来让人耳目一新，又与普惠金融发展大势相契合的建设性的观点与洞见。事实上，这也是集金融学者、官员身份为一身的焦瑾璞的专长。对于未来中国金融的发展道路，他一直有着系统而又前瞻的思维，并希冀中国金融在国际市场上能够越发地拥有与我们国家经济地位相匹配的话语权。

包括全面加快金融基础设施建设、着力缓解小企业和三农金融服务薄弱问题、不断加大金融创新力度、持续强化金融消费者保护和金融消费者教育在内的一系列有助于夯实中国金融基础的建言，一直是焦瑾璞所强调的。在他眼中，中国金融发展的道路仍然任重而道远。

焦瑾璞也深知，我国普惠金融的发展在金融服务覆盖率和渗透率方面存在的薄弱环节和制约因素。例如尚未形成整体战略规划和顶层设计、缺乏专门的统计制度、指标体系有待建立、差异化金融监管体系有待完善、技术创新和数字化金融需要进一步深化，等等。以上几点，焦瑾璞都提出了自己深刻的理解和未来突破的方向。

他的理论与观点，事实上也在相当程度上影响了普惠金融的创新实践者们，具有积极的意义。

焦瑾璞透露，目前国家相关部门已开始牵头研究发展普惠金融重大课题，目标是尽快形成具有中国特色的普惠金融发展规划。在指标体系方面，借鉴国际经验，准备构建涵盖金融服务可获得性、使用情况、服务质量等 19 个指标，监测、评估各地区、各金融机构普惠金融发展情况。下一步还要考虑构建常态化的统计制度，并适时发布中国普惠金融指数和中国普惠金融白皮书。焦瑾璞早就提出过，发展普惠金融，需要全社会层面形成认知，政府部门和私营部门合作进行推动。

焦瑾璞的另一个突出贡献是对金融消费者保护的重视。作为前中国人民银行金融消费权益保护局局长，焦瑾璞早就提出过“全面构建金融消费者保护协调机制”的倡议，并通过不断地呼吁和实践将这一措施加以落实。

2008 年金融危机后，宏观审慎监管、微观审慎监管和金融消费者保护成为金融监管体制改革的三大重要支柱。在焦瑾璞眼中，金融消费者保护和金融消费者教育无疑是我国发展普惠金融的重大内容之一。截至 2017 年年底，我国在“一行三会”成立了 4 个金融消费者（投资者）保护部门，这在全世界是独一无二的。

焦瑾璞认为，金融消费者保护部门如何加强与普通消费者保护部门的协调，4 个金融消费者（投资者）保护部门之间如何加强协调，金融监管部门与地方政府相关监管职责如何协调，金融监管部门内部各业务部门如何加强协调，则是摆在我们面前的重大任务。当务之急，就是依托监管协调机制，在“一行三会”之间建立金融消费权益保护协调机制。这样的建言，对于跨越式发展中的中国金融事业，无疑具有积极意义。

焦瑾璞不止一次地表示过，金融市场需要不断开放，因为越开放就越稳定。开放可以修正原来的限制，开放才能知道我们在全球竞争中的地位。

第四节　李东荣：金融科技“风口”的导航人

中国互联网金融协会首任会长　李东荣

他是中国“最懂FINTECH的人”之一，对于过去数年中国互联网金融行业的发展助力颇多；其30余年的央行工作经历和经验，使他对于新金融的发展和未来，都能有一个清晰而又前瞻的认识，这对于其领导的互联网金融协会而言，无疑是具有积极意义的。

2016年3月25日，中国互联网金融协会在上海黄浦区正式挂牌成立，李东荣众望所归，当选为协会的第一任会长。这也意味着，于2015年从央行副行长任上退休以后，这个中国金融领域的重要人物，开始以另一个身份推动中国金融业的发展。

探寻李东荣这个首任会长的使命与职责，及其接下来对中国互联网金融发展将要起到的重要作用，首先自然要从协会的渊源说起。

“风口”受命

资料显示，李东荣研究生毕业于中央财经大学，拥有博士学位和研究员头衔。从1984年在中国人民银行广东分行工作算起，至其2015年2月从央行副行长任上退休，时间跨度长达31年，期间历任中国外汇管理局副局长、央行广东省分行副行长、国家外汇管理局广东分局副局长、中国人民银行行长助理等关键岗位。

中国互联网金融协会（英文缩写NIFA）是按照2015年7月18日，党中央、国务院同意，由人民银行、银监会、证监会、保监会、工信部、公安部、工商总局等10部委联合发布的《关于促进互联网金融健康发展的指导意见》（银发〔2015〕221号）要求，由中国人民银行会同银监会、证监会、保监会等国家有关部委组织建立的国家级互联网金融行业自律组织。

2015年12月31日，经国务院批准，民政部通知中国互联网金融协会准予成立。2016年3月25日，中国互联网金融协会在上海黄浦区召开成立会议暨第一次全体会员代表大会，时任上海市市长杨雄和中国人民银行副行长潘功胜共同为协会揭牌。

中国互联网金融协会的成立得到了党中央、国务院的高度重视，是我国行业协会脱钩改革后第一个承担特殊职能的全国性行业协会，为建立全国性行业协会商会登记体制做了有益的探索。与此同时，协会的成立是我国互联网金融跨越式发展和传统金融行业面临互联网转型大背景下的必然。

协会旨在通过自律管理和会员服务，规范从业机构市场行为，保护行业合法权益，推动从业机构更好地服务社会经济发展，引导行业规范、健康运行。

出席协会成立会议的会员单位有425家，包括银行、证券、保险、基金、期货、信托、资产管理、消费金融、征信服务以及互联网支付、投资、理财、借贷等机构，还包括一些承担金融基础设施和金融研究教育职能的机构，基本覆盖了互联网金融的主流业态和新兴业态。

媒体评价李东荣称："他也许是中国最懂FINTECH的人"之一，对于过去数年中国互联网金融行业的发展助力颇多；业内人士则认为，李东荣30余年的央行工作经历和经验，使他对于新金融的发展和未来，都能有一个清晰而又前瞻的认识，这对于其领导的互联网金融协会而言，无疑是具有积极意义的。

我国数字金融、普惠金融发展的成就有目共睹，在支付、征信等领域的突围，更是引领世界。这个过程中，中国互联网金融协会的作用，为其各个层次的会员单位高度认同。

居安思危

金融科技迅速兴起，方兴未艾。伴随金融平台海外上市潮起和现金贷迅速爆发，行业发展过程中的新现象与新问题不断涌现。从负项影响看，金融科技提供跨市场、跨机构、跨地域的金融服务时，会使金融风险的传染性更强，波及面更广，或者说传播的速度更快。

可以说，金融科技推动了金融服务和基础设施的线上化、开放化，使得技术依赖下半年和网络安全风险进一步集聚。同时，金融科技服务的众多长尾客户，风险识别和承受能力弱，更容易产生羊群相应，一旦发生风险，羊群效应会更突出。

李东荣表示，中国的互联网金融对促进经济发展起到了很重要的作用，但过程中也出现了一些问题，组织开展了互联网金融风险专项整治就是把这些不好的现象及时控制住，同时让好的因素积极的发挥。

“中国的互联网金融已经从原来的快速发展转变到现在的规范发展阶段，目前整个形势向好的方向发展，”李东荣同时强调，防范金融风险的任务还是很艰巨的，这需要持续努力，我们对发展的总体趋势还是充满信心。

李东荣在互联网金融发展中的一个重要论断，便是创新与监管的适度平衡。事实上，金融创新与相应监管一直是网络金融发展发展进程中难以忽略的两极，这也是监管部门和业界人士最为关注的方面。“注重金融创新和风险监管的适度平衡”，这是李东荣一直强调的观点。他认为，在创新与监管的追赶游戏中，金融创新总是走在前边，但监管不能落后太远。要坚持掌握好金融创新与金融监管的平衡点，实现监管、创新，再监管、再创新的动态博弈和良性循环。某种程度上，李东荣的这种创新、监管、博弈和平衡的逻辑和思路，正顺应了我国互联网金融的蜕变进程，其明晰而又科学的论断，对业界影响深远。

对于 2017 年金融科技企业海外上市迎来高峰的现象，李东荣也表示，这种选择具有合理之处，客观上有利于企业融资和持续发展，但不管在哪里上市，都要遵守当地的资本市场发展的要求。

有业内人士呼吁，中国 A 股市场应该进行制度调整，放宽准入，将优质企业留在国内资本市场。李东荣认为，中国资本市场的管理者一直以来既鼓励创新发展，同时也对发展加以规范。“只要是符合我们现行法规，又有利于搞活资本市场的，监管部门还是非常积极去推进的”，李东荣说。

李东荣强调，国家非常重视金融科技的发展，各金融监管部门都在采取措施引导规范发展。金融业务都应纳入监管，同时也要找到其客观发展规律，并与现行的法律法规、市场规则找到一个很好的契合点。

“要以从业机构是否有利于提升服务实体经济效率和普惠水平，是否有利于提高金融风险管控能力，是否有利于加强金融消费者保护，这三个有利于作为我们基本的评判标准。”李东荣称，绝不能搞脱离自身发展阶段超出自身风险管控能力的过度创新，更不能搞打着创新旗号、规避法律监管的伪创新。

引领“标准”

不以规矩，不成方圆。作为“互联网 +”的集大成者，金融行业近年来的发展取得了为世界有目共睹的成就，但与此同时，百舸争流的金融大业，自然需要一个规范、约束行业发展的规则，从而使方兴未艾能够向更加纵深的方向探索。在这一方面，从央行官员到金融领袖的李东荣，显然是最有发言权的人之一。

业界均知，李东荣的突出贡献之一，就是对互联网金融标准制定的大力推动。李东荣一直强调，通过行业自律的促进，为政府提供标准化、透明化、集中化的行业数据以及有效的沟通对话机制，有助于降低政府与市场沟通的成本。

实际上，李东荣担任中国互联网金融协会的会长以来，在建设数据统计、风险监测、信息披露、信用信息共享等行业基础设施方面做了一系列工作。特别是以金融风险防控和消费者保护为重点，抓紧出台信息披露、合同要素登记、资金存管等方面的行业标准和自律规则。

“我们的监管部门也希望行业自律组织要制定相应的规则体系标准体系，目的就是金融活动能够在规则体系内、标准体系里去发展，没有规矩不成方圆。”李东荣强调说。

2017 年，李东荣在出席“第七届上海新金融年会暨第四届金融科技外滩峰会”时发表了重要演讲，他从宏观、全球和历史三个不同角度，分别剖析了中国金融科技行业目前所处的位置。

“在当前全社会关注金融科技的热潮中，我觉得我们金融从业者尤其应该客观冷静，多角度的观察分析金融科技，把握住方位感和方向感，只有这样，才能真正发挥金融科技服务金融改革发展和服务实体经济的作用。”

金融科技，作为技术驱动的金融创新，是现代经济进入信息化时代的标志，在金融领域所表现出来的新特征、新业态和新模式，不仅会影响居民消费、投资、支付等习惯，还会对金融机构、金融市场、金融生态等带来影响，站在宏观金融运行的角度看，上述影响必然会对长期所倚重的货币政策工具，金融稳定框架等带来一系列的变化与挑战。

当然，从目前金融科技相关的规模来看，和金融总量的规模相比，涉及金融科技的业务规模比较小，短期内很难对现行的金融运行方式产生重大改变。

金融科技对金融稳定存在正负两方面的潜在影响。从正向影响看，通过多元化的金融主题有效竞争，将有助于形成稳定的商业模式，增强金融系统的稳健性。金融科技能够提高金融服务的可获得性，将更多的小微经济主题，纳入到经济金融活动，有助于降低风险的集中度，大数据、人工智能等应用，可以降低信息不对称，提高风险定价和风险管理能力。

从负项影响看，金融科技提供跨市场、跨机构、跨地域的金融服务时，会使金融风险的传染性更强，波及面更广，或者说传播的速度更快。

金融科技推动了金融服务和基础设施的线上化、开放化，使得技术依赖下半年和网络安全风险进一步集聚，金融科技服务的众多长尾客户，风险识别和承受能力弱，更容易产生羊群相应，一旦发生风险，羊群效应会更突出。

实际上，早在多年前李东荣在向国务院汇报工作时就提到过，在网络技术条件下，一个金融机构出现风险，很容易引发系统性的风险。“金融科技主体依托网络效益、规模效益，更容易实现跨界混业经营，也可能产生一些不正当竞争和系统性风险问题。”

金融稳定理事会公布了金融科技对金融稳定影响的研究成果，报告总体结论是：目前，暂时没有确凿的证据表明金融科技创新已经影响到金融稳定，但是监管部门仍需重点关注一些问题。比如，应对技术外包上的操作风险，防范网络风险和宏观风险，加强国际监管沟通，加强监管能力建设等。

金融科技已经是一个全球性的议题，世界各国，包括国际组织，各国监管部门，对金融科技也从最初的审慎观察，变得更积极包容，对金融科技的理解也在不断融合、推崇。从总体上看，各国对金融科技逐渐形成了一些共识性的原则，包括以科技创新为驱动、以消费者保护为前提，以发展普惠金融为重点，以风险防范为核心，以标准规范为基础，鼓励多元化的主体良性竞合。因此李东荣建议，我们可以参考这些共识，来进一步完善我们中国的金融科技发展与监管框架。国内业界、学术界，可以参考借鉴金融稳定理事会等国际组织分析框架，做一些针对性的研究。

李东荣介绍，近年来中国的金融科技快速发展，催生了互联网支付、网络借贷等一些新业态，涌现出了一批金融科技的创新企业，新技术在金融领域的应用不断探索、深化。为了促进这一业务的健康发展，中国还建立了以《关于促进互联网金融健康发展的指导意见》为基础的监管规则体系，行政监管与行业自律相结合的行业管理体系。从全球范围看，中国金融科技的发展成果，特别是以移动支付为代表的数字普惠金融领域取得的进展，得到国际社会的充分认可。

2016 年 G20 杭州峰会之后，世界银行牵头撰写了数字普惠金融的新兴政策方法，总结了各国 17 项具有示范性的政策方法。这里面，中国有 5 项入选。

“我们的成果在国际上还是被认可、肯定的。当然，我们也不能盲目自信，要看到我们的不足。客观讲，中国在原始的业务模式开发、核心技术，特别是底层技术研发，主导国际标准制订等方面，还是存在许多短板、不足，需要尽快补齐。”李东荣还认为，银行、证券、保险等各类从业机构，应该以开放包容的态度拥抱金融科技，积极探索和运用新技术，巩固传统优势，解决自身短板，培育发展新功能。

李东荣表示，我们强调金融科技的重要性，始终不能脱离金融与经济的基本关系，必须坚守金融创新服务实体经济的要求，严格按照经济金融规律办事，紧紧围绕经济转型升级与结构调整所产生的有效金融需求，去提高金融供给对实体经济需求变化的适应性、灵活性。绝对不应该搞那种自娱自乐，脱离实体经济空转的伪创新。

这种高屋建瓴的认识，相当程度上也代表了我国学界和业界的普遍共识，对于未来金融科技的发展，具有重要的指导意义。

第五节　霍学文：金融建设与发展的推动者

金融专业背景出身的霍学文，具有扎实的经济和金融理论基础。作为从事金融行业多年的实践者，无论是金融研究还是金融管理，霍学文均有丰富的经验与建树。

北京市金融工作局党组书记、局长　霍学文

霍学文，曾任南开大学经济学院教师、副教授，国务院证券委员会办公室干事、助理调研员，中国证监会政策研究室国际调研处副处长、处长，国际合作部国际合作处处长，原北京市金融工委副书记，北京市国资党委委员、副主任，北京发展和改革委员会党组成员、副主任兼北京市金融办主任，北京市金融工作局党组书记、副局长。2016年6月起，任北京市金融工作局党组书记、局长。

纵览霍学文的工作履历，其金融工作与管理经验丰富，多次参与金融改革实践。在百度网站搜索“霍学文”，信息数目达到数十万余条，其中多为其公开发表的金融观点与文章，与金融时事联系颇为紧密。不难看出，霍学文一直关注着金融行业动态。霍学文也被认为是学者型领导，他于

2015 年出版金融专著《新金融新生态》一书，从全景式的视角梳理了互联网金融的现状和未来。

北京市金融工作局成立于 2009 年 3 月，是负责促进北京市金融发展、金融服务和金融市场建设工作的市政府直属机构，主要负责贯彻落实国家关于金融方面的法律法规、规章政策，指导推动北京金融市场建设和发展、建立健全金融服务体系，协调推进农村金融改革与发展、优化农村金融发展环境推动农村金融体系建设和服务创新等方面的工作。北京市金融工作局成立之初，霍学文就担任党组书记、副局长之职，2016 年 6 月起任党组书记、局长。多年来，霍学文一直专注于相关金融管理工作和研究，在贯彻落实国家有关金融政策法规，推动北京市金融市场建设和发展，尤其是近年来打击非法集资以及对于互联网金融的发展和监管等实践工作中贡献着自己的力量和经验。

推动京津冀金融协同发展

2014 年，习近平总书记提出京津冀协同发展这一重大国家战略。京津冀协同发展战略的核心是疏散北京非首都功能，调整经济结构和空间结构，走出一条集约式发展的新路子，探索一条人口密集地区区域优化发展的新模式，促进区域协同发展，形成京津冀城市群和增长极，解决首都大城市病，实现可持续发展。京津冀一体化已经在众多领域展开，但一直以来，金融机构跨区域壁垒较多，在此背景下鼓励京津冀跨区域经营具有重要的创新意义。

霍学文表示，“在京津冀协同发展中，金融扮演着不可或缺的角色。”长久以来，霍学文致力于积极推动京津冀金融协同发展，“高效的金融体系和统一的金融市场是京津冀协同发展的必然要求，发展好金融对京津冀协同发展的支撑作用，优化区域金融生态环境，提升金融服务实体经济的能力，既是贯彻《京津冀协同发展规划纲要》的重要任务，也是金融业落实习总书记重要讲话精神和在全国金融工作会上精神的必然要求。”霍学文不止一次在公开会议和论坛上探讨京津冀金融协同发展的重要性以及相关发展进程。

在过去四年京津冀协同发展的过程中，霍学文推动北京市金融局与其他有关机构共同建立工作机制，取得了明显的成果。一是建立了多层级的协同推进机制，京津、京冀分别签署《金融合作协议》，定期就金融协同发展进行有效沟通和研讨，三地的《金融合作协议》已经进入征求意见和最后签署阶段。国家开发银行和农业银行等金融机构已经与三地政府签署相关的战略合作协议和备忘录，工商银行、中国银行等也分别在总行层面建立了京津冀协同发展的领导小组、工作机制或者京津冀协同发展事业部，推动全行的京津冀协同发展工作。此外，金融机构的协同发展还扩展到了项目上，在京津冀三地的基础设施建设、产业结构调整、新兴产业发展中发挥了重要的金融支持作用。

二是金融对实体经济的支持作用突出。截止到 2017 年 6 月底，北京市辖内的中资机构支持京津冀协同发展的融资额已经达到了 6766 亿，涉及融资项目 677 个，支持了城市轨道交通、棚户区改造、非首都功能疏散等重点领域，助推了城市副中心、冬奥会等关键项目。同时可转换证券、资产证券化等直接融资工具在重点项目上也得到积极广泛应用。北京到天津，北京到河北，以及雄安都有高铁，京津冀城市一体化，交通先行、产业先行、环境先行也在金融的支持下取得良好进展。

三是北京已经形成一批金融创新的服务模式，从金融机构、金融产品到金融市场，支持京津冀协同发展需要体现在具体的金融服务模式上，在这一点上，霍学文表示已经探索了信贷、信托、基金等不同的发展模式，成立京津冀协同发展产业投资基金、京津冀城际铁路发展基金、曹妃甸投资基金等不同基金。中国银行北京分行拓展京津冀通关一体化服务，华夏银行推出京津冀协同卡在三地可享受同城待遇，北京银行的京一通社保卡、交通一卡通等也已在京津冀地区实现互联互通、通存通兑。北京农村商业银行与天津农村商业银行、河北省农村信用社开展广泛合作，农信通卡在三地实现网点、ATM 机办理跨区域存取款业务，这些极大地丰富了普惠金融的业务。

四是建立区域金融风险联防联控机制。在国务院非联办的指导下，京津冀三地建立了打非协作机制，这个打非不仅是政府之间、金融局之间的合作，三地的公检法也加强合作，这个机制发挥的作用非常大。

随着京津冀金融一体化的稳步推进，金融服务效率和质量都有显著提高。国家对京津冀金融重点项目的资金支持力度不断加大，区域之间金融机构一体化合作不断深化，快速形成了产业发展创新模式架构，服务效率和质量显著提高，区域性防范金融风险机制日益完善。

央行副行长潘功胜强调，金融业要抓住京津冀协同发展带来的重大机遇，优化京津冀金融产业链布局，推动金融市场和基础设施一体化，加强内外资源整合和业务协同，探索推进金融管理机制一体化。

霍学文也对外表示，未来北京将会继续做好五项工作。一是支持京津冀金融机构跨区域提供金融业务。他建议人民银行、银监会、保监会、证监会对京津冀一体化发展加大金融支持力度，允许金融机构跨区域提供金融服务；二是创新金融服务模式，支持京津冀金融机构在京津冀区域内开展业务创新，尤其是发行专项建设债券、绿色债券、PPP、资产证券化等产品。如果三地加强在这些领域的合作，会进一步助推社会资本参与重大项目的合作，扩大金融对供给侧结构性改革的支持；三是扩大金融市场合作，他建议加大对三地区域股权市场在互联互通、互助服务方面的支持；四是进一步加强金融基础设施建设，要加强支付系统的覆盖面，未来实现所有基于IC卡的金融卡业务在三地的公共交通、旅游和公共事业缴费等方面得到全面应用，实现金融的普惠性和便利性。同时也加强三地在征信体系建设上的互联互通和合作；五是切实防范金融风险，深化京津冀金融风险防范和处置非法集资工作机制，加强区域金融监管合作，完善区域金融稳定信息共享机制，提高金融风险监测预警和处置工作机制，在京津冀地区创造和平、稳定的金融发展生态。

互联网金融风险专项整治

近年来，随着大数据、云计算、移动互联网等技术的发展，以互联网支付、网络借贷、众筹等方式为代表的互联网金融和金融科技迅速发展，提高了金融服务效率，降低了交易成本，在满足多元化的投融资需求、提升金融服务的普惠性等方面也发挥了积极的作用。

随着互联网金融和金融科技快速发展，行业里不断涌现出金融风险和问题。监管不到位，部分机构风险意识、规范意识缺失，消费者权益保护意识不强，部分业态偏离正确的创新方向，一些机构以“金融创新”的幌子进行非法集资、金融诈骗等非法活动，这些负面事件对行业的声誉造成较大的影响，引起社会各界的高度关注。而北京地区互联网金融平台的数量和交易规模在全国范围内均处于前列，因此暴露出的风险事件也相对集中，霍学文对互联网金融领域的风险和问题颇为关注，并在实际工作中予以重视。

霍学文指出，互联网时代，我们会遇到经营风险、信用风险和区域风险。他认为，凡是金融活动都要纳入监管，如果金融活动不纳入监管，在互联网技术下，一个小的缝隙都会造成灾难。同时他还赞同加强普惠金融教育，让消费者学会自我识别、自动识别金融风险。关于信用风险，他提出一定要由第三方的技术公司来评估。在区域风险层面，他表示现在的大数据技术已经可以监测到相关内容。

针对这些风险，霍学文给出解决方案，首先将扎扎实实开展互联网金融风险专项整治，创造规范发展的环境；第二，加强大数据监测预警，确保早发现、早诊治。在这一点上，他表示已经建立了跨行业、跨领域穿透式监管平台，专门为此设立了互联网金融安全产业园聚集全世界最顶尖的反欺诈公司和金融风险监测预警公司；第三，加强互联网行业的规范发展，需要有人制定法律规则，需要有关部门加强监管。在规范发展这个问题上，他希望能够实现自治、法治、共治和德治。自治就是既有行业自律，也要企业自我负责；法治是要加强法律法规的颁布和设计，而且顶层设计一定要完善；互联网金融由于多出一个维度，因此必须工商、公安、电信甚至是维稳机构一起来加强社会共治；德治则是要加强行业高管和从业人员的管理。

新金融　新生态

互联网金融是技术与金融深度融合的结果，是未来金融业的核心竞争力，金融发展的必然方向。霍学文密切关注行业动态，作为从业者、专家以及互联网金融浪潮的亲历者，将自己对于互联网金融和传统金融的研究以及对于中国互联网金融监管体系的思考综合整理，著成金融专著《新金融 新生态》，受到了众多业内资深人士的好评和推荐。

清华大学五道口金融学院院长、原央行副行长吴晓灵评价，霍学文以独特的理论体系、逻辑框架和概念进行分析，为我们展示了互联网金融的整体分析图景。“从历史展望未来，从技术渐入金融分析，从金融抑制到金融创新，从应用场景到金融生态，从概念分析到现实应用，从技术路径到未来预测，展示了作者大框架、大图景、大空间的战略思考，为我们提供了发展互联网金融、解决问题、分析趋势的分析范式和分析工具。”

永隆银行董事长、原招商银行行长马蔚华则表示，《新金融·新生态》与其他金融论著相比，具有思想前瞻性、理论深刻性、实践指导性，对互联网金融的监管与发展有深入思考，提出的建议具有切实可操作性。

金融学历出身的霍学文具备扎实的经济和金融理论基础，从事金融行业多年，无论是研究还是金融管理实践，霍学文均有丰富的经验，并且经常出席各种行业权威论坛与众多业内人士探讨行业的前沿动态，将前沿动态应用于实践工作中，为北京以及国家的金融建设与发展做出很大的贡献。

第三章

新金融标准

中国金融的独到之处，不只是全球排名第一的移动互联网用户规模和处于有待引爆的风口的海量消费市场，经过过去五年的改革与创新，中国新金融在规模、征信、风控、技术、模式和生态等诸多领域，都成为世界金融发展史上的一种独特存在，而由中国的决策层、实践者们共同缔造的这一约定俗成的标准体系，也可谓是中国金融为世界金融大发展所做的重要贡献。

第一节　中国特色的金融蜕变

新金融时代的行业标准并不是一成不变的，它有待于行业不断嬗变和发展来予以确认和调整，也有待于未来金融业大趋势的不断引领。

何谓新金融的标准？简明而言，就是在中国金融改革与创新历程中，能够代表中国新时期金融改革与创新成就的群体所应具备的优势与特色。而从过去数年的发展实践来看，这样的群体既有伴随移动互联网不断发展而脱颖而出的互联网金融，例如BATJ（百度、阿里巴巴、腾讯和京东）等互联网巨头对金融的布局；也有通过自身不断转型而继续引领行业的传统金融实体，例如招商银行、邮储银行等先进典型。而纵览这些能够代表中国新金融成就的代表们，其共性亦是一目了然。

一、规模决定了金融类机构、企业的价值高低，同时也是其发展壮大的目标。用户规模、交易规模、估值水平等在内的综合参数，某种程度上这些参数彼此之间又互为因果和密切关联。

2017年5月，媒体披露阿里巴巴（ALIBABA）的支付业务关联公司蚂蚁金服的日常生活用户人数在当年一季度就已经达到了4.5亿人，在此前的一年时间里，蚂蚁金服的用户数增长一倍，并且还在持续增长之中。拥有4.5亿人使用其旗下的支付和理财、保险、消费金融等一应俱全的服务，这个数字是什么概念？要知道，美国人口也才2.5亿人，一个蚂蚁金服的活跃用户数量甚至远远超过一个最大的发达国家的总人口数。

海量的日常活跃用户近乎于是价值的代名词，事实上不仅是蚂蚁金服，腾讯旗下的微信支付用户数已经超过6亿，京东金融的用户则依托于京东集团的2.4亿以上的活跃用户，从估值上，蚂蚁金服已经超过600亿美元，牢牢占据民营金融的第一梯队。

二、科学、审慎的监管体系，是金融行业发展的前提。所谓金融监管原则，即在政府金融监管机构以及金融机构内部监管的金融监管活动中，始终应当遵循的价值追求和最低行为准则。金融监管的传统对象是国内银行业和非银行金融机构，但随着金融工具的不断创新，金融监管的对象逐步延伸至业务性质与银行类似的准金融机构，如集体投资机构、贷款协会、银行附属公司或银行持股公司所开展的准银行业务等，甚至包括对金边债券市场业务有关的出票人、经纪人的监管，等等。

2003年3月10日，第十届全国人大一次会议第三次会议通过了国务院机构改革方案，中国银行业监督管理委员会获准成立；是年12月27日，第十届全国人大常务委员会第六次会议通过了《中华人民共和国银行业监督管理法》（下称《银行业监督管理法》）、《关于修改〈中华人民共和国中国人民银行法〉的决定》和《关于修改〈中华人民共和国商业银行法〉的决定》，并于2004年2月1日起正式施行。至此，三部银行法和《证券法》《保险法》《信托法》《证券投资基金法》《票据法》及有关的金融行政法规、部门规章、地方法规、行业自律性规范和相关国际惯例中有关金融监管的内容共同组成了中国现行的金融监管制度体系。三部银行法的颁布和实施，标志着中国现代金融监管框架的基本确立。根据修订后的《中国人民银行法》，中国人民银行的主要职责是："在国务院领导下，制定和执行货币政策，防范和化解金融风险，维护金融稳定。"

为确保四部门在监管方面的协调一致，《中国人民银行法》第九条授权国务院建立金融监督管理协调机制；《银行业监督管理法》第六条、《中国人民银行法》第三十五条分别规定了国务院银行业监督管理机构、中国人民银行应当和国务院其他金融监督管理机构建立监督管理信息共享机制。

对于金融监管，尤其值得注意的是，任何针对创新型技术变革和商业模式的监管都是滞后的，监管层能够不断地针对新兴事物做出对旧有规则的调整，科学思路的转变，新规则的出台，都体现着监管者与时俱进的智慧。一个典型的例子就是央行于2017年8月4日发布的《中国区域金融运行报告（2017）》，明确了下一步应以专项整治为契机，建立健全法律法规体系，完善金融监管机制，进一步发挥互联网金融在支持经济社会发展中的积极作用。在具体措施上，探索将规模较大、具有系统重要性特征的互联网金融业务纳入宏观审慎管理框架，对其实行宏观审慎评估，以防范系统性风险。这是央行首次提出探索将互联网金融业务纳入MPA（宏观审慎评估），是加强互联网金融监管的创新举措。

实际上，早在2015年7月，央行等十部门就联合发布了《关于促进互联网金融健康发展的指导意见》，提出互联网金融是传统金融机构与互联网企业利用互联网技术和信息通信技术实现资金融通、支付、投资和信息中介服务的新型金融业务模式。按“依法监管、适度监管、分类监管、协同监管、创新监管”的原则，《关于促进互联网金融健康发展的指导意见》确立了互联网支付、网络借贷、股权众筹融资等互联网金融主要业态的监管职责分工，落实了监管责任，明确了业务边界。

三、良好的风控体系是新金融时代兵家必争之地，也是关乎金融实体生死存亡的生命线。好的风控体系是必不可少的。如果说监管是官方与行业组织等针对整体行业而制定的强制性的指导或限制框架，那么风控体系更多是指行业中的从业实体为了使自身做强、做大和使其能够持续发展而做好的准备和防范。在传统金融时代，国家通过宏观调控的手段预防金融风险，但是在金融改革与市场化的大背景下，中国互联网金融业发展所取得的成就无不是先行先试和不断实践后所取得的成就。在不断尝试与实践的过程中，风控的意义怎么标榜都不为过。

从金融发展现状来看，风控几乎成了每家金融平台都标榜的一个重要指标。没有好的风控，哪怕是一家卓有实力的平台，也会在进取的道路上走上歧路。以国内的乐视控股为例，这家市值曾经超过 1600 亿元的资本市场明星，在风险控制上欠缺科学的长远考量，在过去几年里，以紊乱的关联交易、拆东墙补西墙式的盲目扩张和讲故事式的多元化发展，使企业陷入了债主堵门，市值腰斩，资不抵债的尴尬境地。

无论是传统银行还是互联网新金融，无论是投资理财平台还是消费金融主体，如果做不好风控，那么其生存的根基都将被动摇。尤其是存款保险制度推出以后，银行类金融机构未来亦不排除破产的可能，风控就成了几乎所有金融机构的必修课。

四、能够持续缔造价值的商业模式，是金融创新力量能够长期持续的关键要素。众所周知，传统金融企业凭借其门槛颇高的商业模式，以息差的方式赚取可观的利润，但在利率市场化时代不断迫近的当下，过去的类银行金融机构基本上告别了躺着赚钱的时代。谁能够服务好更多的用户，谁能够创造更高的社会价值，并借此而获得可观的商业利润，谁才是新金融时代的优胜者。我们也可以将这些能够促使金融实体获得持续发展的逻辑称之为“核心竞争力”。

蚂蚁金服旗下余额宝的诞生，让银行以往的舒坦日子变得充满紧迫感。投资理财渠道的扩充，让用户的选择性更加多元。民营银行的诞生，则冲击着传统银行业态。所以，谁能够为用户创造更好的价值和提供更好的服务，谁就是新金融时代的王者。

新金融时代是一个开放的、竞争的和多元的时代，依托于不同的技术和拥有着差异化特色的市场，实践者仍然在探索着自身的独特模式。条条大路通罗马，未来金融之路亦是弄潮者们八仙过海各显其能，最终凭借完善的服务和价值的缔造从而得以生存的竞争之路。

五、征信力已经成为国际金融业界公认的权威准则，是弄潮于金融风口的卓越金融体所必备的素质之一。从概念上来讲，征信是专业化的、独立的第三方机构为个人或企业建立信用档案，依法采集、客观记录其信用信息，并依法对外提供信用信息服务的一种活动，它为专业化的授信机构提供了一个信用信息共享的平台。

征信一般可分三大类：按业务模式可分为企业征信和个人征信两类，

按服务对象可分为信贷征信、商业征信、雇佣征信以及其他征信，按征信范围可分为区域征信、国内征信、跨国征信等。征信记录了个人过去的信用行为，这些行为将影响个人未来的经济活动，这些行为体现在个人信用报告中，就是人们常说的“信用记录”，征信能够从制度上约束企业和个人行为，有利于形成良好的社会信用环境。并通过道德意义上的批判促进诚信观念的形成，诚信是一种社会公德，一种为人处事的基本准则。

2015年1月5日，中国人民银行发布了允许8家机构进行个人征信业务准备工作的通知，被视为是中国个人征信体系有望向商业机构开闸的信号，考拉征信、腾讯征信、芝麻信用等位列其中。

芝麻信用是蚂蚁金服旗下独立的第三方征信机构，通过云计算、机器学习等技术客观呈现个人的信用状况，已经在信用卡、消费金融、融资租赁、酒店、租房、出行、婚恋、分类信息、学生服务、公共事业服务等上百个场景为用户、商户提供信用服务。其通过分析大量的网络交易及行为数据，可对用户进行信用评估，这些信用评估可以帮助互联网金融企业对用户的还款意愿及还款能力做出结论，继而为用户提供快速授信及现金分期服务。

本质上来说，“芝麻信用”是一套征信系统，该系统收集来自政府、金融系统的数据，还会充分分析用户在淘宝、支付宝等平台的行为记录。而背靠阿里系电商、金融等业务模块的支撑，芝麻信用具有其他同质平台所不具备的产品优势：广泛的实名用户、独特的数据价值、强大的处理能力、深入的行业洞察、便利的场景应用。2016年4月，芝麻信用通过了英国标准协会（BSI）的权威评估认证，成为国内首家获得ISO27001：2013国际信息安全管理体系认证证书的征信机构，这也是国内首例获得这一被公认为全球最权威、最严格评估认证标准证书的机构。

第三方征信的发展，充分体现出了大数据生产力的价值，但与此同时，势必也会面临一个突出的问题：关乎每个人切身利益和安全的信息和数据，怎样才能得到良好的保护？这个命题，不仅是中国新金融的难题，放眼国际，所面临的任务同样艰巨。

央行征信局局长万存知认为，人民银行征信中心的业务无论是现在还是将来，都难以对持牌金融机构以外的债务人负债信息做到全覆盖。这就客观上要求在人民银行征信中心之外，再培育一些社会征信机构，主要在持牌金融机构之外，采集债务人的信用信息提供征信服务，实现与人民银行征信中心错位发展、功能互补。只有形成这样一个完整的征信体系，才能满足社会全方位、多层次、多元化的征信需求。

我们必须清醒地认识到，根据中国实际培育社会征信机构，不是要简单地复制一个或数个征信机构，来与人民银行征信中心竞争，甚至通过竞争形成替代关系；而是要使这些不同功能定位的征信机构形成互补关系，以避免征信体系的无序发展造成金融的混乱。

征信发展的积极一面，则是我们国家在顶层设计层面的认知与看重。种种迹象都表明，以中国为代表的新兴市场国家，在对个人信息保护的统一立法和统一保护上，也正逐步走向完善。我们有理由期待，未来中国的征信发展势必成为世界重要的一极。

六、在新金融时代，生态特征已经成为考量金融业态的最高标准，绿色金融则是永恒趋势。过去五年时间里，借“互联网+”发展浪潮及国家对互联网金融大力推动与扶持的东风，新金融平台纷纷涌现，即使是放眼世界，中国新创的类金融平台、公司也堪称之最，但另一方面，新金融领域却鲜有能够称之为帝国级的存在。

在具备所有前述技术、模式等其他必备的前提之外，还需具有产品多元并互补、各个子业态能够相互依生和不断融合，最终形成创新与变革的闭环，在价值和服务缔造方面能够产生聚变的平台集群。按照这个近乎严苛的“生态标准”，刨除实力强劲的大型国有银行，阿里巴巴、腾讯和京东三家和近年来在互联网金融深度耕耘的平安集团都属于这一行列。

实际上，总结近些年来的金融创新技术和新兴模式，这些帝国级的存在悉数参与其中，市值曾突破千亿港元的众安保险，背后是腾讯、阿里和中国平安在背书；异军突起的民营银行，阿里巴巴和腾讯同样是最早吃螃蟹的主体；中国平安主导创办的陆金所，也已经是互联网金融的标兵式存在，在估值和规模上，均名列前茅。

无论是金融体的生态特征还是我们国家正在构建的绿色金融，事实上都是凝聚了新一代信息技术的金融创新，在国家的科学监管和指导之下，通过一大批创新体的不断试验最终不断走向成熟。唯一可以肯定的是，新金融时代的行业标准并不是一成不变的，它有待于行业不断嬗变和发展来予以确认和调整，也有待于未来金融业大趋势的不断引领。

第二节 谁能获得个人征信牌照？

征信是金融和众多相关行业的基石，没有完善的征信体系，将加大审核和风控成本，导致众多行业发展受限。近年来网贷行业风险事件频发，与个人征信系统缺位也直接相关。

个人征信，近两年来作为伴随着普惠金融、大数据、个人信息安全等“肥沃土壤”而“迅速蹿升”的“新芽”，无疑成为眼下金融市场的焦点。

从征信行业的顶层设计、制定《中华人民共和国征信法》《征信数据披露法》，到个人征信市场格局与监管，乃至征信相关的个人信息安全和隐私保护……可供市场担忧和热议的话题数不胜数。

不过对于市场参与机构而言，个人征信牌照这个从2015年初开始，让大家翘首以盼了两年的“资质”，它的任何“风吹草动”必然都会牵动入局者疲惫又敏感的神经。

征信是金融和众多相关行业的基石，没有完善的征信体系，将加大审核和风控成本，导致众多行业发展受限。近年来网贷行业风险事件频发，与个人征信系统缺位也直接相关。

大数据征信

据中国人民银行征信中心提供的数据，截至2016年9月初，其信用信息基础数据库（常被业内称为“央行征信系统”）收录的自然人数量已经超过9亿，但拥有信贷记录的仅有4.1亿人。这意味着，没有征信记录的5亿“小白”人群，其金融需求如何得到满足，是个人征信机构的市场机遇。

中央财经大学金融学院教授李健在接受笔者采访时，介绍了当下个人征信行业的图谱，所谓的“个人征信机构”共分为六大类机构。

第一类机构做向债权人提供债务人的债务信息的共享服务，即真正意义上的个人征信机构，以上海资信公司为代表。第二类机构虽然不直接收集债务人的债务信息，但可以通过对接债权人来查询，叫作“准共享”，以蜜蜂数据为代表。

除此之外，在李健看来，其余四类机构，并不真正从事个人征信业务，因为盈利空间有限，最后均有可能发展成信贷服务机构。具体来说，第三类机构提供自身体系内的数据服务，包括债务信息、交易信息、社交信息等。

第四类机构即数据公司，业务模式主要是通过购买非债务数据，再卖给信贷服务机构，从中赚取利差。“这就呈现两个特点，一是数量多，好几百家，且缺乏监管，乱象较多；二是竞争激励，打价格战，未来是个红海。”李健指出，这也正是央行监管如今最为担忧的一类机构。

第五类机构就是评分公司，以 FICO 为代表，本身没有数据，主要帮助信贷服务机构开发模型，进行评分。最后一类机构是大数据营销公司，核心是“客户画像”，也为信贷服务机构引流，提供风控服务等。

早在 2015 年 1 月，央行就印发了《关于做好个人征信业务准备工作的通知》，要求芝麻信用管理有限公司、腾讯征信有限公司、深圳前海征信中心股份有限公司、鹏元征信有限公司、中诚信征信有限公司、中智诚征信有限公司、拉卡拉信用管理有限公司和北京华道征信有限公司等 8 家机构做好个人征信业务准备工作。如今看来，8 家机构中，除了中诚信征信和鹏元征信主营传统企业征信，中智诚征信以“反欺诈”业务为主，华道征信主营同业征信，其余四家均选择大数据征信模式。

其中，蚂蚁金服的芝麻信用主要参考淘宝、天猫的消费数据和蚂蚁平台的借贷数据；腾讯征信拥有大量的社交数据资源；前海征信则拥有平安集团的数据库。

除上述 8 家机构，不少拥有海量数据和技术基础的公司也在布局大数据征信市场，包括京东金融、百度金融、小米、宜信等。

以芝麻信用为例，近期芝麻信用先后宣布与 OFO、途家等企业达成战略合作，开启信用免押模式。“今天芝麻信用做的事情是利用每个人大数据沉淀的基础，利用机器学习和 AR 算法做用户信用评价。”蚂蚁金服副总裁、芝麻信用总经理胡滔分析：“基于这个信用评价和所有的合作伙伴，根据它所面临的行业里面所需要的信用需求和状况确定分值以免押。”

牌照发给谁?

不过，市场目前对大数据征信仍存争议。央行前副行长吴晓灵就曾公开表示，大数据征信提供第三方技术和服务，包括大数据挖掘等，在数据源上层完成数据分析和风险控制，但这与金融界所说的典型的个人征信不完全一致，有关联但不同。

虽然大数据在反欺诈、贷后风险监测与预警、账款催收、市场营销支持等征信附加服务具有良好应用表现。但有些人认为大数据运用在征信上的效果有限，目前研究进展也十分缓慢，缺乏可靠的算法。

“吃力不一定讨好。”一位大数据征信业内人士称，大数据征信前期需投入巨大人力、物力，周期长且回报慢。尤其是个人征信部分，对于数据、资金、技术、场景等都有很高要求。并且他预测，虽然现在进入大数据征信的机构很多，但最终只会有两三家主导市场。“独立第三方”被认为能否拿到牌照最关键的因素，而多家机构多数并不满足这一要求。

“独立性，是指独立于授信业务，即没有已涉足授信金融业务的控股股东。”3 月 20 日，央行征信中心副主任汪路在央行主管的《金融时报》发表的文章《我国征信业顶层设计研究》中写道。这一观点与央行征信管理局局长万存知不久前在《中国金融》发表的《征信体系的共性与个性》的观点类似。“无论是市场主体的要求还是政府监管的要求，坚持独立第三方征信，有效防范征信活动中的利益冲突，是国际公认的征信准则。这里的第三方，是指信用交易双方之外的那一方。”万存知写道。

目前看来，这 8 家机构中“没有已涉足授信金融业务的控股股东”的只有鹏元征信有限公司、中诚信征信有限公司、中智诚征信有限公司和北京华道征信有限公司等四家。从监管人士的公开表态来看，至少此前被要求做好个人征信业务准备工作的一些机构将无法获得个人征信牌照，市场亦逐渐形成此预期。

另一方面，纵观近年征信市场的发展走势，央行对保险信用信息和互联网金融信息的重视也可窥见一二。

虽然目前央行征信系统并未向网贷平台等互联网金融机构开放查询业务，但央行征信中心控股子公司上海资信搭建了“网络金融征信系统（NFCS）”，截至 2017 年 2 月 28 日，NFCS 累计签约机构 1024 家，累计报数机构 470 家；央行主管的支付清算协会也搭建了“小微金融风险信息共享平台”（原名为“互联网金融信息共享系统”）；央行牵头组建的互联网金融协会也正在搭建互联网金融信用信息共享平台。由此可以推测，央行目前在互联网金融信息采集方面已有一定的积累。

此前易观在其发布的一份中国征信市场年度分析报告中指出，截至 2016 年 12 月底，中国贷款规模为 1121.1 万亿元，中国贷款规模的持续增长为征信奠定了市场基础。

上述央行征信中心人士预计，在牌照发放之前，央行提出任何新要求和举措都是有可能的，个人征信市场最终会形成以央行征信中心为主导、少数几个独立第三方市场化征信机构为辅助的格局。这个过程所需时间不确定，和监管环境的发展变化有关系，期间可能出现大小征信机构竞争、合并的过程。

第三节　债券通：为中国债市国际化提速

适时开放债券市场，简化境外投资者参与银行间债券市场的手续，有利于引导资金回流境内，巩固在岸人民币市场的地位，加快人民币国际化进程。

2017 年 7 月 3 日上午 9 时 22 分，在位于香港中环的香港证券交易所大厅内，中国人民银行副行长潘功胜、香港金融管理局总裁陈德霖一同敲响开市锣，宣布“债券通”正式启动。同日，央行允许境外评级机构开展银行间债券市场信用评级业务，完成了债市接轨国际金融市场的又一大战略举措。

随着股市沪、深港通的步伐，债市也走向开放，中国资本市场对外联结将更加紧密。

得益于中国债券市场高收益的吸引力，在债券通上线首日，交易额就突破了70亿元。据中国外汇交易中心7月3日披露的数据显示，当天共有19家报价机构，70家境外机构达成了142笔总计70.48亿元的交易。交易债券种类涵盖了国债、政策性金融债、同业存单、短期融资券和企业债等，由此可见境外投资者的热情。

基金公司争相入局

“我们看好中国境内债市、体量大、潜力大，所以我们希望从‘债券通’开通第一天就参与进来。” GORDON IP 在回复笔者采访邮件中写道。他是首批通过“债券通”投资政策性金融债的惠理集团固定收益主管。在他眼中，中国这些期限短、风险低的债券，风险回报潜力大，“是现金头寸的良好替代”。

债券通指的是境内外投资者通过香港，与内地债券市场在交易、托管、结算等方面的基础设施连接，买卖两个市场交易流通债券的机制安排，目前仅开通北向一条线，即称“北向通”。通俗讲，“北向通”就是境外投资者可以通过香港市场买入，或卖出境内银行间市场的债券。

在债券通正式上线之前，境外机构投资者实际上也是可以直接投资境内银行间债券的，例如通过QDII（合格境内机构投资者）、RQDII（人民币合格境内机构投资者）渠道等，但“北向通”的开通，无疑给境外投资者提供了另一条更为便捷、高效率的入市渠道。

与传统渠道繁杂的流程相比，境外投资者通过“北向通”，只需要在央行上海总部备案，并在香港金管局辖下的债务工具中央结算系统（CMU）开户，即可接入境内债券市场系统，进行投资交易。

众所周知，中国境内人民币债市规模居全球第三，仅次于美国和日本。且中国债券收益率优势较明显，例如中国10年期国债收益率为3.6%，而美国同年期国债收益率仅为2.21%，日本同年期国债更是接近于零。但境外投资者持仓所占比重不到2%，因此，市场普遍认为未来外资进入中国债市有巨大的提升空间，对债券通充满期待。

目前，多家基金公司的香港子公司均加入到交易大军。工银瑞信基金旗下香港子公司工银瑞信（国际）资产管理有限公司已经与中国工商银行在境内银行间债券市场成功达成某笔债券的现券交易。博时基金（国际）也成功通过债券通完成首笔交易，据了解，该笔交易投资于国内银行间市场，选择的投资标的是到期期限较短的贴现国债。招商基金全资离岸子公司招商资管（香港）也分别完成买入存款证与人民币债券两笔交易。

“北向通”的启动为基金公司拓展海外业务带来的政策红利，不言而喻。“交易环节减少、整体效率提升后，‘债券通’可吸引更多全球配置的资金进入境内债券市场。”工银国际首席经济学家程实预计，“2017 年底吸引外资净流入或达千亿元。”

而根据中行最新发布的公告，中国政府不会限制外国人在中国投资的金额。一位中行内部人士透露：“中行去年（2016 年）拓宽了可投资银行间债券市场的境外机构投资者类型和交易工具范围，取消了投资额度限制，简化了投资管理程序。”

博时基金固定收益总部国际组投资总监何凯则表示，债券通不仅是打开了境外投资者更多参与债市的便利通道，还为今后人民币债券纳入主要国际债券指数奠定了基础。

加快人民币国际化进程

债券通的出现使境外投资者与中国债市的联系从根本上变得不同。随着人民币在 2015 年 11 月被纳入 IMF 特别提款权（SDR）篮子，一些投资者必须在资产负债表上至少纳入一些人民币资产。“否则大量走出去的人民币缺乏投资渠道和汇率对冲手段，很难留在海外，反而在人民币汇率波动和中国经济下行时，这些流出去的人民币要么被抛售，要么回流，从而对中国货币政策和国内流动性管理带来巨大压力。”程实分析认为，“债券通”是人民币纳入 SDR 之后的必然之举。

泰达宏利基金预计债券通中投资者的需求仍主要集中在利率债（国债和政金债），因为国内债市引入的主要是以资产配置需求为主的央行类机构和中长期投资者，利率债有较高的国际评级，符合其较低的风险偏好。

截至 2017 年 7 月 18 日，“债券通”上线半月有余，彭博汇总市场公开信息显示，“债券通”北向流入资金已经现身境内债券一级市场：农发行 7 月 3 日发行首单“债券通”金融债，各期限中标利率均显著低于中债估值，认购倍数高达 10 倍左右；此后发行的国开债亦延续火爆局面，境外订单投标量近百亿元，中标量超过 20 亿元；华能、三峡、联通、中铝和国家电投 5 家企业试点同步面向内外资发行，全场认购倍数均在两倍以上，其中中铝公司最高，达 4.66 倍。

在程实看来，适时开放债券市场，简化境外投资者参与银行间债券市场的手续，有利于引导资金回流境内，巩固在岸人民币市场的地位，加快人民币国际化进程。

香港证券交易所行政总裁李小加还透露，市场预期高，是债券通推出的第一难点。毕竟债券市场跟股票市场是很不一样的。不同于“沪港通”，两地股票市场都是已经充分发展的市场，通起来相对容易，但在债券方面，“香港并没有什么债券市场”李小加说。

另一难点在于内地债市与国际债市的架构迥异。内地市场是大而全的，它是自上而下建立起来的非常完整的银行间债券市场，国际市场也非常大。应当看到，内地市场是在几大势力范围控制的各种交易平台下，自下而上发展起来的市场。

庆幸的是，最后做成了。7 月 1 日，正值香港回归中国 20 周年纪念日，李小加公开表示：“我认为这（债券通）是一个巨大的突破。”

不过，此次债券通仅开通了“北向通”。潘功胜和李小加皆回应媒体说：目前“南向通”尚无时间表。

“这是由市场需求决定的，目前，北向需求巨大而南向需求还没旺盛起来，两边的利率环境也不一样。但未来有一天，如果南向需求存在了、旺盛了，我们分分钟可以把‘南向通’给做起来。”李小加称。

业内也有人担心“南向通”的推出可能无疾而终。“尤其是在目前美联储加息缩表的背景下。除了要看‘北向通’试运行的情况，还要看市场的需求情况，以及与国际资本市场互联互通的对接情况。”一位业内人士如是说。

第四章

金融实践引领者

中国金融的创新，企业的意义怎么强调都不为过。从蚂蚁金服对支付的破局到宜信在普惠金融和P2P的深耕，从京东金融在无界金融的布局到和信贷在合规领域的开拓，都在宣告中国新金融领域由创新的引领者们所掀起的金融革命的到来。并且在不久的将来，他们对金融创新中所起到的作用将越发凸显。

第一节　蚂蚁金服：金融生态的集大成者

这家先有产品与服务探索而后才成立金服集团的企业，其定位并不是一家传统的金融控股集团，相反，是一家中在服务以“草根”群体消费者的现代、开放的金融体系

蚂蚁金服董事长、CEO　井贤栋

蚂蚁金服（全称：蚂蚁金融服务集团），成立于 2014 年 10 月 16 日，蚂蚁金服旗下拥有支付宝、支付宝钱包、余额宝、招财宝、蚂蚁小贷及网商银行等品牌。

“之所以选择这个名字，是因为我们是从小微做起，我们只对小微的世界感兴趣，我们身上承载了太多小微的梦想，我们喜欢与更多小伙伴们同行。就像蚂蚁一样，虽然渺小，但它们齐心协力，焕发出惊人的力量，在去目的地的道路上永不放弃。”蚂蚁金服在诠释其公司名称由来时如是称。而另一层含义，则是蚂蚁金服的产业理想。事实上，这家先有产品与服务探索而后才成立金服集团的企业，其定位并不是一家传统的金融控股集团，而是一家中在服务以“草根”群体消费者的现代、开放的金融体系。

从支付宝到生态圈

2017 年 11 月 11 日 24 时，天猫双十一的销售额最终定格在了 1682 亿元人民币。其中，移动占比 90%，成交商家和用户覆盖 222 个国家和地区。

根据现场实时数据，双 11 购物狂欢节开场 28 秒钟，淘宝系交易额超 10 亿，3 分 01 秒成交额超破百亿，13 小时 09 分 49 秒！天猫双 11 交易额达到 1207 亿元，破了 2016 年全天的交易额记录。11 日上午 9 点 00 份 04 秒，交易额破千亿。双 11 全天累计物流订单量超过 7.5 亿单，累计产生电子面单超过 3 亿。双 11 刚刚启动 12 分钟，全网第一单送达，上海嘉定区朱桥镇，菜鸟智慧物流从距离客户最近的仓库发货，用时 12 分 18 秒。

支付宝方面的数据显示，2017 天猫“双 11”，全球消费者通过支付宝完成的支付总笔数达到 14.8 亿笔，比 2016 年增长 41%。相当于在双 11 这一天，平均每个中国人在支付宝上完成超过 1 笔支付。

天猫“双 11”全球狂欢节刚开场 5 分 22 秒，新的支付峰值诞生：25.6 万笔 / 秒，比 2016 年增长超 1.1 倍，再次刷新全球纪录。同时诞生的还有数据库处理峰值，4200 万次 / 秒。

在公布数据之外，支付宝旗下的花呗还推出了一项新功能，“帮朋友还花呗”。数据显示，2017 天猫双十一期间，超过 160 万商家凭借信用的累计获得贷款超过 1000 亿元，商家数量同比增长超过 30%，贷款金额同比增长近 60%。其中，包括 57 万农村地区的商家，覆盖了 1200 多个国家省级贫困县。

回顾过去 8 年，从 2009 年阿里巴巴开创了“双 11”购物节之后，蚂蚁金服便在支付领域引领行业，同时也改变了超过国民半数以上的人们的支付生活。

可以说，蚂蚁金服的重要意义之一，便是蚂蚁金服构建“金融服务供给侧改革”的主体。通过蚂蚁金服，阿里巴巴不仅构建了金融生态，客观上也促进了包括电商在内的“互联网 +”新时代的到来。我们今天所说的“互联网 +”尚未呈现规模化发展之时，蚂蚁金服旗下的支付宝就在提升电商交易效率方面大行其道。

如果从 2003 年 10 月 18 日第一笔担保交易成功算起，蚂蚁金服服务集团（下称“蚂蚁金服”）的创建，即将迈向其第 15 个年头。在近 15 年时间里，蚂蚁金服一直引领着金融创新的脚步，从构建中国信用市场的支付宝起步，到如今成为涵盖支付、理财、保险、微贷、征信在内的所有新金融技术与模式创新的生态帝国，蚂蚁金服这一案例不仅是中国金融渐进中的一个标杆，在世界范围内也是一个现象级存在。

界面传媒旗下的“快百会”在 2017 年 3 月所发布的“创业估值榜”榜单中，蚂蚁金服以 4110 亿元的估值雄踞榜首，超过排名第二的另一家超级独角兽公司 1000 多亿元。

向全球 6 亿消费者用户和数千万小微企业提供金融服务，无论是金融牌照数量、业务规模、估值水平，还是蚂蚁金服在改变业界生态与人民生活方面，在中国都无出其右。

阿里巴巴从电商起步，拥有淘宝、天猫，几乎掌握了绝对数量的用户与消费数据，在电子商务的各个环节，在中国的消费生态系统中，阿里巴巴几乎都无所不在，既是中国互联网数据的原产地，同时也是未来缔造新生态帝国的可能。

背靠云计算和大数据，蚂蚁金服十二年来已经为数百万小微企业、上千万个体创业者和数亿个人消费者提供了全方位的普惠金融服务体系。

有学者将蚂蚁金服视为一部活的金融发展史，这具有一定的合理性。

一方面，蚂蚁金服通过其旗下林林总总的金融产品，影响着数以亿计的用户。另一方面，渐进中的蚂蚁金服时刻都在变革着金融行业，它的用户数量，它的经营规模，它所带来的社会影响……，几乎每一天都在发生着巨变。而作为记录者的我们，能够做到的只是在它的跨越式发展中捕捉它的亮点与独特之处，希望能够呈献给这个行业和读者一个客观的蚂蚁金服。

正如北京大学数字金融研究中心主任黄益平所言，未来这家公司会变成什么样子，尚存在极大的不确定性，但了解这样一家从无到有并且日益成为我们日常生活一部分的企业，显然是有意义的。

大数据支撑普惠金融

马云曾经说过，与其说阿里小微金融服务做的是金融，毋宁说是“信用体系”，相比于一个金融机构，一个拥有完善信用体系的公司才是中国金融领域的“刚需”。所以说，从最初通过发明支付宝而一举解决了多少年来都未曾有效解决的交易信用问题，到如今蚂蚁金服已经连通信贷、保险、消费、银行等一应模式，信用都是基础性的存在。

2015 年 1 月 5 日，央行下发《关于做好个人征信业务准备工作的通知》，要求八家机构做好个人征信业务的准备工作，准备时间为六个月。其中，蚂蚁金服旗下独立的第三方征信机构芝麻信用位列名单榜首，这足以证明蚂蚁金服在征信领域的地位所在。资料显示，蚂蚁金服的征信，不仅仅是完善自身的业务闭环，其数据、技术、成果，同时也是其他的创新金融实体乃至包括传统银行在内的金融机构可以深度应用和创新的依据。

背靠云计算和大数据，蚂蚁金服十三年来已经为数百万小微企业、上千万个体创业者和数亿个人消费者提供了全方位的普惠金融服务体系。

从党的十八届三中全会决议提出发展普惠金融，到 2015 年的《政府工作报告》，再到眼下的两会，普惠金融已经成为经济发展的热词。近年来，大量来自传统金融及互联网金融领域的探索者在普惠金融的道路上不断尝试、进步。蚂蚁金服总裁井贤栋近年来亦一直强调公司的“不忘普惠大众、服务小微的初心”。从 2004 年创办支付宝起步，13 年来，运用互联网、云计算和大数据技术，蚂蚁金服已经为数百万小微企业、上千万个体创业者和数亿个人消费者提供包括支付、信贷、理财、保险、征信等全方位普惠金融服务体系。

世界银行的数据显示，在发展中国家，40% 的家庭已经有了存款账户，21% 的借款需求能够通过正规的金融机构得到满足。中国人民银行的数据表明，在中国 23% 的商业贷款是发放给小微企业的。

云计算和大数据一直是蚂蚁金融所倚靠的两大基石，移动互联网让普通人能够便捷地接触到金融产品。金融产品也是一种产品，需要销售渠道。传统金融机构网点众多，但实体网点构成的渠道的效率较低，这就决定了传统金融机构只能提高单位客户价值，服务高净值人士。而蚂蚁金服的云端计算能力，可以大大提高效率，降低金融产品的成本，使得服务小微企业和普通人成为可行的商业模式。

背靠阿里巴巴整个生态系统和支付宝的海量用户，蚂蚁金服的大数据，对于构建小微企业主和个人的信用体系具有极其重要的作用。它可以迅速判断客户的信用状况，降低风控成本，提高透明度，效率远高于传统金融机构依靠人工进行征信、放贷的操作方式。

2015 年 6 月 25 日，蚂蚁金服作为大股东发起设立了网商银行，致力于解决小微企业融资难融资贵的问题，以及提升农村地区的金融服务水平。截至 2016 年 2 月底，正式开业仅仅 8 个月的网商银行，就已经为 80 万家小微企业累计提供了 450 亿元的信贷支持。

蚂蚁金服旗下的网商银行利用互联网手段提供农村金融服务，推出的“旺农贷”产品，支持和帮扶农民创业致富，践行普惠金融，目前业务已覆盖中国 17 个省区市的 65 个县，近 1000 个村。87 万多小微企业和农户累计收到了 1700 多亿元人民币的贷款。作为银监会批准的中国首批试点的民营银行之一，网商银行选择了互联网银行的独特发展模式，致力于服务小微企业、支持实体经济、践行普惠金融。

开业以来，网商银行基于各种各样的场景去触达小微企业，并为他们提供信贷在内的各类金融服务，先后推出了淘宝天猫贷、流量贷、口碑贷、“双十一”大促贷、旺农贷等创新性的场景金融信贷产品，服务线上、线下各种类型的小微企业以及农村经营者。

而在更大范围上，蚂蚁金服所引领的互联网金融还客观上倒逼了金融改革，成为创业、创新的基础设施之一。例如，2013 年面世的余额宝，就成为利率市场化的催化剂，也成为银行提升服务水平、降低费率、推进金融产品创新的推进器。互联网金融的普惠价值，在过去一段时间得到了更多肯定。以蚂蚁金服及其主导发起的互联网银行网商银行为例，在“千县万村”计划中，蚂蚁金服和阿里巴巴集团已经明确，在 3 到 5 年时间里对农村地区进行投入，致力于解决农村地区的贷款难问题。

蚂蚁的世界梦

评价蚂蚁金服的成就，站在世界的眼光，尤其是其在为中小企业服务的深度和广度方面，都具有国际意义。根据 2017 年 1 月阿里巴巴和蚂蚁金服公布的数据，仅仅 2016 年蚂蚁金服就为超过 500 万小微企业累计发放了 8000 多亿贷款，而这些贷款都流向了新实体经济，为中国经济转型提供了金融血液。事实上，从 2010 年开始，阿里巴巴利用阿里小额贷款公司，为其电商平台上的商家生态伙伴提供小额贷款，以帮助商家进行资金周转。

行业分析人士据此分析评价认为，蚂蚁金服运用大数据风控技术赶超了格莱珉银行 39 年的成就，不仅大大降低了小微企业融资成本，还提高了融资效率和贷款可获得性。其将单笔信贷成本降低到不足 3 元，实现了随贷随还的全自动流程。

据悉，从蚂蚁金服旗下网商银行 2015 年 6 月正式开业以来，上述普惠意义明显的小微贷款业务也已转向网商银行进行，在可期的未来，蚂蚁金服在为中小企业服务方面，无疑将带来更大的助力。

据阶段性统计，蚂蚁金服户均贷款额约 3.8 万元，属于真正的小微贷款；财务不良率被控制在约 2%，现在利率水平在 10%–18% 之间，平均利率水平约 4.5%；强调 310 体验，即 3 分钟申请，1 秒钟到账，0 人工干预。

通过云计算的技术能力，蚂蚁金服的支付能力不仅快速、安全，而且成本更加低廉。通过技术的革新，支付宝峰值处理达到 8.59 万笔 / 秒，远远超过 VISA 每秒 1.4 万笔的纪录；资损率控制在十万分之一以下，是 PayPal 资损率的千分之一左右；将单笔支付成本降至 2 分钱，对大部分小微商户收单手续费降至0.6%，远远低于美国百分之几的收单费率。

由于技术创新带来的触达能力、风险甄别能力和效率的提高，在中国，蚂蚁金服发展普惠金融覆盖人群的数量以及金融服务的广度和深度都已经达到了前所未有的水平，也为世界普惠金融探索出了新的模式。

蚂蚁金服希望利用13年的探索经验，为韩国和印度等新兴市场的合作伙伴提供普惠金融服务，在全球范围内帮助更多小微客户和普通大众。

根据媒体报道，2016年底日本的许多机场、药妆店、百货商场就已上线支付宝。截至目前，支付宝可以在罗森便利店、电器店和百货商场等日本国内3万家以上的店铺使用。阿里巴巴表示，2018年春季将在日本推出基于智能手机的电子结算服务，力争3年内赢得1000万名用户。

在美国，中国游客及华人聚集区域的机场、酒店、景点、奢侈品门店等，都已经部署了解决方案用于解决支付宝等产品的跨境移动支付问题。并且纽约和拉斯维加斯1.6万辆出租车接入支付宝，中国的移动支付已经在美国覆盖衣食住行玩五大领域。

事实上，在欧美以及日本这些发展程度较高的国家，其自身支付体系完善，支付习惯稳定，要进入其市场并不容易。但随着中国经济增长和居民收入水平的不断提高，助推了中国海外旅游的热潮。在这种背景下，海外商家为吸引中国游客，通过引入支付宝这样的中国支付产品，适应了中国消费者的消费支付习惯。

而归结其根本原因，还是在于支付宝用户规模庞大、支付生态完整以及技术和服务方面的优势明显。

可以说，中国的移动支付依托于电商和社交平台的发展，已经领先全球。比起美国等国家，中国的移动支付不仅线上成熟，线下渗透广泛，而且比起其他国家的现金、NFC、信用卡等主流支付方式，便捷高效、成本更低。

十余年来，蚂蚁金服坚持依靠技术创新，推进普惠金融。这弥补了传统金融机构不愿涉猎的小微金融空白，拓展了金融服务的边界。对促进中国的金融改革，优化全球的资源配置，起到了举足轻重的作用。

第二节　京东金融："无界金融"的践行者

我们看今天京东金融的地位，需将其置于京东的整个生态系统之中。在京东的多个业务板块中，金融是重中之重，它与电商、物流等具有天然的密切联系，同时也是支撑京东生态的必要一环。

京东金融 CEO　陈生强

2018 年 1 月 11 日，京东集团董事局主席兼首席执行官刘强东在其致京东全员的内部信中披露称，已独立运营的京东金融在 2017 年已实现了单季盈利，消息甫一发布，就被媒体纷纷报道。自 2017 年从京东集团分拆之后，京东金融作为一家独立的科技公司发展，一举一动都为业界瞩目。

作为 2013 年 10 月才开始独立运营的业务，京东金融一直以逆袭先锋和后起之秀而著称，在短短四年多时间里建立起了九大业务板块——供应链金融、消费金融、众筹、财富管理、支付、保险、证券、农村金融、金融科技，在公司金融和消费者金融领域，迅速确立了以科技服务金融行业的领先定位。

背靠中国最大的自有电商京东集团，京东金融一诞生就拥有着多重优势。在数据获取能力方面，京东金融背靠京东集团超过 2.4 亿的活跃用户，拥有几十万供应商和合作伙伴数据，以及交易数据；同时，通过投资和合作的形式，丰富数据资源。在数据技术能力方面，以大数据为基础，进行学习、人工智能、图像识别、图谱网络、区块链等技术应用；在数据模型产品能力方面，开发出风险量化模型、营销模型以及用户洞察模型等。京东金融集团通过领先的大数据应用技术，建立起风控体系、支付体系、投研体系、投顾体系以及 DaaS（数据及服务）平台、SaaS（软件及服务）平台等一整套金融底层基础设施。

2017 年京东金融从京东集团分拆之时，曾明确强调其对银行、保险、证券、消费金融和个人征信等牌照的目标。业内人士分析，这些牌照（尤其是银行和消费金融牌照），对于京东金融来说意义很大，在对京东金融生态的补充上将起到重要的影响。

欲做大做强，完善境内监管体系以及未来寻求在 A 股上市，分拆独立就成了必由之路。而据媒体披露，京东金融已经明确计划要在 2022 年之前谋求在 A 股上市，希冀构建一家市值达到 1000 亿人民币的金融科技公司。

2013 年成立的京东金融和其他互联网金融公司一样，都是近五年才创建而成，所不同的是，京东金融从创立伊始就有自己独特的生态属性。其他互联网金融公司所极力寻求的用户与流量，对于京东金融而言都可以在生态体系内获得。

技术优势谋求领先

京东金融 CEO 陈生强表示，京东金融坚持以数据为基础，以技术为手段，为金融机构在场景拓展、获客、运营、风控、研发等核心价值环节提供服务，为金融机构创造数字化和全场景化的核心价值，推动“无界金融”的实现。

京东金融现在为金融机构提供的服务是全球范围内独一无二的企业服务模式。例如，2017 年 11 月，京东金融发布全球首个提供 FaaS（Fintech as a Service）的企业服务云平台，该平台所有模块都是从京东金融自身的金融科技业务中解构出来的，例如智能营销、智能风控、智能客服、智能投顾、智能支付、智能交易、智慧农业、资产证券化，等等，贴近金融业务核心，贴近场景和贴近用户，符合金融机构业务迭代、模式升级的真切需求，被市场评为科技公司年度创新案例。

独特的企业服务模式，让京东金融的科技战略迅速落地，金融机构向京东金融不断伸出橄榄枝。截至2017年年底，京东金融累计与400余家银行、120余家保险公司、110余家基金公司，40余家证券、信托、评级机构达成合作，涵盖了市场上所有主流的金融机构，是当前市场上与金融机构合作范围最广，也是唯一一个与国有大行、股份制商业银行、城商行和农商行等银行业金融机构分别达成战略合作的科技公司。

全球范围领先的科技能力是京东金融能够服务于金融机构的关键。在经历了几年沉淀之后，京东金融已经建立了一整套基于大数据和AI的领先技术体系。比如深度学习、人脸识别、生物探针以及图计算特征关系网络等技术的创新，在信用模型建立、预防欺诈行为、优化用户体验、打击黑产方面发挥了举足轻重的作用。

此外，2017年，京东金融硅谷AI实验室正式投入运营，JDD全球数据探索者大赛在中美两地举办，向世界展示了中国科技公司的数据和AI能力。京东金融宣称，未来会在数据和人工智能领域持续投入千亿规模，致力于成为全球领先的科技公司。

数据显示，截至2017年三季度末，京东金融的各项业务交易总规模就已经相比2014全年增长24倍，成为全球范围内金融科技领域增速最快的科技公司之一。

作为线上消费金融的代表，京东金融正在其搭建的融合多种消费场景的生态基础上，继续扩大基础用户数量，并不断加强在大数据、云计算、人工智能等金融科技领域中的深耕力度，来完善和升级平台的风控能力，以期为用户带来更加高效且普惠的服务体验。

在业内人士看来，京东金融这样的金融科技企业，弥补了传统金融服务在业务下沉覆盖等方面的不足，在顺应国家完善促进消费体制机制、鼓励消费金融服务模式创新政策的同时，也满足了人们对新消费模式的追求。

消费金融成就壁垒

消费金融风口骤起，而京东金融正处风口中心。事实上，早在 2013 年京东金融成立之时，业内人士就曾断言，以家电 3C 起家的京东商城拥有着得天独厚布局金融的优势。首先，其金融产品和服务在提升自有生态圈内的 B 端商户和 C 端客户的金融服务合作起到了质的提升与推动，并且通过网银钱包的支付工具能够实现两端的金融服务链接；另一方面，金融业务的开展能够让京东打破业务的闭合孤岛，在金融市场成就一个巨大的增量市场。

要知道，在京东金融布局伊始，网络金融还是以阿里巴巴与蚂蚁金服系统的支付宝为主要的支付工具，彼时，因为支付工具的选择而带来的商战亦此起彼伏。

而伴随着京东商城的不断发展壮大，业务量的与日俱增，京东金融的话语权也水涨船高，所以我们看今天京东金融的地位，已经难以用五年前的眼光视之。在京东的多个业务板块中，金融亦是重中之重，它与电商、物流等具有天然的密切联系，同时也是支撑京东生态的必要一环。

或者，正是预判到消费金融行业在发展过程中潜藏的风险隐患，京东金融在紧抓消费金融发展机遇、积极进行业务创新的同时，更是将监管合规建设和风险防控能力，作为平台生存发展的基石。

从京东的具体发展实践来看，其消费金融的竞争优势也正在不断凸显。首先，在其平台开放背景之下，边际获客成本越来越降低。一定程度上，这要归功于集团 2017 年确立的“无界零售”战略。

其次，海量真实的用户数据，为其风控、征信体系的打造奠定了坚实的基础。经过十余年的电商平台打造，京东积累了超过 2 亿的活跃用户，面对交易额增长速度不断加快，几乎涵盖了所有的消费场景，在大数据时代，这些数据本身就是一笔巨大的财富。

与此同时，京东对消费金融的定位与布局，正好契合了互联网金融发展的趋势，使各类产品业务应运而生，呈爆发式的增长。例如，京东众筹平台的搭建，顺应了新创智能制造领域企业的爆发式增长，成为众多新品的首发平台，实现了双方的共赢。而因为京东消费者群体的科学画像，也吸引了在房地产、汽车等领域的客户的入驻，进一步丰富了京东平台的消费场景建设，在满足用户诸多垂直细分领域需求的同时，也夯实了自身的金融基础。

在金融科技企业定位下，京东金融平台一直专注于技术变现、抵御周期性风险、应对监管变化带来的影响。通过 2017 年京东消费金融实现单季盈利和财务报表持续改善就能够看出，这种努力已经得到了积极的正反馈。

而在业内人士看来，京东的这一系列努力所指向的都是支持消费升级与促进实体经济发展。

“消费金融作为一种工具在整个社会零售体系里面起到很大的作用，但追本溯源，只有将金融‘脱虚向实’回归实体经济作为核心，行业才能真正发挥出‘普惠’功效。”京东金融副总裁、消费金融事业部总经理区力如是表示。

移动支付完善生态

从京东金融的成长轨迹来看，消费金融成功的关键在于资金、场景、风控和技术，并通过这些能力让用户体验到产品与服务，让市场感受到生态和资产质量。就对社会价值的创造来说，京东金融的出现和成长提升了金融服务效率和降低了获取服务的成本。

资金能力直接影响行业竞争格局，稳定和廉价的资金来源是消费金融公司健康持续发展的基本要素，掌握消费场景的企业能够获得用户核心消费数据，直接面对需求，打造完善资金流向闭环，搭建风控体系能更好地识别用户风险、降低坏账率，而技术是风控的关键，技术将在用户连接、产品结构、多维服务等诸多方面，结合场景发挥“改变一切”的作用。

从逻辑上推演，这几大方面又催生出了一个新“风口”，即客户画像。从产业链的角度来看，有意开拓消费金融业务的金融科技公司的核心竞争力之一，就在于对数据源的甄别和处理，以及基于此的画像还原能力。换句话说，集以上优势并能够将这些优势落于应用的企业，早已完成了抢跑。

据了解，在机器深度学习、图计算、生物探针等智能技术的驱动下，京东金融已实现无人工审核授信和放款，平台不良率控制在1%以内，低于行业平均水平；与此同时，平台更是将智能风控能力输出，对金融机构提供服务，帮助银行在信贷审核上效率提高10倍以上，客单成本降低70%以上。

值得欣慰的是，已实现对3亿多自有用户信用风险评估的京东金融，更看重的是高于商业价值之上的内容，那就是社会公益价值。区力坦言，京东金融愿意贡献所有的数据，打破行业里的信息孤岛，和监管持续沟通，积极贡献自己的力量，共同营造促进我国消费金融健康、可持续发展的市场环境。

2017年2月10日的京东集团开年大会上，刘强东公布京东未来战略时尤其看重金融板块，在其构想的金融未来中，京东金融将进入证券、征信、银行，将申请自己的银行或者控股一个银行。从2017年的目标来看，支付板块已在发力。

刘强东此前曾不无感喟地表示，如果说过去十年错过了什么，那么支付无疑首当其冲。刘强东所遗憾的是，京东的支付没有变成老百姓使用最多的支付工具，至少在目前还是其金融业务很小的一部分，这对于一家定义于万亿新零售的巨头企业而言，难免有些失落。而弥补这种失落的唯一办法，就是通过快速而决绝的战略，在短时间内做到布局。

值得注意的是，大支付正是京东金融宣布的2017年六大战略之一。事实上，京东金融CEO陈生强也曾表示："支付对京东金融来说很重要，很重要，很重要"。重要的事情说三遍，打通移动支付对于京东的战略意义，似乎怎么强调都不为过，这一点从京东2017年全面的战略实践中就可窥一斑。

回顾2017年这一年，业内人士对京东金融在支付领域的发力有目共睹。整整一年，京东金融与银行机构的合作新闻不时出现。据不完全统计，这一年时间里京东金融和接近20家银行宣布达成战略合作，这种快节奏的合作，在京东金融历史上是前所未有的。

在与银行机构的合作上，京东的步伐也明显加快。2017年1月4日，中国银联与京东金融签署战略合作协议，将在移动支付产品创新、联名卡、大数据应用、农村金融、国际业务等八大项领域展开深度合作，这意味着京东支付的落地速度加快。据悉，这一合作除了接入京东商城线上场景外，还可在银联境内超过1000万台活跃POS的终端受理，用户可以使用支持NFC功能的手机实现“一刷即付”。某种程度上，这种合作也是一种双赢。在移动支付领域，银联线下覆盖能力尚具备明显优势，而京东在线上流量具备明显优势。

在此时，支付对于京东金融的意义也不仅限于快捷支付，白条所具备的信用支付、京东小金库具备的理财余额支付都已与快捷支付打通。

与此同时，在线下的商户领域，京东金融的身影亦无处不在。早在2016年9月，京东金融就已经宣布“白条”与银行合作的联名电子账户——“白条闪付”正式上线，该账户通过银联云闪付技术，实现在全国约1900万台的银联闪付POS机上使用，覆盖了800多万家商户。

京东集团旗下首家线下生鲜超市“7FRESH”正式开始营业，店内采用了多种基于网络、大数据等智能化创新服务。京东集团副总裁、“7FRESH”总裁王笑松表示，在未来3到5年，京东计划将在全国铺设超过1000家该类门店。

近期，京东金融公布了白条场景地图，首次全景式展现了白条的覆盖场景、城市甚至合作商户。作为业内第一款互联网消费金融产品，自2014年2月上线以来，白条取得了爆发性的成长。如今京东白条已经走出京东，在全国各个省份提供线下场景分期服务。这意味着，小到买瓶啤酒，大到购买汽车，都能使用白条进行消费。

过去的2017年，有两组数据也可以证明京东生态与京东金融的价值所在。在618和双11两个购物节上，京东的下单金额分别达到了1199亿元和1271亿元。双双破千亿元的销售数据，不仅是京东零售跨越发展的分水岭，也是京东金融与零售生态打通的新的开始。未来，京东金融的生态建设，也将在集团新零售的大背景下不断蜕变。

第三节　宜信：引领行业的金融部落

在普惠金融方兴未艾的当下，宜信这家金融创新领域十二年的老兵，正筹谋着一个更为宏伟的谋篇布局。而2020年的整体上市，便是这一布局的方向之一。

宜信公司创始人、CEO　唐宁

很难用一句话来定义宜信（Credit Ease）公司。

当2006年，公司创始人、CEO唐宁将尤努斯教授的“穷人银行”实践与西方成熟的商业模式相结合，在中国破天荒地开创了P2P信用贷款服务平台时，或许不会想到，这家公司会成长为今天这样的规模，并且为这一行业不断赋能和施加积极影响。

凭借理念、模式和技术等方面的创新和积累，宜信公司在过去近十二年时间里服务着越来越多的中国高成长性人群、大众富裕阶层和高净值人士。截至目前，这家公司已在267个城市（不含中国香港）和20个省（直辖市）的农村地区建立起强大的全国协同服务网络，为其客户提供全方位、个性化的普惠金融、财富管理和金融科技服务。

作为国内在普惠金融和财富管理领域处于绝对领先的金融科技企业，宜信在这十年里也基本完成了支付、网贷、众筹、智能投顾、智能保险、区块链等众多前沿领域的完善布局，在金融发展的新时代确立了难以撼动的领袖地位。

预判者与实践者

有一篇文章把唐宁比作中国普惠金融的“破风者”。这一称谓，是指在自行车比赛中冲在整个队伍前面，为冲刺的选手抵抗风阻，从而使团队获胜的人。实际上，无论是唐宁，还是他一手创建的宜信公司，对于中国金融科技行业的意义都有目共睹。

一家在美上市的金融平台负责人在接受笔者访问时表达了对宜信这家金融领域的先行者价值的充分认可。在他看来，如果不是宜信的前期开拓，2017 年众多平台的成功上市就不会如此容易和迅速。宜信旗下的宜人贷作为行业第一个吃螃蟹的探索者，让华尔街充分了解了中国 P2P 模式的内在逻辑和前景。

世界银行第十一任行长罗伯特·B·佐立克评价时宜信公司时称，唐宁和他的同事们在 2006 年创建了一家非常出色的公司，包括好望角投资项目在内，为越来越多的用户提供广泛的金融和技术服务。

这些评价无疑是客观而公允的。就在 2016 年 12 月 14 日，《亚洲银行家》16 年来首次评选中国私人银行与财富管理奖项，宜信财富荣膺唯一中国“最佳非银行私人财富产品”无独有偶，就在今年，《亚洲私人银行家》将 2017 年的“中国本土杰出财富管理机构”大奖（Excellence in Wealth Management-China Domestic）授予宜信财富。

实际上，相对于“破风者”本身自带的自我牺牲和开拓意味，唐宁和宜信公司所充当的更多是成功者的先驱，而非试错者的先烈。纵观宜信公司十二年的发展历程，其所取得的成就几乎称得上是遍地开花。上述这一小部分权威认定，也可以说是宜信公司蜕变过程中的注脚。

作为金融科技旗舰企业，宜信不仅在普惠金融和财富管理领域实现了引领，其通过宜信新金融产业投资基金发掘国内外具有金融科技基金的优质资产等途径，还推动了互联网、大数据、人工智能等和实体经济融合，在诸多金融服务领域培育了新增长点、形成了新的动能。

宜信公司十余年的发展史，同时也是一部中国金融科技的发展史。P2P网贷、众筹、智能投顾、保险科技、区块链，宜信将金融与科技加以融合、创新，开创了诸多全新的业务板块和商业模式。

而从发展理念上来讲，宜信同样代表了行业发展的潮流和趋势。不论是今天被高净值人士所推崇的资产配置“黄金三原则”，还是宜信通过宜人贷所引领的P2P浪潮，亦或是当下方兴未艾的普惠金融的国家战略，唐宁及其创建的宜信公司，都是集洞窥者、预见者和实践者于一身的引领者。某种程度上亦可以称，正是以宜信为代表的开拓者们，才让中国互联网+金融的实践步入了“普惠”的阶段。

值得一提的是，由宜信财富出品的资产配置白皮书和策略指引，已经成为其保留节目，每一问世就能引起热议，尤其是宜信财富通过兼收并蓄而提出的资产配置“黄金三原则”，即跨地域国别配置、跨资产类别配置、以FOF的方式超配另类资产，更是成为财富管理领域的科学指南。

此前唐宁对“未来十年”的市场提出的五大研判，已经被相当一部分行业从业者奉为圭臬，即从固定收益到权益类，从短期投机到长期投资，从中国到全球，从单一产品投资到资产配置，从一代创富到二代创富。实际上，这五大研判，也几乎涵盖了中国当下财富管理的方方面面。

宜信财富推出的《2018年资产配置策略指引》中明确指出，2018年将是市场波动性提升的一年，潜在的市场波动性加剧，突显出了增配另类投资的重要性。在未来的中国财富管理市场上，短线投机将越来越不可持续，取而代之、大行其道的将是长期投资、价值投资、全球资产配置和基于科技的投资。

“长期投资、资产配置是投资者的永续课题。从其策略的理念与方法论中来看，宜信无疑是一家以价值投资为主导的财富管理机构。”唐宁认为，“新时代之下的新经济有两个特征，一个特征是注重质量，不再注重数量；另外一个特征就是对于科技创新的强调。作为中国高净值、超高净值人士，用母基金的方式拥抱新经济、投资新经济也是未来分享新经济成果的最佳方式。”

如果不出意外，上述这些预判，会在未来的某一时点以现实的方式予以呈现，正如过去十二年所发生的一样。

唐宁一直强调，“金融科技创新应从真正的客户需求着手”。金融机构、企业家，乃至创新者，只有对于客户需求实现深入的洞察、技术的把控，才能具备市场上所稀缺的能力。而这些能力，也是其能够在行业的变革中立于不败之地的根本。

标准能力体系成就核心势能

在本书第二章《新金融标准》的第一节《中国特色的新金融蜕变》中，我们通过对市场竞争力较强的新金融实体进行了深入的研究和剖析，总结出了优越的市场主体所应具备的核心竞争力体系。

通过总结和对比发现，尽管中国以金融创新为特色的市场主体不计其数，但在规模与生态、前瞻的监管与合规体系、基于技术和模式的强风控能力、大数据的积累及征信能力和自恰共融的生态系统等标准能力方面，表现均堪称卓越的个体并不多见。宜信，恰是具备这种生态势能的其中一家。

既有的经验和战绩显示，宜信公司最引以为豪的三项能力，便是投资能力、国际化能力和科技能力。在其十二年的发展历程中，通过多元布局、完善体系，最终实现了自成矩阵的金融生态部落，也成就了金融科技领域的全面引领。

首先，宜信财富与生俱来的金融基因、灵敏的金融嗅觉、多维度的金融实践能力，发展出其独一无二的投资能力。实践层面，宜信一直在不断为高净值客户在全球范围内获取绝佳的投资机会，并通过制定符合价值投资逻辑的投资策略，将专业的全球投资能力带给高净值客户，获得了这些客户的普遍认可。

宜信财富旗下多条线的产品、品牌的百花齐放恰如其分地诠释了宜信财富强大的投资能力。例如，宜信新金融产业投资基金所投的 15 家公司中有 14 家入围 CB Insights FinTech 250 榜单，为众多高净值客户分享了全球金融科技的红利。与此同时，代表着市场领先水平的母基金管理人的主动管理能力与大数据、人工智能技术的多面赋能，成就了宜信财富 AI+FOF 系统的卓越投资能力。

作为行业内的理性观察者，宜信财富还将各类新兴技术与新需求深度结合，深入渗透到自身的金融产品中。金融与科技的这种碰撞，诞生出理性的金融科技创新火花，孕育出宜信独特的金融科技产品类别，包括支付、网贷、众筹、智能投顾、智能保险、区块链等在内，得以全面落地，客观上大幅提升了金融效率。

其次，宜信公司的强风控能力亦全面引领着行业发展。如果说监管是官方与行业组织等针对整体行业而制定的强制性的指导或限制框架，那么风控体系是从业者为了使自身做强、做大，持续发展而做好的准备和防范。凭借深厚的金融底蕴和 12 年来深耕金融科技经验和能力，宜信公司具备了差异化的专业的风控体系和风控能力，使其对项目的商业模式、收益评估、风险识别、风控科技，这四方面的考察皆有着深厚的理解。与此同时，宜信也拥有超前的合规意识，通过近年来在新加坡注册基金管理公司（RFMC）牌照、资本市场服务（CMS）牌照和在美国注册投资顾问（RIA）牌照等举措，宜信在合法、合规的道路上真正做到了全面引领。

第三，宜信财富还具有着与生俱来的国际化基因和视角，成就了其独一无二的世界投资版图。截至目前，宜信公司在香港、新加坡、以色列、美国东西海岸均设有办公室。2015 年宜人贷的成功上市，则标志着宜信的资本国际化迈出了第一步。在国际范围内，宜信深入布局投资产品，以满足高净值人群的需求。包括 KPCB、IDG 资本、摩根士丹利、铁狮门，均与宜信结下了深厚的战略合作关系。同时，宜信财富是业内少有的能为高净值客户提供投资移民、海外置业、海外教育等全方位的海外生活服务综合解决方案的金融科技领军企业。2017 年 4 月，美国证监会颁发的注册投资顾问牌照的获取，也是宜信的财富管理业务正式进军美国市场的里程碑之一。

在业内人士看来，宜信财富之所以能持续全面引领，正是基于其投资能力、科技能力、风控能力，以及其国际化能力所构建的以客户为本的核心发展理念。

趋势引领者的金融构想

2018 年 4 月 14 日，唐宁在海南三亚举办的 2018 宜信财富尊享年会上正式宣布：2020 年宜信集团整体上市并成为华人首选财富管理品牌。这意味着，继宜人贷之后，这家在财富管理企业在资本层面再次成为行业的风向标与引领者。

某种程度上，宜信公司的整体上市亦可以说是水到渠成，经过十余年的积淀，宜信公司的价值投资理念逐渐获得从业者及客户们的普遍认同，在中国新金融发展的大背景下，宜信公司具备了天时、地利、人和的多维度机遇。

“创立于 2006 年的宜信，经过 12 年的发展，已经成为中国社会诚信体系的重要推手，我们已经成为中国社会和家庭财富与传承的忠实助手，我们已经成为中国金融改革和金融创新的标志性企业，走进新时代，我们有志于成为代表中国全球现代金融服务业顶级品牌。走进新时代，我们将秉承一人以及美好生活使命宣言，实现资源高效配置，推动社会进步，让生活变得更加美好！”宜信财富高级副总裁赵若冰在 2018 年宜信财富尊享年会上致辞时这样说道。

事实上，来自行业内的权威认可，也充分论证了宜信公司的价值。和宜信尊享年会几乎同时举行的第六届朗迪美国峰会上，宜信旗下的宜人贷被授予“最佳消费金融平台奖”的荣誉。峰会之上，宜人贷 CEO 方以涵在《更明智的中国新财富》的主题演讲中感言：“科技与金融的融合重塑了财富管理行业，基于客户场景化、个性的需求，更具智慧地提供财富管理解决方案和服务，实现以客户为中心的线上财富管理服务。这完全不同于发达国家的财富管理行业发展路径。”方以涵同时认为，随着经济转型和监管环境的日趋成熟，中国的财富管理市场正经历着前所未有的变革，投资者们也更欢迎宜信、宜人财富这样的专业财富管理平台带来更丰富的产品和服务。

同样是在宜信尊享年会上，宜信公司发布了《中国高净值人群海外生活白皮书》，用一组权威而详实的数据揭示了中国高净值人群海外生活发展趋势。这也是国内第一次对“世界公民”生活方式进行深度而细致的梳理，揭示了高净值人群在全球资产配置、置业倾向、子女教育及家族传承等方面的看法和行为偏好。

挂一漏万地梳理宜信公司在开创和引领方面所做出的实践，以及所获得的诸多肯定，能够明确的是这家公司通过对投资、征信、风控、科技等多重能力的构建，提供了以普惠金融为主要内容的一揽子解决方案，惠及了包括金融机构、高净值人群、中小商户、及消费者等在内的多维度服务对象。

“宜人宜己，信用中国”，在宜信公司官方网站的首页上，诠释其企业文化的这八个字异常醒目，事实上，这八个字也将唐宁常常强调的用户、技术和价值诠释得淋漓尽致。某种程度上，这也是宜信的立命之本。

在普惠金融方兴未艾的当下，宜信这家金融创新领域的十二年老兵，正筹谋着一个更为宏伟的谋篇布局。而2020年的整体上市，便是这一布局的方向之一。

宜信公司发展大事记（2006–2018）

★ 2006年5月，宜信公司成立，面向教育培训机构提供个人信用咨询与管理服务。

★ 2008年12月，宜信荣获“2008年度教育培训助学贷款领军企业”大奖。

★ 2009年2月，宜信确立P2P信贷助农战略，正式推出“宜农贷”，考察小组赴陕西西乡和蒲城考察。

★ 2011年3月，宜信财富（宜信卓越财富投资管理（北京）有限公司）正式成立，财富管理升级作为宜信公司的战略规划之一，开始正式进入综合财产管理阶段。

★ 2012年3月，宜人贷网站正式上线。

★ 2013年9月，宜信公司和IDG资本一起发起了规模为1亿美元的“IDG·宜信金融创新基金”，这是宜信公司第一次专门和一家VC机构合作成立的基金。同年，宜信财富第一款母基金正式推出。

★ 2014 年 10 月，宜人贷推出基于大数据风控的极速模式借款服务，在手机上实现 1 分钟授信，10 分钟快速批核。

★ 2015 年 4 月，宜信首发“普惠金融家”品牌，为行业从业者建立了规范、专业的职业规划和发展路径。让更多有志于从事普惠金融事业的人士获得更加体系化的职业道路。

★ 2015 年 12 月，宜人贷（股票代码 YRD）在美国纽交所上市，成为中国网络借贷第一股。

★ 2016 年 1 月，宜信发布第二个农村 5 年计划——“农村互联网金融谷雨战略”。确定打造并开发农村金融云平台，通过农村金融服务生态链，开放宜信小微企业和农户征信、风控、客户画像等能力，实现“为农村实体经济发展服务”和“促进农村地区消费金融发展”两大目标。

★ 2016 年 5 月，宜信发布“投米 RA”，进军智能理财，为中产阶层的资产配置需求提供解决方案。

★ 2016 年 12 月 29 日，宜信博诚保险销售服务（北京）有限公司正式挂牌并协议转让。

★ 2017 年 1 月 8 日，宜信荣登“2017 胡润中国新金融 50 强”榜，CEO 唐宁斩获“2017 中国新金融行业年度风云人物”奖。

★ 2018年，宜信公司确立战略目标——将于2020年实现公司整体上市。

第四节　和信贷的金融进化论

如果仅从业务规模上统计，和信贷在中国网络金融市场算不上顶尖；但如果从品牌、业务模式、未来发展前景等角度综合评估，和信贷绝对是一个值得研究的典型。让我们共同见证，这家最早从房产抵押领域进入个人信贷市场的探路者，是如何通过严格的风控能力建设与合规建设，最终成长为中国新金融领域的佼佼者的。

和信贷在美成功上市

北京时间2017年11月3日，国内互联网金融企业和信电子商务有限公司（以下简称“和信贷”）正式登陆美国纳斯达克（股票代码：“HX”）。至此，和信贷也成为继宜人贷、信而富之后国内又一家成功登陆美国资本市场的互联网金融企业。

资料显示，自创立以来，和信贷立足于网络借贷信息的中介机构，借助云计算、移动支付和大数据等先进互联网技术，并结合完善的风险控制体系，进一步巩固了和信贷在网贷行业第一梯队的地位，为用户提供安全透明的互联网金融咨询服务。

作为一家快速增长的消费信贷平台，和信贷通过互联网在线平台为借款人提供方便快捷的信贷咨询服务，智能匹配借贷需求，为用户提供不同回报的项目。

如果仅从业务规模上统计，和信贷在中国网络金融市场算不上顶尖；但如果从品牌、业务模式、未来发展前景等角度综合评估，和信贷绝对是一个值得研究的典型。

稳健成长

通过对比美国市场和中国市场的异同，周歆明得出结论："中国互联网金融领域仍有着持续性的机会。"这位数学拔尖儿、拥有英语专业背景的CEO以国际化的视角诠释了他的判断逻辑。

与美国这样信用成熟的市场相比，Lending Club所服务的群体是人均拥有7–8张信用卡的人群，而在中国，拥有信用卡的人数还是人均信用卡的数量都与之相去甚远。于是，相当一部分人的消费信贷需求，并不是银行来满足的。事实上，从过去数年新金融发展的趋势中也能看到，当下网络金融及民间信贷对个人信贷需求的重要性。

"我们做得还可以"，当被问到和信贷的核心优势在哪里的问题时，周歆明略微腼腆地这样说道。在此之前，他在接受媒体专访时还被问到对于未来成为独角兽怎么看，当时，周歆明的回答是"水到渠成"。

从这样的定位与回答中，或多或少也能够看到，在这个行业面临着监管、重塑进而走向更为光明与健康的过程中，周歆明担任CEO的和信贷所选择的道路，是稳健而又理性的。而这种稳健与理性的典型特征，便是和信贷领先于业界的"合规"工作。

众所周知，互联网金融的风口骤起之时，数以千计的公司蜂拥而入，在这其中，既有传统的大金融机构，也有一些名不见经传的小公司，和此前任何一个风口行业相比，很多新入者并不具备互联网金融的技术或模式优势。

"业内确确实实有些公司会为了追求规模做些边缘性的或者灰色的事情，和信贷从来没有受到这个诱惑，所以在合规方面我们的规范程度很高。"周歆明说。

印证和信贷合规工作做得较好的一个例子便是2016年行业的从严监管。在这轮被认为最严监管的一年中，和信贷因为早做筹谋，较为完善地做好了各项准备工作，基本没有受到监管的影响，一定程度上这也归功于和信贷自身对行业的前瞻与预判。

“资质”优越

作为互联网金融公司，风控能力的强弱关乎企业生存和用户资金安全。周歆明强调，风控能力建设一直是和信贷的重中之重。未来，风控建设也将是和品牌、用户体验并重的事情。

提到和信贷的风控建设，就不得不提及其和信贷与江西银行建立的引领行业的资金托管模式。事实上，早在2016年和信贷就已着手筹划银行存管相关工作。2017年1月，和信贷与江西银行合作的资金存管系统正式上线，这一时间点要早于全国90%的P2P平台。银行资金存管上线，也标志着和信贷自身资金与客户资金实现真正意义上的分账管理，平台自身的资金变动与客户资金相互独立，为用户的资金安全增设一道保护屏障。

和信贷的稳健也体现在具体的运营数据上。作为成立时间不到五年的企业，其在成立的第三个年头就宣告盈利。其招股书显示，2016财年的净利润达到353.8万美元（约合人民币2223万元），到了2017财年，这个数字上升到了857.1万美元（约合人民币5704万元），增长157%。同时，和信贷还大大降低了运营成本，在净收入相比2015年提高4倍的情况下，运营费用仅提高了1.65倍。

和信贷平台贷款的平均年化投资回报率为8%到15%，而且复投率较高，截至2017年6月30日，平台上超过55.6%的用户投资超过一次。在2016和2017两个财年中，借款者总数分别同比增长579.7%和158.4%，用户总数分别同比增长81.8%和99.3%。

和信贷在合规风控方面走在行业前端，取得了多项权威机构认证资格。早在2014年3月，中国互联网协会信用评价中心授予和信贷“AA级信用优秀企业”称号，中国互联网协会信年评价中心由商务部、工信部、国资委核准的权威信用评级机构，AA级企业信用等级认证被认为是互联网金融行业的最高等级。

2016年3月，和信贷接入了“中国支付清算协会互联网金融风险信息共享”系统，此次成功接入该系统，展示出中国支付清算协会对和信贷合规、安全和综合实力的认可。2017年3月，和信贷受邀参加2017 Lend It 纽约峰会，CEO 周歆明与全球互联网金融行业精英针对金融科技、区块链、智能风控等热点话题进行了交流。同年 5 月，和信贷获得公安部核准颁发的“国家信息系统安全等级保护三级备案”认证，作为非银行机构参与测评的最高等级认证，该证书的获得是相关部门对和信贷信息技术水平和安全防护能力的肯定。

看见趋势

“如果一个行业满足三个特点就可以去做，第一这个行业的空间足够大；第二是有很多落后的地方可以用互联网改造；第三个就是这个趋势正在形成。”周歆明认为，互联网金融正好满足这三个条件。周歆明认为，和信贷的特点比较纯粹、专注，“我们没有卖过信托、基金、保险，也没有卖过任何名义的类理财产品。”

事实上和信贷并不是特别缺钱，前文已经提到这家公司过去三年一直在盈利，并且稳步增长。但纵观过去三年和信贷的融资历程，便可以看出和信贷对于资金和管理的认识。

周歆明认为，融资的意义主要是背书，因为金融行业只有信用良好，才能吸引更多客户，降低融资成本。而对于融资之后，和信贷则聚焦于资产端开发、智能风控系统建设及消费金融领域布局。

“互联网金融的发展，是传统金融的有益补充。传统金融机构覆盖不到的用户群体，需要我们服务，我们要努力让他的生活或者事业变得更好。”周歆明说，“无论借贷需求是什么，和信贷现在可以改变的都是几十万人的生活。”

周歆明最欣赏的企业家是亚马逊的创始人贝佐斯，在他眼里贝作斯是一个真正有远见的人，在很早以前就已经看到了电子商务的未来。

对话和信贷 CEO 周歆明

《金融改革创新启示录》：您认为和信贷的比较优势体现在哪里？

周歆明：回顾发展历程，可以看出我们对这个行业判断的还是比较准的，以什么作为切入点、以什么作为盈利点都非常明确。

我们最初的业务模式很简单，比如我们做的车辆抵质押业务，因为能够满足一部分喜欢短期的、抵押类资产的用户需求，所以做得比较稳。后来我们转型做个人信贷的业务。

回头来看这个行业，有很多资产业务是出了问题的，比如北京曾经出现过一个担保公司把一个标的在两家平台上进行抵押，也出现过校园贷最后被国家叫停的情况，后来又有购房首付贷和现金贷被叫停。

所以说，面对行业的这种变化，给我的启发就是，我们对于自己要成为谁很清楚，要做什么也很明确。我们对这个行业理解比较深刻，所以我们对上市这个事情的布局，目前来看已经取得了比较好的结果。如果说我们有什么优势的话，那就是我们的管理团队对于行业的理解和判断是正确的，对公司战略布局策略的制定是科学的。

我们的技术团队成员大都拥有互联网大公司背景，核心的技术团队是以京东等业内知名的互联网金融公司的研发负责人班底，所以我们对于系统以及风控技术方面的支持是很到位的。

和信贷不会一门心思往前冲，不顾风险，不管风控，追求量上取胜。另外，与传统金融服务机构不同，将传统金融思维和互联网思维融合并运用到企业发展上，这是我们一直努力追求的目标。

和信贷一个值得一提的优势还有风控体系和能力。我们做互联网金融的一个重要维度，就是我们的创新基因。我们做存管，也包括之前做的摇一摇手机投标，都是行业内最早的一批试验者，久而久之，技术积累就成为我们的核心优势。最终，这些都促成了和信贷很好的用户体验。

《金融改革创新启示录》：和信贷在普惠金融领域要如何践行呢？

周歆明：普惠金融概念自引入以来一直被行业所重视，包括银监会都有专门的部门设置。我觉得普惠这个词是相对的，比如我们对那些传统金融机构没有覆盖到的客户提供了服务，就可以称之为“普”。

“惠”也是相对而言的，互联网金融的产生和发展使得民间融资成本越来越低，越来越阳光化。我们这个行业还没兴起的时候有一个数据可以去参照：温州民间放贷的利率指数显示，年华借款利率指数是年化 24%，现在是年化 18%。从网贷之家的数据来看，我们这个行业的融资成本则从年化 20% 降低到今年年化 9%，传递到借款端，就是借款利率水平的下降。以房屋抵押为例，最开始是月息 2%，但在我们探路以后越来越多的参与者进来了，现在已经降到了月息低于 0.6%，降了一半以上，所以说这就是我们在行业发展中所体现出的普惠价值，客观上也让高利贷逐渐消失。

《金融改革创新启示录》：您怎样看当下趋严的监管形势？

周歆明：行业能否长远发展下去，监管是一个非常重要的因素。互联网只是一种技术和工具，互联网金融的核心仍然是金融，金融的核心则是风控，如果企业缺少金融属性，最后容易出问题。监管政策可以让好的企业留下，淘汰不合格的企业，这对用户来说是一件好事。任何行业都不能只有权利没有义务。客观来说，淘汰掉不好的对于做得规范做得好的企业来讲是好事。

《金融改革创新启示录》：您对互联网金融和网贷行业未来发展的趋势怎样看？

周歆明：中国的网贷从宏观上来讲是对中国传统金融体系的一个有益的补充，这两者其实不存在谁取代谁，并不存在因为我们的发展而导致银行走不下去的悖论。这个生态体系是比较健康的，不是你死我活的竞争。

从跨界的角度来讲，我认为网贷行业是一个非常良性的发展和存在。在普惠金融方面，社会也非常需要我们的创新和服务。现在正好处于科技快速发展的阶段，以前是信息技术，现在是人工智能，这些技术在方方面面变革渗透于各行各业。所以，互联网金融公司本身就是依赖于科学技术的发展提升自己的风控能力，我们源源不断把技术应用到金融领域，很多传统金融机构也在技术的发展中不断学习和转型。和信贷在做的，就是用技术来推动科技改造金融的进程。

从供给和需求两端来讲，普惠金融业务也是我们的价值体现。未来我们和传统金融机构的合作会越来越多。我认为网贷行业未来一定会逐渐走向持牌经营，这是必然的趋势。因为无论是从近期央行行长的发言，还是国家金融整治办公室的信息，都能看出这个行业会逐渐成为一个持牌的行业，这有利于民间的金融公司变成合规的金融机构或类金融机构。整体来看这肯定是好事，因为伴随着监管的规范严格，市场也会有序发展。只要我们合规经营，各种监管的红利都是有利的。

第五节　陆金所：融合金融的集大成者

成立6年，凭借其金融科技优势，陆金所已经成为互联网金融领域的独角兽企业，在全球居于领先地位。

近年来，中国经济高速发展、社会财富迅速积聚，能够提供专业便捷的金融服务，帮助个人、家庭、机构实现资产增值的财富管理机构越来越受到各类投资者尤其是个人投资者的青睐，随着人工智能、云服务、大数据等技术的发展与应用，互联网金融也迅速崛起。

陆金所正是在这样的背景下成立，其全称为上海陆家嘴国际金融资产交易市场股份有限公司，平安旗下成员，2011年9月在上海注册成立，经过6年的发展已经成为领先的互联网财富管理平台。

陆金所结合金融全球化发展与信息技术创新，通过健全的风险管控体系，为广大机构、企业与合格投资者提供专业、高效、安全的综合性金融资产交易信息及咨询相关服务。

作为国内互联网金融的行业领跑者，陆金所目前可提供囊括基金、保险、资管计划与跨境资产项目等市面上几乎所有主流的固定收益和浮动收益类理财产品，并且在业内率先推出了一系列能够为客户带来更佳投资体验的创新型服务，比如开放“二级市场”转让功能、智能化推荐产品组合、通过游戏让用户学习投资知识等。

领先的金融科技与创新

人工智能、云服务、大数据等科技不断融入金融发展中，平安集团一向重视金融科技的发展与创新。公开消息显示，近年来平安集团持续加大对于创新科技的研发和投入，每年都将业务的1%作为研发费用，近十年来科技累计投入达500多亿元。目前，平安集团在金融科技方面的专利申请高达1400多项，拥有中国金融机构中规模领先的大数据平台，区块链、云技术、AI 等方面的领先地位。

平安集团拥有五大创新科技，分别为人脸识别技术、声纹识别技术、预测 AI 技术、决策 AI 技术以及区块链技术。平安集团常务副总经理兼首席运营官陈心颖曾表示，五大核心科技的关键在数据、场景、价值这三点，而陆金所则具有独特优势。在数据方面，陆金所自身拥有丰富的用户数据，并可借助平安积累的数据。"我们拥有 1+N 的生态圈数据，特别是在金融、医疗方面数据。这些数据是真实的，闭环的，而不需要去猜，不是片面的。无论从数据量还是质来说，都是非常强大的。"在应用场景方面，平安给予陆金所线上 + 线下的优势，并且不仅限于金融，而是金融 + 生活，这也是陆金所倡导的 O2O 模式，将线上理财科技手段与线下服务相结合，从而提高风控水平，提升用户体验。

于此，由平安集团倾力打造的陆金所拥有着其他公司难以企及的金融科技优势。

互联网金融平台具有起投门槛低、操作灵活、产品丰富等特点，迅速获得普通投资者的青睐，互联网财富管理得以推广普及，"投资者适当性管理"的重要性也日益凸显，而互联网金融平台普遍缺乏对投资者的有效适当性管理。

陆金所严把风控，致力于做好投资者适当性管理，推出了 KYC 系统（KNOW YOUR CUSTOMER，充分了解你的客户）。在互联网金融领域乃至整个金融行业，该系统的推出是投资者适当性管理方面的重要创新。2015 年 12 月，陆金所推出 KYC1.0 系统，初步建立包括风险政策、信用评级、信息披露、预警监控、风险评价、资产与资金的精准匹配等覆盖投资全过程的、立体化的风险管理体系。2016 年 11 月，陆金所推出 KYC2.0 系统。

KYC2.0 系统使用优化后的问卷重点测评用户主观风险偏好，并利用大数据技术评估用户真实实力，综合评价其风险承受能力，评估结果更加客观精准。KYC2.0 利用机器学习，在用户后续使用过程中，将根据用户不断积累的投资行为等数据对指标及参数进行自动调整，从而更加准确地反映用户风险承受能力。而且该系统可根据客户投资经验的累积、投资知识的学习等动态更新测评结果。KYC2.0 的服务更加智能化，不但严格执行匹配规则，限制投资者购买不匹配的产品，还可为用户分析现有资产配置比例，根据用户风险测评结果为其提供投资组合建议，供投资者参考。

陆金所实行 KYC 系统，对资产端和资金端进行风险评级和匹配，将合适的产品卖给合适的投资人，是其风控管理方面的创新与优势。此外，陆金所还建立了智能预警监控体系，通过多个数据库的实时连接和网络抓取及时获得关注企业的行业、财务、诉讼、舆情、海关等不同维度的信息，由系统自动抓取数据、分析及预警，从而提高投后资产管理工作效率，并降低人工操作的风险。

技术引领出海

近年来，中国金融科技市场迅猛发展，中国金融科技企业快速走向国际化、全球化。业内人士普遍认为，中国正处于金融科技弯道超车的机遇中，金融科技已经在国际上处于领先地位，例如人脸识别、远程身份和地址核实技术。中国金融科技企业将技术与理念输出海外，更加积极地参与到国际金融科技标准的制订，这有助于建立更加公平、合理的国际金融交易新规则。

2017 年 7 月 17 日，平安集团在新加坡宣布，旗下陆金所的国际业务平台“陆国际金融资产交易所（新加坡）有限公司”已获得新加坡金融管理局（MAS）原则性批准“资本市场服务牌照”（CMS），正式在新加坡开业。陆国际成为第一家在新加坡拥有“资本市场服务牌照”的中国金融科技企业，获牌后可为拥有海外银行账户或资产的投资者，提供证券交易、资管服务、托管服务等一系列财富管理服务。陆金所对此称，在国内丰富实践经验的基础上，陆国际平台将把中国普惠金融理念输出至海外，为全球普通个人投资者提供过去只有私人银行客户才享有的丰富产品。

据了解，“陆国际”是首个可运用人脸识别技术开户和投资操作在线上完成的财富管理平台。借助于领先的远程开户技术，投资者的投资操作全部可通过移动 APP 进行，并有多种语言版本。

开放、透明、安全与效率，是新加坡金融市场吸引全球金融机构的关键，与此同时新加坡金融市场一向以准入严格程度闻名，陆金所能拿到牌照并不容易。据陆国际董事长TehKokPeng透露，技术专利是获胜关键。“为满足MAS严格而成熟的金融市场监管要求，陆国际进行了多种金融科技突破创新。例如，运用大数据和生物识别技术，印证了资产风险管理流程、投资者适当销售流程以及反洗钱、反欺诈的在线管控等。”

这是陆金所走出国门的第一步，也是平安集团以互联网和金融科技创新输出模式走向国际的第一步，同时也为中国金融业的国际化发展探索出一条新路。

强监管风暴或成发展机遇

互联网金融行业近几年迅猛发展，各种风险事件频繁曝出，互联网金融领域面临着风险管理方面越来越严峻的挑战。国内针对互联网金融的监管政策和规定不断落地，部分公司因此发展陷入困境。但也可以看到，强监管风暴将加速行业优胜劣汰的进程，一些真正以提升金融服务效率为目的的金融创新类金融科技企业的价值正在凸显。陆金所副总经理兼首席风险执行官杨峻表示，“这些监管整治措施使得市场环境得以净化，优胜劣汰，市场透明度、规范程度得以提升。监管政策的明晰为行业领导者提供了重大发展机遇，使得我们能够在清晰的业务边界中做有效创新，进一步掌握竞争的主动权。”

有分析人士认为，风控能力将会是未来决定互联网财富管理机构能否实现可持续发展的基础性因素，那些长期坚持服务中小微企业、注重投资者保护的合法合规的平台将会获得更多的发展机会和更好的发展前景。

背靠平安，业务上严把风控，陆金所正在充分发挥金融科技优势，实现普惠金融，实现真正以提升金融服务效率为目的的金融创新，其独具创新特色的互联网金融模式，也逐渐开始影响全球互联网金融的发展规则。

第五章

普惠金融进化论

普惠金融（inclusive finance）这一概念由联合国于2005年提出，是指以可负担的成本为有金融服务需求的社会各阶层和群体提供适当、有效的金融服务，小微企业、农民、城镇低收入人群等弱势群体是其重点服务对象。纵观中国过去十余年的发展历程，普惠金融实践在中国可以说遍地开花，一方面，在理论与实践层面普惠金融的内涵与外延不断拓展；另一方面，供需两端也在不断通过模式、服务和用户体验等维度加以嬗变。

第一节　中国普惠金融体系的治理结构建议

普惠金融关乎我国亿万基层百姓的民生经济，通过法律保障其金融权利，符合国家发展目标和百姓现实需求。而在中国经济增速放缓和极易对金融风险抵抗力减弱的背景下，完善普惠金融的治理结构，审慎监管金融风险不容忽视。

普惠金融体系是联合国在“2005国际小额信贷年”推出的一个新的概念。在联合国起草的《普惠金融体系蓝皮书》上对普惠金融体系的前景描绘为：每个发展中国家应该通过政策、立法和规章制度的支持，建立一个持续的、可以为人们提供合适产品和服务的金融体系。

普惠金融关乎我国亿万基层百姓的民生经济，通过法律保障其金融权利，符合国家发展目标和百姓现实需求。而在中国经济增速放缓和极易对金融风险抵抗力减弱的背景下，完善普惠金融的治理结构，审慎监管金融风险不容忽视。

普惠金融体系的约束框架分析如下：

普惠金融的服务对象约束

普惠性金融体系框架认同的是，将包括穷人在内的金融服务有机地融入微观、中观和宏观三个层面的金融体系，过去被排斥于金融服务之外的大规模客户群体才能获益。最终，这种包容性体系能够对发展中国家的绝对大多数人，包括过去难以达到的更贫困和更偏远地区的客户开放金融市场。

我们可以将金融排除的对象定义为弱势领域。概括地讲，弱势领域是指势力处于相对薄弱地位的领域。从经济角度看，是在资源配置上处于弱势地位的领域；从社会角度看，是由于存在某些障碍或缺乏机会而不能充分享受社会经济发展成果的领域。这些弱势领域的形成，在内因方面是由于其自身的脆弱性、缺乏市场竞争力所致；在外因方面则与权利、发展机遇等方面的不平等有关。弱势领域不仅限于弱势群体，还可以指其他具有弱势特征的事物。本文主要关注弱势地区、弱势产业、弱势企业和弱势群体四类弱势领域。

普惠金融体系的整体约束框架

客户层面：贫困和低收入客户是这一金融体系的中心，他们对金融服务的需求决定着金融体系各个层面的行动。从目标客户来看，主要针对的是社会弱势群体，而且这些群体有对金融服务的需求，并能够实现一定程度上的自主就业，这种需求直接推动了普惠金融体系的构建，体现了普惠金融体系的平等性。

微观层面：金融体系的脊梁仍然为零售服务的提供者，它直接向穷人和低收入者提供服务。这些微观层面的服务提供者应包括从民间借贷到商业银行及位于其间的各种类型。从其组成部分来看，普惠金融体系必须要建立多层次的金融机构，即适应不同客户需求的金融机构，这个金融体系应该是将开发性、政策性、合作性和商业性金融机构以及小额信贷机构、担保公司、租赁公司等多元性金融机构合理有序搭配而成的，这样的金融体系就是分工合理、有序竞争的完整的金融体系。

中观层面：这一层面包括基础性的金融设施和一系列能使金融服务提供者实现降低交易成本、扩大服务规模和深度、提高技能和促进透明的要求。这涵盖了很多金融服务相关者和活动，例如，审计师、评级机构、专业业务网络、行业协会、征信机构、结算支付系统、信息技术、技术咨询服务、培训等。这些服务实体是可以跨国界的，也可以是地区性的或全球性的。

宏观层面：若要使可持续性的小额信贷蓬勃繁荣发展，就必须有适宜的法规和政策框架。中央银行（金融监管当局）、财政部和其他相关政府机构是主要的宏观层面的参与者。

普惠金融理念的实质是将现行的三元金融体系与规模各异的企业、收入差距较大的人群对资金的需求进行公平与合理的匹配。搭建我国普惠金融的框架应从客户层面、微观层面、中观层面和宏观层面同时入手。

普惠金融体系现有框架不足

普惠金融包括小额信贷及微型金融，但又超越了这种以零散金融服务机构为主的模式，强调建立一个完整的金融体系，以小额信贷为核心，并提供存款、理财、保险、养老金等全功能金融服务。构建一个人人平等享受金融服务的普惠金融体系具有重大意义，但充满了困难和挑战。经过较长时间的探索，我国要建立完善的多层次的普惠金融体系，要面临着从宏观、中观到微观各个层面的挑战。

宏观层面：法律法规和政策环境不健全。我国有关非政府小额信贷的法律法规和监管措施不健全，小额信贷机构法律定位不明确。尽管针对小额贷款机构，国家出台了一系列政策和文件，但这些政策和文件均未提升到法律层面；为了避免系统性金融风险，中央银行规定小额贷款公司不能吸收公众存款，缺乏制度性融资渠道，由于法律地位又无法享受相关金融优惠政策，后续资金匮乏；而监管方面，国家对小额贷款机构，尤其是非政府的小额贷款机构试行非审慎监管，大部分地区将监管任务交给人民银行县级支行，缺乏相应的专业人才和完善的监管措施，出现监管盲区。

中观层面：金融基础设施和相关服务不完善。普惠金融体系的中观层面包括金融基础设施信用管理服务技术、支持服务网络、支持组织等。虽然经过不断努力和探索，我国农村金融基础设施建设及相关服务的发展取得了很大进步，但与国外的基础设施和服务相比，与农业、农村和农民的发展需要相比，与建设社会主义新农村和农村城镇化的要求相比，仍然存在很多不完善的地方。首先，我国农村金融结算体系存在支付手段落后、结算网点少、结算手段单一和清算滞后等问题；其次信用体系建设缓慢，由于存量信息不完全、技术水平落后等原因，我国尚未建立起完善的农村个人和中小企业征信体系，金融机构难以全面掌握农户和企业的信用状况，并且农民金融知识匮乏、信用意识较差，金融机构缺乏有效的控制信用风险的手段，导致了大量不良贷款；最后，一个相对成熟的金融体系需要大量金融服务支持其发展，我国技术支持服务系统和网络支持系统等在农村金融中的应用相对较少，一般用来满足稍高端客户的金融需求，审计技术、咨询服务评级机构、专业业务网络等中介服务缺位。

微观层面：供给主体有待多元化，公益性小额信贷被忽视。我国小额信贷的供给主体有政策性银行、农村信用社、村镇银行、小额信贷公司等，形成了小额信贷的供给结构多元化、供给渠道多样化的局面，但像抵押担保、外资银行等参与较少，农村地区和城镇地区的低收入群体金融供给仍然不足，无法满足不同层次金融市场的需求。近几年，我国商业性制度主义小额信贷获得快速发展，而公益性制度主义小额信贷的发展在一定程度上被忽视了。小额信贷应该是一个带有社会发展目标和商业可持续双重价值观的社会产业，过于商业化的发展有忽略其承担的社会责任和社会发展目标的倾向，容易导致人们对小额信贷的误解和健康发展势头的逆转，不可避免地影响我国普惠金融体系的有效构建。

弥补现有框架不足的措施

1. 了解各类客户多样性的融资需求

在普惠金融体系构建中，应将重点放在小微企业及低收入人群的融资需求方面。一方面，充分掌握小微企业在发展扩大过程中不同阶段对资金的多样化需求；另一方面，也应了解收入层次较低群众在生活、居住以及教育等方面对资金的需求。

2. 拓展商业银行金融服务的覆盖面

目前，我国的商业银行包括大型商业银行、股份制商业银行、城市商业银行、农村商业银行以及村镇银行。后三类商业银行在组建时带有一定的地域性限制，在此不加赘述。大型商业银行和股份制商业银行随着市场经济的深化改革、信息技术和征信系统的发展与完善，自身也在经营战略和营销模式方面不断地进行市场化调整，开始将目光转向小微金融领域，方式主要分为以下几种：

（1）直接经营小额信贷业务。商业银行可以在银行内部成立专门的微型金融服务部门或者在现有的业务模式中引入新的微贷产品。

（2）加大网点投入力度，提高金融服务覆盖面。主要形式是在我国二线乃至三线城市普开网点，加强自身竞争力。

（3）利用高科技手段开展金融服务。目前，各大商业银行已经通过电话银行、手机银行、网络银行等办法来扩大服务覆盖面。

（4）与其他金融机构合作为小微企业提供金融服务。商业银行可以利用小额贷款公司合作专业营销技术、地域优势和信息优势向其提供批发贷款业务。

3. 完善多层次资本市场

我国的资本市场到目前为止已初具规模，一个成熟的多层次资本市场，功能上应有所区别，同时为规模各异的企业提供直接融资平台和股份交易服务。目前我国的资本市场虽已基本建成了多板市场，但相对于不同市场需求的企业特别是小微企业而言，其结构仍较为单一，层次不清，也没有体现出应有的“金字塔形”结构，继续深化对资本市场的改革仍是解决小微企业直接融资、建立普惠金融体系的渠道之一。

（1）提高主板与中小板上市条件的差异性

目前，中小板在上市的股本条件与财务条件方面与主板市场基本等同。从建立中小板的原本意图上讲，主板市场应面对的企业类型为成熟型企业，具有较大的资本规模以及稳定的盈利能力。中小板市场相对于主板市场而言，在企业成熟度和上市条件上应与主板市场有所区别。

（2）尝试建立五板乃至六板市场，打通小微企业直接融资的高速通道

主板市场与中小板的上市条件趋同、创业板的高门槛仍将大部分小微企业拒之门外，2013 年成立的新三板市场（代办股份转让系统）在行业上目前仍偏重于高新技术企业，四板市场（区域性股权交易市场）属于场外市场，其股份并非向社会公开发行。五板市场（券商柜台市场）由券商设立，经过评估后的中小企业可通过发行企业债或私募股权的形式招募投资者，并没有通用的上市门槛，可以帮助小企业解决融资难问题。在此基础上，甚至可以酝酿六板市场，主要针对那些发展前景广阔、科技含量高，但未达到三板市场上市条件、市场成熟度不高、企业规模较小以及盈利能力目前较低的小微企业，使其获得资本市场的外部资金，为促进我国经济结构进一步转型创造良好的条件。五板、六板市场的建立可以将更多有发展前景的小微企业纳入其中，促进其主营业务的扩张。

（3）通过纵横有序的转板措施完善企业的市场进出机制

具体而言，主板市场间的横向转板对管理主体更有效地进行管理有促进作用；多板市场的纵向转板一方面可以对不同发展阶段的企业提供特定的融资场所，另一方面可以优化企业的逐步退市机制。

普惠金融体系的治理结构建议如下：

立法保障普惠金融有效运行

普惠金融促进制度的构建，是从一个观念性的政府倾斜到试图建立一种有效的完整的法律制度的过程，我们可以尝试着在宪法中建立关于发展权的宪法性规定。这种发展权可界定为：国家有义务通过法律的构建满足贫困主体获得平等金融服务并谋求发展的权利。我国目前虽然对新式的金融组织进行了一定的规范，如在村镇银行、小额贷款公司、农村资金互助社等都有相应的暂行规定或指导意见加以规范，但按照法律渊源的效力层级来看，位阶都很低，有一些规定基本没有法律效力（如对小额贷款公司的指导意见），法律层次低，导致其法律强制执行力很弱，权威性差。所以，当务之急，应该理清现有行政规章和政策规定，并进一步予以完善，

提升其立法层次。对于以前制定的规章不适应现实需要的及时修订。

建立激励性税收制度

在经济发展不均衡、资源有限的情况下，因为市场机制不健全，其配置资源的作用有限，这是政府政策，尤其是鼓励国家期望某些领域和产业以及群体优先发展的优惠政策，就应该是首选。这里的优惠政策主要包括税收政策。要实行一视同仁的税收政策优惠，目前在我国同样是从事小额信贷项目的金融机构，因为其身份和地位的不同，可以享受的税收优惠是不同的，比如我国目前对商业银行从事农村的小额信贷项目可以享受到营业税的减免。但是对于同样从事小额信贷项目的小额贷款信贷机构却缺乏这方面的优惠政策，这无疑使本身受制于资金瓶颈的小额信贷机构特别是小额贷款公司因为税收成本的增加而更加步履维艰。因此应该摒弃身份差异，只要相关机构从事了小额信贷项目，就应该对其实行鼓励性的税收优惠政策，以此降低经营成本。

合理运用多样化的金融工具进行管理

优化商业银行对小微企业贷款的管理，通过提前进行续贷审批、设立循环贷款、实行年度审核制度等措施减少企业高息“过桥”融资。鼓励商业银行开展基于风险评估的续贷业务，对达到标准的企业直接进行滚动融资，优化审贷程序，缩短审贷时间。对小微企业贷款实施差别化监管。大力发展相关保险产品，支持小微企业、个体工商户、城乡居民等主体获得短期小额贷款。积极探索农业保险保单质押贷款，开展“保险＋信贷”合作。促进更多保险资金直接投向实体经济。进一步完善小微企业融资担保政策，加大财政支持力度。大力发展政府支持的担保机构，引导其提高小微企业担保业务规模，合理确定担保费用。

进一步完善金融机构公司治理，通过提高内部资金转移定价能力、优化资金配置等措施，遏制变相高息揽储等非理性竞争行为，规范市场定价竞争秩序。进一步丰富银行业融资渠道，加强银行同业批发性融资管理，提高银行融资多元化程度和资金来源稳定性。大力推进信贷资产证券化，盘活存量，加快资金周转速度。尽快出台发展互联网金融的配套管理办法，促进公平竞争。进一步打击非法集资活动，维护良好的金融市场秩序。

营造普惠金融创新的配套政策环境

综合运用多种货币政策工具，拓宽涉农信贷资金来源。鼓励有条件的地方安排一定的再贷款额度，专门用于支持银行业金融机构开展普惠金融产品和服务方式创新业务；适当调剂再贴现规模，专门用于支持开展普惠金融产品和服务创新的银行业金融机构办理涉农企业商业汇票再贴现。

做好农村地区支付结算工作，提高农村支付结算服务水平。充分发挥农村信用社在农村支付结算服务中的主导作用。加快推进农村地区支付服务基础设施建设，逐步扩展和延伸支付清算网络在农村地区的辐射范围。大力推广非现金支付工具，减少农村地区现金使用。继续加强和完善支付结算业务代理制，促进城乡支付结算服务的互补发展。

发挥财政性资金对金融资源的杠杆拉动作用。在有条件的试点地区，鼓励地方政府通过增加财政贴息资金、增加担保公司和再担保公司资本金注资或设立风险补偿基金等多种方式，建立涉农贷款等补偿制度。建立和完善考核制度及奖励机制，鼓励县域内各金融机构法人和各金融机构的分支机构将新增存款主要留在当地使用。

建立金融企业社会责任评价制度

金融企业社会责任评估报告的目的在于为全体企业树立一种行业典范，构建金融企业在市场经济背景下的新型商业伦理，打造公众心目中符合和谐社会理想的企业形象。企业的社会责任，最基本的是要遵守法律、依法纳税并保障员工合法权益等，在高层次上是要在社区建设、环境保护、慈善事业、社会公益、弱者保护等方面做出贡献。

（本文作者系上海黄金交易所理事长、经济学博士　焦瑾璞）

第六章

融合：新金融聚变

但提新金融，就必然会涉及传统金融业态与新兴业态之间的竞争与合作。以新一代信息技术为代表的互联网的“入侵”，直接促成了“互联网+金融”的一场至今仍然方兴未艾的革命。可以说，金融本质的重要性，加上新一代技术的助力，让金融这一自古就有的业态，有了发扬光大、蜕变升级的腾飞之翼。

从传统到新兴，离不开“融合”二字，某种程度上，这也是“互联网+”的真正要义，还有融合才能让行业聚变式发展，只有互相助力，才能创造更大的繁荣，这已经成为行业内外的普遍共识。

第一节 互金与商银的竞争与合作

近年来，以BATJ（百度、阿里、腾讯、京东）为代表的一批独角兽网络巨头，乘着移动互联网发展之风，借助其用户、流量、数据、技术等优势，也开始向互联网金融领域发力。与此同时，以银行为代表的传统金融机构，也纷纷开始触网，构建自己的金融科技体系。

当互联网金融企业挥舞着“金融科技（下文统称“FINTECH”）”的大旗进入市场，对于以银行为首的传统金融机构而言，其中的挑战性、冲击性不言而喻。当然，银行也会主动出击，也因此上演了不少与互金企业互掰手腕的戏码，此外它们也在努力探索“触网”创新。

积极合作

2017年3月28日，我国商业银行的典型代表中国建设银行竟然破天荒地选择与阿里巴巴、蚂蚁金服签署三方战略合作协议。按照协议，蚂蚁金服将协助建设银行推进信用卡线上开卡业务，为此前无法覆盖的人群提供信用卡服务。双方还将推进线下线上渠道业务合作、电子支付业务合作等。

差不多同一时间段，兴业银行也宣布与乐视联合推出合作产品——家庭银行。据了解，双方将通过大同交互技术和O2O场景打造客厅金融模式，为用户提供集金融咨询、金融产品购买、产品咨询、便捷消费信贷等客厅一站式立体化服务。

像建设银行、兴业银行这样的主流商业银行，主动选择向大数据应用、风控体系等方面更加擅长的互联网金融靠拢，不难看出其求新的步伐也在加快。

只是，银行做互联网金融会受到许多监管客观条件的限制。对此，兴业银行网络金融部总经理杨忠认为，“既要牢牢坚持银行的本质，还要努力在‘互联网金融’方面探索，路子只有两个。”

首先，两者从最末端生态系统直接对接，共享客户的同时再共同服务客户，将线下、线上服务通道都打通；

其次，就是对传统金融产品通过数据化处理的方式，提供给千家万户，摆脱过去商业银行固有的“只抓大客户”的传统思维，真正实现普惠金融服务。

然而，无论走哪条路，单纯依靠银行自身传统的优势和风控能力还是不够的，优秀的互联网金融企业所具备的科技优势，以及其在大数据运用、云技术、人工智能等方面的超前探索，抛开相竞因素，这些都值得传统商业银行侧目。

对此，业内人士分析指出，这也表明了我国金融产业的发展趋势，传统金融业与互联网金融间并非谁取代谁、谁吃谁的问题，双方存在一个“竞合”关系，“未来一定是优势互补的。”

优势互补

以往FINTECH与银行常常是通过信托模式来合作，在其他机构为FINTECH公司担保与增信的情况下，银行出资获得FINTECH公司提供的固定收益，银行与贷款人不产生关系。

“不会做自己的金融产品，将向金融机构全面开放平台。”以余额宝这一拳头产品开端理财市场多年的蚂蚁聚宝，日前高调宣布将定位变更为TECHFIN，其相关负责人表示，未来蚂蚁金服也将专注于做TECH（技术），帮助金融机构做好FIN（金融）。为此，其还尝试推出了“财富号”业务，不仅向所有基金公司开放，未来还将陆续向银行、保险、证券行业全面开放。

而建设银行在2016年更是完成产品创新1900多项，推出了全球现金管理、智慧场景应用等新型商业模式，同时也首推了融合NFC、二维码、人脸识别等技术，覆盖线上线下全场景的全新支付产品组合“龙支付”。但建行首席财务官许一鸣指出，“在移动支付大潮中，做好手机银行才是传统银行发展的希望。”但从支付结算来看，“老资历”的国有大行在手机端的客户量远远不及年轻化的支付宝。

建行年报显示，个人网银用户2.37亿户，手机银行用户2.23亿户，微信银行绑定用户3623万。而公开数据显示，支付宝实名用户4.5亿元，月活3亿。

显然对于要在理财产品发力的建行来说，蚂蚁金服正好是一个不错的平台“选择”。建行首席财务官许一鸣指出，合作后会上线建行“财富号”，意味着用户在支付宝和蚂蚁聚宝上就可以方便地选购建行的各种理财产品，“直达月活3亿的80后。”这正是建行在产品方面的业务拓展之一。

不仅如此，据蚂蚁金服方面透露，它们还会协助建设银行推进信用卡线上开卡业务以及打通信用体系、实现二维码支付互认互扫、支付宝将支持建行手机银行APP支付。

共赢未来

此前市场认为，金融创新的聚焦点在于以互联网为载体的前端产业，监管趋严下发展空间渐失。而今，科技与金融发展已经从分立颠覆走向协同共赢。

金融领域的普惠金融、高效价值传递等亟待解决的需求，为互联网金融企业的科技开发提供了广阔的应用空间，而互联网金融企业在人工智能、大数据和区块链技术方面的迅速发展，又为传统金融机构提供着原动力支撑。

特别是千禧一代的崛起，市场化进程加速与资产荒背景下资产配置需求觉醒，投资服务迎来历史机遇，像大数据、人工智能等先进技术，较人工在信息处理、组合优化、风险识别、快速响应等优势十分明显，传统银行也恰有所需，这便让智能投顾行至风口。

第二节　互联网保险：开启下半场

2012 年之前，由于市场主体对互联网保险认识不足，互联网保险市场未能实现大规模发展。随着电子商务平台的兴起，一批以保险中介和保险信息服务为定位的保险网站涌现。

2017 年 9 月 28 日，众安在线财产保险股份有限公司在香港联交所主板上市，成为国内首家上市的互联网保险公司。众安在线由蚂蚁金服、腾讯、平安保险等国内知名企业发起设立，于 2013 年获保监会批准成立，其基于生活消费、消费金融、健康、汽车及航旅等生态系统，生产以生态系统为导向的风险解决方案，而且从销售、定价、风控到理赔，全程在线。

数据显示，众安在线保费收入从 2014 年的 7.9 亿元，到 2015 年的 22.83 亿元，再到 2016 年的 34.08 亿元，增长态势良好。银河国际研报显示，包括经营在线业务的传统保险公司在内的中国保险科技市场中，2016 年众安的市场份额为 0.9%。

前海开源基金总经理杨德龙表示，互联网金融兴起之下，保险也通过互联网开拓新领域。他认为保险作为传统的金融行业，通过互联网作为保险销售的渠道、以及产品设计的渠道，将会成为新趋势。

集中爆发

2012 年之前，由于市场主体对互联网保险认识不足，互联网保险市场未能实现大规模发展。随着电子商务平台的兴起，一批以保险中介和保险信息服务为定位的保险网站涌现。

2012 年淘宝的“双 12”购物节期间，国华人寿凭借理财型产品，实现了三天保费破亿的成绩。互联网保险所蕴含的巨大潜力，使得大量公司布局互联网保险业务，专业的互联网保险公司也相继成立。据曲速资本《中国互联网保险行业研究报告》，从 2012 年到 2016 年，中国互联网保险保费收入从 111 亿元增加到 2347 亿元，互联网人身险保费在其中所占的比例从 9% 上升到 83%。

2013 年 11 月，国内乃至全球首家专业互联网保险公司众安在线正式成立。继众安在线之后，又有三家公司泰康在线、安心财险和易安财险获得互联网保险牌照。这四家互联网保险都从“衣、食、住、行、玩”各领域的生活场景切入，一方面通过互联网努力创造新生的保险需求；另一方面通过对传统保险渠道的替代来创造需求。

泰康在线于 2015 年 11 月成立，是泰康人寿的全资子公司。作为首家由险企发起设立的互联网保险公司，泰康在线选择产寿险结合的发展模式，并用“大健康”把个性化评测、大数据风控、社交生态圈融合为“泰健康”体系。

安心财险的成立比泰康在线晚一个月，其将业务架构部署在腾讯云上，建立了自主甄别风险的核保、核赔两核系统。安心财险依托云计算做技术支撑，实现更垂直细分的保险分类，针对场景化、碎片化业务和小众人群做精心服务。

易安财险于 2016 年 2 月成立，依托于股东银之杰在金融 IT 技术、支付、大数据和征信领域的优势资源，坚持“少而精”，锁定目标人群设计产品，如专门设计针对女性健康的产品，以及车险领域中的停驶险等相关产品。

对外经济贸易大学保险学院王国军教授在接受采访时表示，这四家专业互联网保险公司的优势在于低成本、广覆盖、易创新，劣势在于缺乏实体终端，渠道仍显狭窄。

查询数据发现，2016 年众安在线和易安财险的净利润分别约为 937.20 万元和 157.15 万元人民币，泰康在线、安心财险的净亏损分别约为 8546.42

万元、7309.72 万元。通过分析得知，四家企业的业务及管理费占营业支出的比例较大，而业务及管理费用中，安心、众安和易安的技术服务费占比较高，泰康的咨询及法律服务费用较高。得益于政府补助带来的营业外收入，众安和易安出现净利润，泰康和安心的亏损有所减少。由于四家企业处于初步扩张阶段，经营费用快速增长。

截至目前，我国互联网保险已建立起以官方网站模式、第三方电子商务平台模式、网络兼业代理模式、专业中介代理模式和专业互联网保险公司模式等五种模式为主导的基本互联网保险商业模式体系。王国军教授向记者表示，互联网保险的发展前景广阔，未来将是保险市场的主流。

监管之下

2014 年 8 月《国务院关于加快发展现代保险服务业的若干意见》、2015 年 7 月《助力"互联网 + 保险业"改革创新 保监会进一步推动专业互联网保险公司试点》等文件的出台，认可互联网保险在促进金融普惠、服务经济社会发展方面的独特优势。此后泰康在线、安心财险、易安财险相继获批。2015 年 7 月《互联网保险业务监管暂行办法》发布，标志着我国互联网保险业务监管制度的正式出台。

随着互联网保险快速发展，诸如网络互助平台、基于互联网金融平台的信用保证保险业务因其潜在的风险引起了多方关注，一些相应的监管政策随之出台，如 2015 年 10 月发布《关于"互助计划"等类保险活动的风险提示》、2016 年 1 月发布的《关于加强互联网平台保证保险业务管理的通知》。

2015 年 12 月，E 租宝的非法集资事件使互联网金融发展中潜在的风险暴露在公众面前，监管层对于互联网保险业务风险的防范力度加大。2016 年 4 月，《国务院办公厅关于印发互联网金融风险专项整治工作实施方案的通知》出台。随后同月，保监会等十四个部门联合印发《互联网保险风险专项整治工作实施方案》，整治重点包括以下三个方面，一是互联网高现金价值业务；二是保险机构依托互联网跨界开展业务；三是非法经营互联网保险业务。

互联网保险业务在经历了2015年的迅猛增长之后，监管环境的约束趋紧使得互联网保险业务量增长势头减缓。2016年国内互联网保险费仅从2015年的2234亿元增至2347亿元。

亟待转变

中国保险行业协会发布的数据显示，2017年上半年，互联网人身险累计实现保费收入1010.5亿元，同比下滑10.9%；互联网财产险累计实现保费收入237.75亿元，同比负增长20.01%。互联网保险保费中占比重较大的人身险中，银行系保险公司的互联网保费规模依然保持领跑地位，工银安盛人寿以246.3亿元保费收入位列首位，建信人寿、国华人寿、农银人寿、国寿股份、平安人寿、太平人寿、光大永明人寿、渤海人寿以及弘康人寿等十家险企累计实现规模保费944.8亿元，占互联网人身保险总保费的93.5%。

王国军教授表示，银行系保险的优势在于可以借助星罗棋布的银行网点销售短期理财产品，迅速做大保费规模，缩短盈利周期，同时劣势在于产品类型、销售渠道单一，资产负债匹配压力大。

据曲速资本《中国互联网保险行业研究报告》显示，2012年到2016年互联网保险保费在总保费收入中所占的比例分别为0.7%、1.8%、4.2%、9.2%和7.6%。在业内专家眼中，我国互联网保险发展相较于国外还处于相对低端的水平。

首先，互联网保险产品有待升级。现阶段我国互联网产品主要以“低价值、低黏度、标准化”的产品为主。其次，互联网保险产品定价基础及盈利空间有限，费率浮动幅度不大，因此没有价格优势吸引客户，这种情形下，附加服务尤其重要。

保监会原副主席魏迎宁2017年6月公开表示，互联网保险创新发展已经进入下半场，创新重点应由以保险公司和销售为中心，向客户和服务为中心转变；由增加保费收入和扩大市场份额为中心，向保障客户利益和提供精准服务为中心转变。

第三节　民营银行的市场化探路

在国家金融改革与创新的大背景下，民营银行的发展体现出了我国经济发展所释放出的活力。在顶层设计与客观所实现的效果来看，民营银行在打破中国国有商业银行的垄断和实现金融机构多元化方面，都有着突出的现实意义。

2015年，民营银行发展迎来重大政策突破，李克强总理在政府工作报告中表示，要“推动具备条件的民间资本依法发起设立中小型银行等金融机构，成熟一家，批准一家，不设限额”。正是在这样的背景下，民营银行在两年的时间里实现了从无到有的蜕变式成长。

2015年1月4日，李克强总理在深圳前海微众银行敲下电脑回车键完成第一笔业务，标志着我国首家开业的互联网民营银行正式开业，前海微众银行从2014年7月25日被正式批准筹建算起，在半年时间里就迅速完成了各项筹备工作，前海微众银行的正式开业，也为后续更多的民营银行走向市场开了一个好头。

总体来看，民营银行发展呈现出布局稳健、节奏科学的特点。第一批试点的民营银行有5家，包括深圳前海微众银行、浙江网商银行、天津金城银行、温州民商银行和上海华瑞银行；第二批获批的银行有9家，包括重庆富民银行、四川希望银行、湖南三湘银行、安徽新安银行、福建华通银行、湖北武汉众邦银行、江苏苏宁银行、北京中关村银行和山东威海蓝海银行。

从性质与作用来看，民营银行系现行金融改革体系的重要内容，也是金融业态的有益补充。作为金融市场的重要组成部分，民营金融机构特殊的产权结构和经营形式决定了其具有机制活、效率高、专业性强等一系列优点。可以说，民营银行也是中国国有金融体制的重要补充。另一方面，民营金融机构的建立必然会促进金融市场的公平竞争，促进国有金融企业的改革。建立一些具有国际先进水平的民营金融机构将有助于金融业参与国际竞争，缓和加入世界贸易组织后外资对国内金融业的冲击。

民营银行自成立以来，其定位就不同于传统银行，更偏向的是普惠金融以及更多差异化的服务。除了提供差异化的线上信贷业务外，互联网银行在科技方面的创新也很突出。在业内人士看来，如雨后春笋般涌现的民营银行，当务之急是找准自己的定位，迅速增强自身在资产运营与风险控制方面的能力，从而在彼此之间以及与更多的传统金融机构实现差异化的互补和良性竞争，最终实现共赢。

其次，民营银行互联网化特征明显，信息化和科技化是其发展中的主要特征。据统计，截至目前具有互联网背景的民营银行从 2 家扩充到 8 家，占到 17 家民营银行总数的将近一半。其他银行虽然没有明确定位互联网银行，如辽宁振兴银行、湖南三湘银行也表示会依托互联网发展网络银行方面的业务。

值得注意的是，具有互联网背景的民营银行背后的大股东性质和行业地位各有不同。其中，微众银行的第一大股东为腾讯、网商银行的第一大股东为阿里、四川新网银行的第二大股东为小米、苏宁银行的第一大股东为苏宁云商。而这些主导力量，均是国内领先的网络科技巨头。

第三，民营银行发展区域联动、各具优势，从顶层设计到开业运营均遵循特色发展路径。

2017 年 5 月 16 日，吉林亿联银行股份有限公司（简称“吉林亿联银行”）在吉林长春正式开业，这也是东北首家获批筹建、首家开业的民营银行。据悉，吉林亿联银行于 2016 年 12 月 16 日获中国银监会批筹，并于 2017 年 5 月 2 日获得开业批复。注册地长春，主发起人为中发金控投资管理有限公司和吉林三快科技有限公司。

2017 年 7 月 16 日上午，北京首家民营银行中关村银行正式开业。中关村银行由用友网络、碧水源、光线传媒、东方园林等 11 家中关村知名上市公司共同发起建立。其中，用友网络为该行第一大股东，持股比例为 29.80%；碧水源、光线传媒和东方园林分别位列第二和并列第三股东之位，持股比例为 27%、9.9% 和 9.9%。

2017年9月28日，知名地产企业荣盛披露称，已收到辽宁振兴筹备工作组转来的辽宁银监局核发的《辽宁银监局关于辽宁振兴银行股份有限公司开业的批复》（辽银监复［2017］150号）和《金融许可证》。至此，辽宁振兴银行开业获得批准，核准注册资本为20亿元人民币。辽宁振兴银行是也是辽宁地区的首家民营银行。

截至2017年10月，民营银行的大名单仍然是17家，分别是深圳前海微众银行、上海华瑞银行、温州民商银行、天津金城银行、浙江网商银行、重庆富民银行、四川新网银行、湖南三湘银行、福建华通银行、武汉众邦银行、山东威海蓝海银行、北京中关村银行、江苏苏宁银行、吉林亿联银行、梅州客商银行、辽宁振兴银行、安徽新安银行。

第七章

金融科技的现在与未来

金融科技是 Fintech（Financial technology）的中文释义，对于这一新概念，虽然没有确定的定义，但是基本的共识已经在业内普遍达成，即金融科技的核心是科技，其具备为金融业务提供科技服务的基础设施属性。从我国金融科技的发展现状来看，其概念的厘清，实践的定位，以及对传统金融业态的变革等，都需要不断地加以总结和瞻望。

第一节　数字时代的零售支付市场

以扫码支付为例，微信支付、支付宝等创新的二维码支付既能够在线上场景中独占鳌头，还能在线下场景中“摧枯拉朽”，其无论在用户体验还是场景匹配等方面都大大优于银行卡收单这一传统业务模式，银行卡清算组织由此受到生死挑战。

近些年，金融与电子、数字技术不断融合，支付服务市场细分的趋势明显。交易、清算和结算三个环节均出现了专业化的服务组织和多种多样的支付工具。电子支付方式的普及使各种支付交易突破时空限制，大大降低了货币债权的在途风险，节约了交易时间，提高了交易效率，增强了金融体系资金运用能力和流动性。

发展零售支付意义重大

事实上，我国现行的支付工具中，现金占据绝对比重。据统计，2015年银行卡刷卡消费额占社会消费品零售总额之比，即银行卡渗透率只有47.96%，也就是说社会商品零售总额中52.04% 的交易仍然使用现金支付，这远低于西方国家非现金支付交易比例。因此，我国推动、发展零售支付市场，大力取代现金与类现金支付交易有着更加重大的意义：一是有利于减少现金流通，缩短市场交易环节，提高资金使用效率。二是有利于改善市场秩序，建立良好经济环境。电子支付清算系统记录交易，能够及时全面地反映市场主体的支付行为，提高经济交易的透明度，堵塞现金交易的漏洞。三是有利于改进金融服务，助力金融普惠。一直以来，人民银行高度重视支付环境建设，特别是针对农村经济发展状况、信用发展水平、支付习惯和不同消费群体，有重点地开发、推广适合农村的新型非现金支付工具，将优化农村支付服务环境建设作为落实普惠金融的重要抓手，让广大农民切实享受到现代化支付系统的快捷和方便。四是有利于增进社会文明，推动经济社会转型。电子支付工具对现金的替代作用和消费信贷功能，能把人们潜在的或随机的消费需求变成消费支出，促进电子商务、共享经济等第三产业发展，带动大量人口就业。

数字化深刻改变零售支付市场

现在，那些主宰数字世界的互联网巨头们，国外如苹果（Apple）、谷歌（Google）、亚马逊（Amazon）和脸谱（Facebook），国内如腾讯、阿里巴巴、京东、百度等都在深耕零售支付市场。这些支付服务与它们的数字生态世界完美融合，无缝对接，造就了更加庞大的商业版图。这样的商业模式其实很清晰，就是巨头们向零售端用户提供免费服务（可能向商户端收费），从而增加零售客户的忠诚度与黏性，进而获得客户数据（大数据），分析购买行为，进行个性化营销（包括金融产品的营销），以这种间接方式获得经济利益。另一方面，数字技术的快速发展使得小额零售支付变得有利可图，商业银行出于降低成本的考虑将零售支付服务和有关技术服务外包，伴随着前述消费者偏好和支付行为的改变，包括新的支付需求的出现以及支付方式和技术的进步，零售支付市场创新活跃，发展迅速，吸引了一批非银行机构参与，也就是我们熟悉的非银行支付机构（或称第三方支付）。

以扫码支付为例，微信支付、支付宝等创新的二维码支付既能够在线上场景中独占鳌头，还能在线下场景中“摧枯拉朽”，其无论在用户体验还是场景匹配等方面都大大优于银行卡收单这一传统业务模式，银行卡清算组织由此受到生死挑战。

新问题、新挑战、新机遇

在世界各国人民都在享受着这种零售支付市场变革的好处时，零售支付市场面临着新问题。首先，沿着支付链条提供不同的支付服务，非银行支付机构对零售支付体系带来了风险。这些风险依据非银行支付机构提供服务种类不同而有差异。比如，在支付链条末端提供服务的非银行机构或因业务种类过于单一，或因承担外包服务而形成比较集中的操作风险。又如，在支付链条前端和末端同时提供服务而吸纳客户资金的非银行机构或多或少与银行相似，却不接受银行标准的监管，但这些从事零售支付的非银行机构引起的风险与银行的风险没有本质不同，特别是当他们都在提供相同类型的支付服务时；其次，世界各国中央银行对非银行机构的监管举措差异较大，包括监管框架本身（是否采取牌照制）、监管部门分工以及监管工具等。这些监管差异是由于各国监管当局对非银行机构的认识和市场风险特征的差异而引起的。同时，非银行机构能否接入国家的支付基础设施也取决于各国政策和监管偏好；最后，各国中央银行和监管当局不得不面对一系列因少数几个非银行机构的市场份额过于集中而产生的难题，如过于集中的操作风险、公平竞争、消费者保护、金融稳定等亟须权衡的难题。

尽管新问题对主要国家的中央银行监管零售支付市场带来了新挑战，但在多年实践中已经形成了零售支付服务市场监管政策共识，一是各国中央银行的监管核心仍然是维护公众对法定货币的信心以及确保零售支付系统的安全和效率；二是面向银行与非银行机构、行业巨头与新进入者提供公平竞争的政策环境，形成一个长期稳健、创新的零售支付市场；三是要合理的保护消费者权益，防范支付风险；四是要利于技术与市场变革的新机遇，促进形成一个立足国内，服务全球的快速支付体系。

中国领先的实践与经验

在党中央、国务院领导下，中国人民银行全面研究新问题，积极应对新挑战，在全球率先实践了上述共识，并结合中国零售支付市场实际，陆续发布了体现上述共识的政策制度，引导市场各类参与者共同建设更加安全、高效与创新的零售支付市场。

在监管侧，中国人民银行根据《国务院关于实施银行卡清算机构准入管理的决定》（国发〔2015〕22 号）发布了《关于向社会公开征求 <银行卡清算机构管理办法（征求意见稿）> 意见的公告》贯彻了国家关于零售支付市场化改革的总体要求；中国人民银行陆续发布《关于改进个人银行账户服务 加强账户管理的通知》《非银行支付机构网络支付业务管理办法》等专项制度体现了“同一业务，同一规则”规范支付服务的监管原则，使支付机构与商业银行同台竞技，在竞争与合作之间得到权衡；中国人民银行对无证经营支付业务（市场称“二清机构”）的大力整顿与处罚表明人民银行保护零售支付市场中的消费者权益的坚定决心；中国人民银行指导中国支付清算协会发挥市场自律机制，引导非银行支付机构共同建设、运营网联清算平台，则是有效遏制因历史原因形成的支付机构与银行多头连接进行跨行资金清算网络的潜在风险，消除支付机构对客户备付金的过度依赖，以“有堵有疏”的方式向支付机构提供公平、开放、统一的零售清算平台。

在市场侧，为了应对快速发展的网络支付业务各种变化和趋势，摆脱前监管时期留下的路径依赖，以腾讯、蚂蚁金服为代表的支付巨头积极顺应监管思路要求，做好支付业务，加强支付风险防范，切实保障消费者权益；其次，它们重新调整战略布局，做大做强综合金融业务，将业务重心放在服务实体经济上。腾讯在国家“互联网 +”战略的支持下，将腾讯在企业社交与移动支付方面的领先优势运用到实体经济的产业链中，帮助实体产业定制支付解决方案，以支付带动传统行业的电子商务化水平提升，帮助传统企业拓展转型空间。蚂蚁金服则不断发起海外收购，陆续收购了美国、印度、韩国的支付企业，欲打造海外版的“支付宝”。

综上，数字时代的零售支付市场主体更加丰富，创新更加快速、风险更加复杂、联系更加广泛，特别是非银行支付机构逐渐成为市场的主力军，中国的非银行支付在全球独树一帜。如何发挥它们的优势，有效控制其风险，并将这种优势力量转化为提升国家支付体系的战略性机遇，已经成为不少国家中央行银行及监管部门的政策研究焦点。

（本文作者赵鹞系中国社科院金融研究所支付清算研究中心特约研究员，杜晓宇系中国支付清算协会综合管理部副主任）

第二节　从刷脸支付看 AI 落地金融

刷脸支付之所以成为可能，主要依赖于人脸识别技术提供技术支撑。人脸识别技术，是作为生物特征识别领域中一种基于生理特征的识别，是通过计算机提取人脸特征，并根据这些特征进行身份验证的一种技术。

2017 年 9 月 1 日，阿里巴巴旗下蚂蚁金服宣布在杭州万象城的肯德基餐厅首推刷脸支付服务，对于消费者来说，即便忘带钱包、手机没电，也可以进行支付。虽然刷脸支付目前尚未大规模推广，但这项技术带来的改变正在其他领域发生。截至 2017 年 8 月 8 日，全国已有 40 个城市开通了“刷脸政务”，覆盖的服务范围包括查询公积金，缴纳交通罚单，个税申报等。技术专家表示，目前人脸识别技术已经达到金融级的准确度和安全性，准确率超过 99.6%。再结合眼纹等多因子验证，准确率能达到 99.9%。

刷脸支付之所以成为可能，主要依赖于人脸识别技术提供技术支撑。人脸识别技术，是作为生物特征识别领域中一种基于生理特征的识别，是通过计算机提取人脸特征，并根据这些特征进行身份验证的一种技术。

人工智能的各个细分领域中，智能机器人、无人驾驶、语音识别等都还没有大范围应用，只有人脸识别技术呈领先态势。“刷脸”时代即将到来，人工智能落地金融的序幕早已拉开。

技术支持

2017 年 5 月，中国人民银行发布公告成立金融科技（FINTECH）委员会，旨在加强金融科技工作的研究规划和统筹协调。强化监管科技应用实践，积极利用大数据、人工智能、云计算等技术丰富金融监管手段，提升跨行业、跨市场交叉性金融风险的甄别、防范和化解能力。

国务院于 2017 年 7 月 8 日印发了《新一代人工智能发展规划》，提出要加快推动人工智能与各行业融合创新，在制造、农业、物流、金融、商务、家居等重点行业和领域开展人工智能应用试点示范，推动人工智能规模化应用，全面提升产业发展智能化水平。金融方面，加快推进智能金融。建立金融大数据系统，提升金融多媒体数据处理与理解能力；创新智能金融产品和服务，发展金融新业态；鼓励金融行业应用智能客服、智能监控等技术和装备；建立金融风险智能预警与防控系统。

政策释放利好信号，以百度、阿里、京东、腾讯等巨头为首的互联网公司早已纷纷布局金融科技领域，人工智能与产业的结合被视为未来几年的发展趋势。9 月 3 日，由一本财经举办的智慧金融峰会上，相关嘉宾对人工智能落地金融的技术支持进行了不同的解读。

京东金融风险管理部总经理沈晓春表示，在多维、海量、动态的数据基础上，京东金融实现了人工智能、生物识别、深度学习、图像识别、云计算和区块链等领先技术的创新，并应用到了风险模型、量化运营、用户洞察、企业征信、智能投顾等各个与金融相关的领域中去，最终将这些能力投放到产品层与业务层，如电商交易、线下支付、财富管理、小微信贷、消费金融、众筹、保险、量化指数、ABS 平台等。基于这些数据和技术能力，京东金融自主研发构建了一套完整的风控体系。

百度金融首席架构师陈天健表示，百度通过自身的智能获客系统每天在线上同时测试的产品定义超过一千组，通过用户响应产品以后的风险表现，来自动的重新调整产品的参数进行迭代优化，在激烈的流量竞争场景中进行更加智能的获客服务。通过大数据的技术，主动地寻找可能的风险点。百度金融为了应对人力成本上升，提出智能客服中心的解决方案。90%

以上的问题通过与智能机器人线上沟通来自助解决，剩下 10% 转到人工。

蚂蚁金服副总裁、首席架构师胡喜认为，未来金融科技推进更多的金融创新，而创新背后是对于基础技术能力的夯实，这些基础技术能力包括计算能力、算法能力和数据管理能力。“结合计算、算法、数据来看，蚂蚁技术处理类型有以下几类：第一类，是解决海量交易的问题，关键是如何在分布式下解决交易的一致性、可靠性、安全性问题。第二类，是实时智能决策，金融场景中的信用、风控、定价、营销也好，都是对一个用户行为或者需求的洞察，背后基础能力就是实时决策引擎。第三类，必须提供数据分析能力。第四，因为蚂蚁内部很多时候做风控还是来自于策略，来自于很多规则性的东西。期望未来风控相关的特征是可以自我学习，增强和迁移学习可能是蚂蚁未来的一个方向。”

第三节　智能投顾崛起

在金融市场的演化历程中，技术向来扮演着重要驱动力的作用。在更趋成熟的 2016 年市场，人工智能与传统金融市场的诸多功能紧密结合，提高效率，降低业务成本。其中“智能投顾”成为继“宝宝”“P2P”又一个新兴理财关键词。

智能投顾，即 ROBO-ADVISOR，又被称为“智能理财”“机器人理财”“数字化资产配置”等。泛指基于大数据搭建金融模型并不断优化，从而根据用户的收益和风险偏好提供个性化资产配置方案，并提供交易执行、资产再平衡、税收筹划等增值服务。

2016 年，市场将“众创”的核心路径瞄准了“互联网 + 财富管理”，中国版智能投顾也在此背景下托出水面，诞生了以宜信财富投米 RA、弥财、蓝海智投、京东“智投”等为代表的一批新兴服务平台。

“新中产”的理财空白

智能投顾早先兴起于美国市场。于2011年才创立的WEALTHFRONT，在短短三年内资产管理规模已达20亿美元。另一智能投顾的领头羊BETTERMENT更于2016年成为首家资管规模突破50亿美元的初创智投公司。

传统的私人财富管理服务可以为高净值用户提供一对一的管家式理财咨询，但投资门槛低则100万元，高则上千万元。“智能投顾服务就是把门槛降低，并且将原本由人工提供的投资顾问服务自动化、产品化。”宜信公司创始人、CEO唐宁在接受《中国经济信息》记者采访时指出。2017年5月份宜信财富推出“投米RA”这一智能投顾业务，成为其全球资产配置能力重要组成部分。

根据国际著名的科尔尼管理咨询公司（A.T. KEARNEY）发表的报告，美国智能投顾行业的资产管理规模将从2016年的3000亿美元增长至2020年的2.2万亿美元，占届时全球的资产管理比例将超过2.2%，年均复合增长率更将达到68%，可见智能投顾增长之高速。与美国相比，中国智能投顾市场目前虽处于起步阶段，但发展势头迅猛。

在中国，智能投顾的诞生，是财富管理行业对于社会新崛起阶层——新中产人群的积极回应。与传统“中产阶层”的定义不同，“新中产”是深受互联网浸润的一代。他们在生活态度、消费观念和理财方式上，崇尚个性、注重品质又理性。他们有明确而又强烈的投资偏好。

宜信财富联合彭博商业周刊发布的《中国新中产智能投顾研究报告》显示：76%的新中产希望能够通过自动化顾问工具等数字化渠道，获得投资推荐；73%新中产偏好稳健性投资产品；62%的新中产追求个性化理财产品；61%追求性价比高的理财产品。

同时，这一群体在理财市场上面临着“十万美元困境”，即对于普遍还没有迈入高净值门槛的新中产来说，投资额多在10万美元上下，因其产生的经济价值较低，传统的财富管理服务机构不愿意服务于这类投资人群。因此，新中产投资需求和目前财富管理机构可提供的服务之间存在错配，需要单独为其量身打造加以解决。

“智能投顾最大的优势是低成本。加上开户款项要求亦低，几乎没有起投门槛，因此目标用户范围十分广；其次是步骤简单，操作方便，适合总资产较少的年轻上班族。”领航（VANGUARD）投资香港有限公司大中华区总裁林晓东分析道。

智能投顾一般透过网上问卷了解投资者的投资需求，提供以目标为本的投资计划，并利用ETF作为主要的投资工具，为投资者制定资产配置方案，由科技模型执行管理投资组合。同时也提供税收建议及评估用户风险承受能力等服务。“一方面，由于资产配置透明公开，投资组合类型全面，这亦有助增加投资者的信任。另一方面，对投资者而言，智能投顾亦可避免情绪化影响投资决策。”林晓东如是评价智能投顾营造的双重“投资安全感”。

两种张力的博弈

公开数据显示，如果你投资的是意大利指数资金，当天的跌幅是12%，其损失比中国股市的跌停更甚；如果你投资的是纳斯达克，当天的损失也达到了4.12%。

但宜信财富投米RA首席技术官胡金辉博士透露，英国脱欧当日宜信财富投米RA的最高风险等级只有-2.73%。胡金辉分析其中原因：“投米RA配置了不同国家的资产，脱欧的时候，欧洲影响是最大的，欧洲的股市跌得是最惨的，但是美国的股市跌得稍小一些，而中国亚洲的股市基本上没怎么跌，这就是跨地域、国别进行了风险分散。”

2016年，FINTECH对于传统金融的改造和完善，将赋予投资者，尤其是原本被忽略的中小投资者更多选择的权利。谈及智能投顾的核心是金融还是科技，唐宁说：“通过大家的共同努力，科技已经成为金融的一部分，驱动金融发展的内生的组成部分。”

在政策层面，与投资顾问业务相关的法律法规均基于人对人的服务，受《证券投资顾问业务暂行规定》《证券、期货投资咨询管理暂行办法》等法规约束，未界定机器人投顾是否具备合法性。

此外，国内对投资顾问业务和资产管理业务分开监管，适用不同的法律法规。按照规定，证券公司、证券投资咨询机构可以接受客户委托，辅助客户作出投资决策，但不能接受全权委托，从事资产管理服务。2015 年 3 月证监会发布的《账户管理业务规则（征求意见稿）》体现出证券公司投顾人员可以“代理客户执行账户投资或交易管理”的可能性，但显然证券公司以外的业务平台不能参与该类业务。

不少业内人士表示，判断智能投顾的发展前景需要评估这个市场的机会和发展潜力、中国投资者对智能投顾的接受程度，以及目前市场上一些智能投顾机构的投资能力是否真正经得起市场周期的考验。

技术的跨越式迭代与金融监管两种张力的博弈，使得价值创造与风险管理之间存在难以调和的矛盾。随着智能投顾的规模不断扩大，目前监管机构也将会更加关注智能投顾的监管，在费用的披露、保护客户数据以及防止网络黑客等方面，未来监管会做出更多措施去保护投资者的利益。

第四节　科技如何驱动全球金融变革

近几年来，中国的金融科技得到快速发展，催生了互联网支付、网络借贷等一些新业态，涌现出一批金融科技的创新企业，新兴技术在金融领域的应用不断探索、深化。

2017 年 7 月 8 日至 9 日，由上海新金融研究院（SFI）主办，国际金融协会（IIF）金融城（CFCITY）协办的第七届上海新金融年会暨第四届金融科技外滩峰会在上海召开。该峰会素有“新金融风向标会议”之称，此次更是聚集中国金融领域的监管人士、学界专家、商界领袖及高管人士等大咖，共同探讨“科技驱动全球金融变革”的新议题。

以服务实体经济为导向的金融科技创新才有生命力

李东荣在这次论坛上从历史、宏观和全球三个视角分析了金融科技的发展并提出建议。他认为，金融科技能够提高金融服务的可获得性，将更多的小微经济主题，纳入到经济金融活动，有助于降低风险的集中度，大数据、人工智能等应用，可以降低信息不对称，提高风险定价和风险管理能力。因此，李东荣提醒当下金融科技的探索者要警惕金融资源体内循环、金融创新脱实向虚等现象，应当坚守金融创新服务实体经济的要求，围绕经济转型升级与结构调整所产生的有效金融需求，以提高金融供给对实体经济需求变化的适应性。

李东荣还表示，金融创新和风险监管并不矛盾，两者之间需形成适度平衡。在金融科技发展的过程中，一方面要考虑借鉴监管“沙盒”、监管科技的理念，建立具有包容性的创新管理机制，在风险可控的前提下，开展应用试点，产品实验，让所有金融产品创新走得动、行得通，坐得正。另一方面通过审慎监管和行为监管的并行互补，行政监管和自律管理的有机结合，建立金融科技风险全覆盖的长效监管机制，让监管部门对金融科技创新，看得到、穿得透、管得住。

金融科技已经成为一个全球性的议题，世界各国，包括国际组织，各国监管部门，对金融科技也从最初的审慎观察，变得更积极包容，对金融科技的理解也在不断融合、推崇。从制度环境看，英国、新加坡等国家传统金融体系十分发达，法治监管体系也相对完善。G20 杭州峰会之后，世界银行牵头撰写了数字普惠金融的新兴政策方法总结了各国 17 项具有示范性的政策方法。其中，中国有 5 项入选。李东荣认为，中国在金融科技发展的速度和应用规模上，处于国际前列，但也要清醒地正视不足。“中国在原始的业务模式开发，核心技术，特别是底层技术研发，主导国际标准制订等方面，还是存在许多短板，需要尽快补齐。”

（中国互联网金融协会会长　李东荣）

金融科技本质是一场关于金融信息的革命

“今天的金融科技本质上是一场关于金融信息的传输、接收、分析、处理技术的革命，它借助数据技术优势，从掌握商品流、资金流、信息流数据，延伸至支付、融资、投资等金融核心业务领域。”姜建清说。

2016年中国移动支付总量超过38万亿元，已经是美国市场体量的五倍。金融与科技在融合过程中实现了商业模式创新。如银行业支付清算、资产转化、风险管理和信息处理四大功能出现融合趋势，不再是单一地发挥作用，形成了场景金融，创造出新的金融业态。传统的金融行业界限和市场格局被打破。信用卡业务被无卡支付、手机扫码所分流，柜台业务被移动线上支付所替代，支付账户与资金理财结合，兼顾流动性、便利性和效益性，争揽金融机构负债来源。融资业务领域也呈现多元竞争格局。社会对金融的传统认识有所改变，金融业原有的规模、地域、网点等优势正在减弱。市场正在分化并快速演进，消费者较大程度地掌握了信息的主动权，他们主动地寻找自己想要的产品和服务。他们愿意学习和尝试新的金融科技。巨大的市场容量和宽容的市场监管成为推动中国金融科技快速发展的关键。

展望未来，姜建清预测，科技发展及与金融的融合，将推动金融质态发生根本性改变。当前全球金融业的发展进入到一个新周期，金融业和新型金融科技企业均存在着巨大的发展机遇。两者互相学习、竞争和合作现象会交替出现，甚至不排斥资本的合作。

（上海新金融研究院理事长　姜建清）

监管当局要提高自身监管能力

万建华在论坛上发布了SFI年度报告《金融科技发展的国际经验和中国政策取向》。报告主要分为梳理当代金融的发展历程、归纳金融科技纵深发展的特点、为有效发挥市场主体和技术创新在金融科技发展中的驱动作用以及监管层面提出建议，共四个部分。

报告结合国际经验和我国实际对金融科技的监管提出了五条原则，分别为：一致性，依据市场行为的本质而非机构主体实施原则一致的监管；可靠性，通过技术验证和治理规范各类乱象，提升行业可靠性；互动性，监管者主动参与金融创新的全过程，加强与市场主体的互动，共同推进负责任的创新；普惠性，确保金融科技发展紧密服务实体经济，服从宏观调控和经济金融稳定；自律性，高度重视行业协会和中介组织在约束企业自律经营上的重要作用。

报告还提出了关于监管当局提高自身监管能力的建议，包括推进监管数据的共享和使用；在一国内部以及国与国之间协调数据标准和数据定义；不在 KYC（客户身份验证）流程中强制要求面签，允许运用如生物识别、视频电话、第三方核实等在线身份识别机制；探索监管法规本身的代码化，为金融机构实现自动化的合规控制创造条件等。

（上海市互联网金融行业协会会长　万建华）

未来十年，将金融科技领域的创新落在实处

“作为一个金融创业者”，唐宁发表了他对行业未来发展的洞见。唐宁预测，未来十年金融科技领域有七大创新前沿，即面向中小微企业的网贷、众筹、智能投顾、保险科技、监管科技、区块链驱动的技术应用、用科技做好投资者教育等。随着针对中小微企业的金融服务越来越多，企业的各种交易、管理行为，也将变得越来越数字化。面向未来，这些数字化资产可以帮助中小微企业获取资金，建立信用，起到越来越重要的作用。

“未来 10 年，我们会看到在这个领域也会经历过去 10 年在个人信用、网贷方面的一些突破。”唐宁说，中小微企业作为实体经济的重要参与者，也将通过金融科技领域的创新，得到切实的帮助。

“财富管理方面来讲，既有高净值、超高净值客户通过科技手段不断在风险调整后获得更大收益的需求，又有中产阶层与大众富裕阶层通过机器人理财获得资产配置服务的需求。”唐宁认为具有代表性的金融科技的前沿领域，其实就是围绕着普惠金融与财富管理这两条事业线来进行和展开。

宜信十余年的实践让唐宁感受到，从金融科技的驱动力来讲，金融科技的创新并不只是由技术驱动的，技术始终存在。更重要的是企业家、金融服务机构，能深刻洞察客户需求。在深刻洞察客户需求的基础上把握好现有的各种技术，基于现有的技术，落实针对客户需求的研发创新，做好模式创新，更好地服务客户。

“在 INVESTOR EDUTECH 投资者教育领域，科技也可以起到越来越多

的作用。”唐宁还预测，未来面向“90 后”“千禧年一代”的投资者教育将更数字化，利用科技去做投资者教育也将更加有必要。通过科技的生动方式与手段，将使金融消费者、受众更加深入地了解金融逻辑。

“面向未来的十年，我们回顾过去的发展，在复盘和反思的基础上，更好地利用技术、模式创新，将金融科技领域的创新落在实处、服务大众，持续发挥为实体经济赋能的作用。”唐宁对未来金融科技的发展充满信心。

（宜信创始人、CEO　唐　宁）

本文观点源自于 2017 年 7 月由上海新金融研究院（SFI）主办的第七届上海新金融年会暨第四届金融科技外滩峰会。

第八章

金融创新与模式递变

第一节　互联网金融 ABS 寻航“蓝海”

以余额宝为代表的货币基金加快了中国利率市场化的进程，并且让数亿老百姓第一次接触到理财。金融创新的健康发展需要监管者和从业人员共同用科学的方法论去寻找共识，而不是从假说直接跳到结论。

“如果你有稳定的现金流，就将它证券化。”

这是一句华尔街俚语。而当下，不少中国的互联网公司正在践行着它所描述的景象。他们通过资产证券化回笼资金，从而向消费者放出更多贷款。

ABS 资产证券化的升温，从 2016 年起便一直延续。

2017 新年伊始，1 月 17 日，唯品会旗下上海品众商业保险有限公司就发行了“中金—唯品会第一期资产支持专项计划”，该 ABS 资金规模 3 亿元，基础资产为个人消费贷款。

春节后，2 月 6 日，上交所信息显示，已受理京东金融旗下北京正东金控信息服务有限公司发行 1.89 亿元资产证券化（ABS）产品，该 ABS 名为“京东金融 · 华泰 · 美利车金融信托受益权资产支持专项计划”，若发行成功，这将是京东金融发行的首款以信托受益权为基础资产的 ABS。2016 年 4 月，美利金融宣布获得京东金融集团投资，未披露投资金额。彼时，双方就表示将在二手车消费金融领域展开深入合作。

同一天，政策在解冻。国务院下发的《“十三五”促进就业规划》首次提出，鼓励发行小微企业金融债券和小微企业相关信贷资产证券化产品，引导金融机构开展应收账款融资、动产融资、供应链融资等创新业务。

随后的 2 月 9 日，读秒—去哪儿网“拿去花”第一期消费分期资产支持专项计划已被上交所受理，拟发行规模为 2.45 亿元。“拿去花”是去哪儿开发的旅游消费分期产品，其支持国内机票、度假旅行消费的信用支付，国际机票及部分特价产品。而和去哪儿合作的“读秒”，是一家消费金融助贷机构，为去哪儿的消费金融业务提供风控及信用审核服务，并对接资金。

狂潮渐起

沸点是 2016 年 6 月 7 日，蚂蚁金服旗下消费借贷产品“花呗”发行 20 亿元 ABS。而此前德邦证券公布，德邦花呗消费贷款资产支持专项计划获得了上交所共计 300 亿元的发行额度。此后，天弘基金创新资产管理有限公司（天弘基金子公司）还在推介蚂蚁旗下另一消费贷款产品“借呗”专项资产管理计划，即私募 ABS。

而从 2015 年 9 月以来，京东白条发行 ABS 已公开的数额逾 161.57 亿元，发行规模最大为 20 亿元，最小仅 3 亿元，基础资产类型包括保理融资债权、应收账款、小额贷款等。阿里巴巴旗下重庆市阿里小微小额贷款有限公司已发行 58 期、总计 972 亿元 ABS，基础资产类型包括小额贷款、应收账款。再加上私募 ABS，上千亿元的市场供给正在形成。

所谓资产证券化（SECURITIZATION），就是将未来发生现金流的资产打包组合成资产池，经结构化设计，将这种低流动性的资产转化为高流动性的资产支持证券（ASSET BACKED SECURITIES，ABS），这种安排可将企业的未来资产进行提前变现和转移分拆，从而满足融资和风险释放的需求，因此，ABS 就是债权转让份额化。

将基础资产打包出售可回笼资金进行再次放贷，发挥类似银行的“吸储—放贷—回收资金再放贷”的乘数效应，可更快扩大规模。ABS 的基础资产有多种，比如信用卡还款、公园门票收入、高速公路收费等。

回顾 ABS 进入中国的发展历程，其实颇为曲折。2005 年我国正式开始 ABS 试点，2008 年试点暂停，2012 年信贷 ABS 又重新开闸，民间资本开始逐步进入金融行业，并多次扩大信贷资产证券化试点。对此，中国人民大学金融创新与风险治理研究中心主任杨东分析，与我国 93 万亿元的信贷资产规模、44.8 万亿元的债券市场规模以及美国等发达经济体的证券化市场规模相比，我国 ABS 市场仍有巨大的发展潜力和成长空间。“因此，近两年，金融监管层对 ABS 从有一定担忧正在向积极探索创新方向转变。”杨东指出。

不过，目前在证券交易所挂牌的 ABS，信息披露的程度都有待完善，尤其是个人消费贷款的基础资产池内，借款笔数多，且借款对象无论在地域、资信和借款额度方面都十分分散，而且不确定外界因素对于客户基础的影响。由此，认购此类 ABS 的很多机构，主要看中发行人主体资质。

一位京东金融内部成员介绍，除了自己发行白条 ABS 之外，京东白条也为其他平台的个人消费贷款资产证券化做财务顾问。“我们主要是监督底层资产质量变化的情况，发行人自己披露，投资人不一定信任和认可。”上述人士透露。

“重点不看基础资产，而是冲着基础资产的‘爹’来的。”有基金子公司的人坦言。按理说，资产证券化过程中，基础资产装包，原始权益已经转让出来。以证券化的京东白条为例，它已经和京东没有关系。“但实际上，更多时候，投资人在投资时主要考量发行人主体的资质，对刚兑有所期待。”上述人士说。

风口趋紧

开通金融小微金融部总监任远分析指出，值得注意的是，目前比较热门的 ABS 产品大都是证券交易所挂牌的公募型 ABS，其实私募市场的 ABS 资金规模尚且有待发掘。京东金融结构金融部总经理郝延山也曾公开表示：“消费金融服务公司的资金来源往往依赖于成本较高的私募融资，甚至是 P2P 渠道，即便是行业的佼佼者，融资成本也集中在 9%–11% 之间。”

随着互联网金融公司掀起 ABS 发行狂潮，相对应的服务机构也随之诞生。2016 年 9 月，京东金融和厦门国金分别成立 ABS 资产证券化云平台，前者提供 ABS 服务商的基础设施服务业务、资产云工厂的资本中介业务和夹层基金投资业务；后者通过搭建在线平台，将发行人、投资本、律师事务所、评级机构等 ABS 参与方聚集起来，为 ABS 提供产品设计、发行和存续期管理等服务。并且，在 2016 年底，京东金融和中腾信合作，成功发行首支 5.89 亿元 ABS 产品。

在郝延山看来，成立 ABS 云平台可以降低消费金融公司 ABS 的发行门槛和发行成本，从过去的 5 亿元起逐步降低，可以摆脱 P2P 等高成本融资，从而选择 ABS 的方式进行直接融资，整体融资成本也将逐渐下降 1–3 个百分点。

相比于发行者的“一头热”，投资者仍处于观望阶段。“互联网金融 ABS 的关键是获得真实可信的数据。因此我们会要求去互金机构的后台直接获取数据，然后再跑数据。因为互金依赖大数据，如果数据造假，会直接影响未来现金流。”北京一位券商 ABS 业务负责人表示。

毕竟从实际来看，个人小贷由于贷款笔数较大，数据真实性不易把握，券商作为资产管理人往往并不愿意从事以互联网个人小贷为基础资产类型的 ABS。

不过，继 2016 底监管层窗口指导收紧非持牌互联网金融机构发行 ABS 产品，只允许阿里巴巴、京东等互联网巨头发行 ABS 产品后，监管和机构对个人小贷类 ABS 的发行亦渐趋谨慎。近期，有媒体消息传出有地方监管部门否决了某互联网巨头以小贷为基础资产的 ABS 的发行。“总体来看，个人小贷 ABS 有收紧的趋势。对应企业的供应链的 ABS，如保理、应收账款较受欢迎。”前述 ABS 人士预测。

第二节　消费金融：确定性与不确定性

从市场角度来看，消费金融已经被彻底引爆，而对于处在“风口”中的弄潮者而言，它们在业务重构、合规监管和模式延伸等方面，从业者还有很长的路要走。

作为向各阶层消费者提供消费贷款的现代金融服务方式，消费金融的内涵与外延都在不断地进行着嬗变。无论从金融产品创新还是扩大内需角度看，传统金融机构与新兴互联网金融在消费金融领域的探索都具有积极的意义。而从金融产品创新看，个人信贷业务是传统银行难以全面惠及的领域，建立专业化的个人消费金融系统，能够更好地服务于居民个体。

被引爆的消费金融风口

消费金融（Consumer Finance）是指以个人或家庭为授信对象，以日常消费（不含买房购车）为目的的贷款，具有小额、分散、速度快、期限短、无需抵质押担保等特点。从发展背景来看，年轻群体因收入与消费的矛盾产生信贷需求，传统金融机构的部分缺席为互联网金融创造了发展空间。于是极具互联网特色的消费金融，从2013年开始呈现出蓬勃发展的态势。

艾瑞咨询发布的《2017消费金融洞察报告》显示，从2013年开始到2016年，互联网消费金融交易规模从60亿激增到了4367.1亿，年均复合增长率达到了317.5%。从各大电商所反馈的数据也显示，线下向线上的转化和二者的不断融合，都大大刺激了消费金融的发展。

一部分先富起来的中国人的消费习惯从过去的“量入为出”到如今与发达国家的信用消费思维与习惯开始接轨，让传统金融机构（以银行为代表）和以新兴互联网巨头主导的消费皆看到了这背后的无限商机。

概念上而言，消费金融公司是指经中国银行业监督管理委员会批准，在中华人民共和国境内设立的，不吸收公众存款，以小额、分散为原则，为中国境内居民个人提供以消费为目的的贷款的非银行金融机构。拟试点设立的专业消费金融公司不吸收公众存款，在设立初期的资金来源主要为资本金，在规模扩大后可以申请发债或向银行借款。此类专业公司具有单笔授信额度小、审批速度快、无需抵押担保、服务方式灵活、贷款期限短等独特优势。

而随着互联网金融监管政策的落地，使得很多互金平台纷纷把目光瞄向了消费金融这块千亿级别市场。小额分散的消费金融模式在近年来得到了井喷式发展。截至目前，整个行业已经形成了以阿里巴巴、腾讯、京东引领的一种具有互联网基因的科技金融平台，它们与银行系科技金融公司一起，成为消费金融的提供者，在相当程度上解决了此前供需不平衡的矛盾。

事实上，阿里、京东等互联网巨头，以电商等线上场景为依托，这本身其实就是巨大的消费场景，凭借着自身电商平台以及支付业务，已经渗透和覆盖大量互联网消费者。同时还布局了强大的线下场景，实现线上线下的双轮驱动。并将自己的借呗、白条等产品融入进去，通过对用户特定的需求满足，形成流量效应及口碑传播。毫无疑问，这些互联网巨头势必会在整个消费金融领域占有一席之地。

银行是通过精准适配分期信贷及卡产品，向用户提供、住房、旅游、教育等刚性选择，值得一提的是，在互联网金融崛起之后，银行也开始放下“姿态”，凭借自身的用户优势，开始聚焦新兴的市场和用户需求，在加大消费金融产品供给和提升服务方面，都有着明显的变化。

与此同时，其他一些拿到牌照的新兴互联网消费金融平台和技术服务公司通常是通过与电商平台、实体机构或企业的合作来驱动自身的场景化拓展，在与大众生活密切相关的衣食住行消费领域展开移动金融服务，构建覆盖衣食住行用享等多个领域的消费场景生态体系。

由此可见，当前消费金融产品的场景已经呈现多样、多元的态势。只有发展场景金融，才能更好地和消费者实现互动，从用户需求出发，不断完善产品和服务，相信在未来消费金融服务与消费场景之间的联系将越来越密切。

2017 年 4 月 25 日，国家金融与发展实验室银行研究中心发布的《中国消费金融创新报告》(下称《报告》) 显示，至 2016 年底，我国金融机构人民币信贷收支表中住户部门的短期消费贷款余额达到 5.3 万亿元，再加上非金融机构消费金融平台的贷款，我国当前消费金融市场规模（不含房贷）估计接近 6 万亿元（含房贷规模在 25 万亿元左右）。如果按照 20% 的增速预测，我国消费信贷的规模到 2020 年可超过 12 万亿元。

事实上，普惠金融实践的背后归根结底是对风险的把控能力。相比于传统消费金融风控模式，互联网金融消费风控系统以大数据风控是为基础，融入“数据 + 风控模型 + 算法”的思想，真正有效地将风控系统量化衡量。在刘向丽看来，基于大数据风控，可将传统消费金融前端销售依靠大量的人工推荐、后台依赖人工作业的重人力模式，升级为依赖系统和数据自动决策的在线实时自动信贷工厂模式。

高成长之后的隐忧与抉择

趣店、和信贷、拍拍贷、融360等互金平台在2017年下半年开始纷纷赴美上市，并且都在上市首日获得投资者热捧。IPO之后，一方面让投资者看到了国内互金平台的不菲的盈利能力，同时也让很多过去处于边缘的探索性业务处在“放大镜”之下。

尤以现金贷和消费贷业务为主的平台，更具有上市的紧迫性。此前监管部门已经点名了高利贷、不合规催、以贷还贷、多头借贷等风险问题，但凡涉及上述不合规领域的平台都要加以整改从而符合新的监管要求。

在苏宁金融研究院互联网金融中心主任薛洪言看来，金融行业是典型的风险滞后性行业，互联网金融在前期的野蛮增长过程中的确收获了高增长和高盈利，但也存在潜在的问题和风险。而且，其未来的成长性和盈利性如何，尚未经受周期的验证。事实上，这也是这些或盈利或仍在亏损的互金平台选择赴美上市而非在国内主板上市的主要原因。

不管是源于资本的压力还是对于未来形势的预判，互金平台谋求上市以谋求变现，或者是通过上市融资以获得更多资本充实自己和开拓业务的案例将越来越多，但与此同时，互金平台的风险与挑战都将尽皆显现。

观察上市金融平台的表现，股价基本都是开始飙涨而后趋于理性，部分平台的股价甚至可以用坐上了过山车来形容。客观而言，步入资本市场的平台，无不面临保住当前估值水平的压力。既有的盈利模式在渐进和变化的监管环境下面临着调整和转型的困境，其估值方式自然要面临着重构。

与此同时，在当下的监管环境和竞争环境之下，以现金贷和消费贷为主要业务的互金平台面临着巨大的考验，不确定的监管压力，较难持续的盈利能力，无法预估的违约风险，都成为高悬上空的达摩克利斯之剑，时刻绷紧着从业者和投资者神经。

这些曾经被风投和用户热捧的平台尚需要去证明，自身的技术与模式的可持续性，未来成长的确定性，否则在新一轮与传统银行和BAT等规模型网络金融平台的竞争中，有着被倾轧的可能。

从行业观察者的角度而言，我们则更加希望互联网金融能够在我国当下金融的客观背景之下，能够继续用技术创新、提升服务、平台升级等方式来构建自身的核心竞争力，告别如履薄冰和行走在边缘的粗纺发展路径，从而使新金融百花齐放的发展态势得以延续，从而缔造一个消费金融的新时代。

第九章

新金融品牌成长之路

回顾过去，展望未来，互联网金融从野蛮生长向规范发展回归，推进新金融行业品牌重塑、重新赢得公众信任和重新凝聚新金融发展的共识，将成为新金融未来发展的当务之急，也更应该从国家主管部门开始，推进该行业的品牌重塑与信心建设。

近些年来，随着金融改革的深入推进，中国在“新金融”领域的变革与创新令世界瞩目，尤其以信息技术为“支撑、载体、介质”等的互联网金融创新更是走在世界前列，但在这些变革、创新之外，诸多以创新为名滋生的灰色生态也呈蔓延之势。

2014 年 3 月 5 日，国务院总理李克强在十二届全国人大二次会议上作政府工作报告时提出“促进互联网金融健康发展”。这是政府工作报告首次提及互联网金融，虽寥寥数字，但意义深远，这意味着互联网金融正式加入中国经济金融发展序列，成为中国经济金融发展中一股潜力巨大的金融创新力量，为我国金融业的发展打开了一扇新的大门。此后连续两年全国两会政府工作报告提出“推动互联网金融健康发展”、“规范互联网金融健康发展”，均成为当年互联网金融发展的主旋律。

2015 年 7 月 18 日，中国人民银行等十部委联合印发《关于促进互联网金融健康发展的指导意见》，明确将互联网金融定位为“传统金融的有效补充”，明确了其金融业务性质。随后，有关互联网金融的监管政策等陆续颁布、出台，互联网金融也从野蛮生长向规范发展回归。

回顾 2016 年中国互联网金融的规范发展，不得不说的是此前野蛮生长的“乱象”令人震惊。一时间，非法集资、裸条借贷、校园借贷、卷钱跑路、众筹骗局、骗贷赖账、支付陷阱、资本套现等金融领域的非法勾当借助互联网信息技术的力量花样百出，全国各地、大小城市乃至城镇乡村随处可见各类围绕“借、贷”双方的新金融业务宣传广告，而以“泛亚、e 租宝”等为标志的大案要案，不仅让全国人民对互联网金融、财富管理、投资理财等谈虎色变，更让相当一部分人陷入了“资金泥潭”，成为“泛亚、e 租宝”等非法集资的牺牲品。

2016 年 10 月 13 日，针对互联网金融集聚的风险隐患，国务院办公厅公布《互联网金融风险专项整治工作实施方案》，对互联网金融风险专项整治工作进行了全面部署安排，集中力量对 P2P 网络借贷、股权众筹、互联网保险、第三方支付、通过互联网开展资产管理及跨界从事金融业务、互联网金融领域广告等重点领域进行整治。

开展互联网金融风险专项整治，旨在规范各类互联网金融业态，形成良好的市场竞争环境，促进行业健康可持续发展；旨在更好发挥互联网金融在推动普惠金融发展和支持大众创业、万众创新等方面的积极作用；旨在防范化解风险，保护投资者合法权益，维护金融稳定。但截至目前，野蛮生长的“乱象存量”还远远没有完全释放。

展望未来，新金融行业的“雾霾现象”还将持续存在，推进新金融行业重塑品牌、共建信心将成为未来一段时期发展的重中之重，也更应该从国家主管部门开始，推进该行业的品牌重塑与信心建设。

为了推动新金融行业的品牌建设，由《中国品牌》杂志发起成立了新金融品牌研究中心，旨在打造中国首家权威的、具有公信力的新金融品牌研究和品牌价值评价机构，对新金融行业、区域、企业、产品品牌等进行价值挖掘、评价及保护，从而推动该行业规范、健康发展。

新金融品牌建设，是一条任重而道远的努力，它涵盖了政策、创新、技术、模式等方方面面，我们希冀从品牌角度出发，以探索中国新金融品牌的价值所在及其未来成长之路。

第一节　新金融品牌的巨大“驱动力”

新金融如何重新赢得公众信任，在互联网风口下继续展现新的“风景”，已成各方关注的焦点。

随着行业的规范，互联网金融平台从最鼎盛的5000多家到如今正常运营的不到2500家（编者注：截至2017年3月），半数以上的平台出现经营问题，良性退出乃至跑路成为常态。品牌，就成了新金融重新赢回公众信任的起点，并将继续成为新金融行业的主基调。

那么，作为普通人理财，到底怎么选互联网金融平台？什么样的平台安全最具保障？作为普通消费者，风控技术太专业，说得天花乱坠也不明白；智能金融太远，写的再透明也一知半解。抛开技术和产品不谈，我们或许更愿意相信口碑和背书，而最好的背书方式是什么？无非是业绩一路飘红外，还具有超强的口碑。

“品牌价值这个名词将在2017年的互金行业中被无数次提及，其重要性和作用也将会被凸显印证。”在2017年1月13日召开的“2017中国新金融远鉴峰会”上，与会各方达成这一共识。

口碑才是最强信用背书

当我们将时间到回溯到2015年12月e租宝事件爆发后，其背后的整个集团利益全部摆在大众面前时，e租宝脱去昔日闪光的外衣后，它就是一个彻头彻尾的旁氏骗局。

高达95%的项目造假，这一数字让一个个曾经将希望寄托于其平台的投资者来说如同晴天霹雳，假项目、假三方、假担保，如此高明的障眼法骗到全国90万投资人近500亿。一直以来以为投融资者搭建信息桥梁定位的P2P竟然以这种方式“昭告天下”，也似乎因为这件事而抹杀了它近10年的时间建立起来，以及为中小企业和个人解决近万亿资金的所有功绩。

对此，中国人民银行金融研究所互联金融研究中心副秘书长庾力在“2017中国新金融远鉴峰会”上表示，在中国，互联网金融如果今后能够继续很好发展，必须要有三个要素，规则、监管、自律。这三个加一起就等于互联网金融的健康发展。关于监管，现在已经明确了监管机构，是银监会、银监局和当地政府的金融办对互联网金融进行双监管。

中国社会科学院金融研究所所长助理杨涛表示，短期来看，有些互金乱象是很正常的，欧美其实都经历了这些所谓P2P网贷平台、众筹等新金融所面临的监管挑战，更为重要的是长期如何扭转不良的印象，成为金融体系的重要补充。一是，稳健的商业模式，没有成为整个宏观金融稳定当中一个极其不确定的因素，这是大家扭转印象的第一点。二是，互金行业想要更好发展，要从“模式消费”进入到“品牌消费”阶段。

世界各国的实践表明，在经济发展的关键时期，品牌是国家发展战略的重要选择。那么，新金融品牌重塑关键何在?

纵览近些年来的金融高端论坛，“财富管理”几乎成了标配，它成为最新的热门标签。企业高管、监管领导、学者专家，人人都开始提“财富管理”，似乎不提一两句都跟不上时代的大潮流。此外，Fintech 一词也是互金当下热门，2016 年上半年宜信率先宣称自己为“金融科技”公司后，蚂蚁金服、京东金融、众安保险等几家巨头开始重新定义自己为“金融科技”公司，一时之间，多家 P2P 网贷平台也纷纷宣称自己转型为“金融科技”，这个词才渐渐被国人所知。

这种盛行趋势与当初的 P2P、众筹、互联网金融甚是相似，让人忍不住感叹：还是熟悉的配方，还是原来的味道。

那么这些感念在中国现阶段究竟有何种魔力以至于让众多 P2P 公司选择转型发展？

最直接的原因无非是缓解监管压力。中再融合伙人、副总裁侯君认为：“这一概念爆红有点旧瓶装新酒的意思，我们都知道，财富管理源于各商业银行与证券、保险、基金等机构合作推出的顾问式服务，从广义上说，所有的理财方式综合运用就是财富管理，而作为新金融的互联网理财平台只是财富管理的一个小小分支。从监管角度来说，宣传口径的变化并不能改变平台的性质，仍然要将其纳入规范体系。

当然，从行业纵向发展来说，互联网时代是信用经济时代，特别是对于金融行业来说，互联网金融的本质更是信任。在经历过前期部分虚假、过度宣传，P2P 行业可以说在信任度上一直处于比较尴尬的处境，这也是目前整个行业一直未有像其他行业一样出现 P2P 平台品牌企业的一部分原因。

从概念走向价值回归

“去年（2016年，编者注）很多投资机构最关注的是坏账率，而眼下，更多地会关注平台的综合竞争力，尤其是品牌、示范效应等软实力。不少投资人告诉我们，要抓紧进行品牌建设，抢占消费者内心空白点。”合众金融CEO陈龙说。

诚然，严峻的市场竞争环境以及潜在的诚信危机，使得互金行业亟须树立一个安全可信的品牌形象，对此很多互金平台都开始大力推广品牌，以期突出重围，占领互联网金融市场的高地。

从早期的跑马圈地，到2016年开始狂砸重金大举进攻主流电视广告，互金行业打响品牌的方式不断在变，也经历了传统的电视广告、分众广告、地铁广告等不同形式的推广，不可否认，这些广告形式都为P2P行业的推广贡献了力量，但相比高昂不可控的广告投入，品牌价值的实现似乎还是有点未达预期。那么，怎样做才能实现品牌价值的有效提升呢？

在“2017中国新金融远鉴峰会”上，与会专家提出，当前新金融行业既要坚持企业经营的合规发展，也要坚持金融从业者的“匠心”回归。历史上，金融行业的大发展，不仅依靠技术进步，更要依靠从业者的匠心。中国第一家票号——日升昌，曾经分号遍布全国30余个城市、商埠重镇，远及欧美、东南亚等国，其繁荣发展凭借的是响当当的品牌信用，凭借的是票号伙计们“先义后利，以义制利”的匠心坚持。

《中国品牌》杂志副社长张超表示，品牌重塑是推进新金融规范、健康发展的关键，也是解决新金融品牌迈向基业长青的重要途径。品牌重塑，在内涵上代表着一种通过再造或提升品牌资产的方式，使老品牌重新焕发活力的思路；它涉及一切由外而内（再品牌化）或由内而外（品牌激活）的重振品牌策略；并且，品牌重塑的实施贯穿于老品牌管理进程的每个层面，需要调动许多相关的品牌策略，如品牌定位、品牌创新战略、品牌延伸战略等与之相配合。

“新金融的细分领域，尤其互联网金融已经形成了劣币驱逐良币的现象，”合众金融CEO陈龙表示：“作为一个刚刚起步的机构，我们主要关注合规和匠心的统一吧，现在行业是大家相对比较浮躁一些，无论是追求数量，还是追求整个品牌的影响力，所以很多机构都是在超出自己的能力范围在做一些事情的，对我们合众的运营更多是以稳健经营为主。”

爱钱帮 CEO 王吉涛在接受采访时则表示，“2016 年众多平台都在深耕整个消费金融的领域，而大家都会在某一个细分的领域或者在自己比较擅长的场景内去深耕细作，以消费信贷为重点场景接入应用，实现自己的价值。2017 年在细分领域中，会有全新的行业格局形成，除了本身有流量场景和用户的平台外，还会有在某一领域做得比较深入透彻的平台脱颖而出。

第二节　新金融品牌塑造的原则

作为品牌内涵的延伸，新金融品牌的塑造既要遵循品牌的内在逻辑，同时也要符合新金融时代的特征和趋势。

从社科院金融研究所所长助理杨涛的观察来看，互金发展逐渐会从规模导向转化为功能与结构导向。“过去想象的是规模不断扩，资产、数量不断增长等等，都停留在这种思路上，未来，将渐渐步入到规范创新、精耕细作时代。在这样的转变时期，品牌塑造与持续发展，是互联网金融领域创业的核心关键。会不会利用互联网的媒体属性提高品牌价值，是打造金融核心竞争力的一个非常专业的问题。

“2017 中国新金融远鉴峰会”上，与会专家达成共识，认为新金融行业良性发展必须坚持“五个统一”，即合规发展与匠心回归的统一、个体发展与生态健康的统一、产品创新与稳定收益的统一、虚拟金融服务实体经济的统一、新金融与传统金融的统一。“金融科技支撑下的金融创新，逐渐会从规模导向转化为功能与结构导向，未来真正能实现新金融引导下金融创新、金融优化要向这种结构转化。”中国社科院金融研究所所长助理杨涛说，核心的驱动力包括技术 + 制度、制度 + 规则两个层面，一方面在金融效率的提升、金融风险的控制、金融生态的健全当中体现出新技术的驱动力，这是安身立命之本；另一方面，面对这些新金融变化，必须有效改变原有金融交易、金融市场、金融规则当中一些问题、短板，这是未来新金融健康发展的核心要素。

价值重塑分“四步”走

也有观点认为，一直以来在互金行业的各种营销大战就从未间断，却未诞生一家真正意义上的品牌互金企业，那么，赢得信任，哪些才是“出头”之举？

一、以“功能”为主的驱动力。

对此，杨涛表示，“新技术不断演变，使得这个时代新的金融已经不是过去大家脑海中想象的金融了，过去探讨金融的时候会想到很多的要素，包括现实当中银行、证券、保险、非银行金融机构等一系列的金融机构，包括债券、股票等各种各样的产品，也包括市场。那么现在新技术使得我们关注的点是什么，就是传统的金融要素它的边界变得模糊了，银行不再是简单的银行，比如说银行做的理财产品，某种意义上也是一种私募产品，保险做的万能险也是接近私募产品，更不用说有大量的非银行金融机构、影子银行做的其实也是类银行业务。因此大家可以看到要素的边界变得模糊，新金融更加关注金融的功能，也就是说不管你是什么样的金融要素，最终它都有可能实现同样的功能，同一种金融要素有可能跨了不同的金融功能。”

二、以“品牌”为主的市场再造。

张超表示，“重塑在内涵上代表一种通过再造和提升品牌资产的方式使老品牌重新焕发活力思维，涉及一切由外而内或者由内而外的重振品牌的策略，品牌重塑的实施也贯穿于老品牌管理进层的每一个层面，需要调动许多品牌定位在。在可预见的未来，中国的新金融行业还会有巨大发展，监管理念更加先进，客户体验会更加的好。”

三、用“定位”推进服务为本。

庾力表示，“民间的互联网金融，一定要认清形势，要对自己有一个清醒的定位，过去有一种盲目自大的观念，我当时就说要想颠覆传统的金融机构，新金融说捆绑起来四千多家的架构，如果想颠覆传统的金融机构那也是绝对不可能的，所以一定要认清自己的性质、地位，对自己要有一个清醒的定位。有了清醒的定位你就可以有危机感，不能胡来，因为你是很小的力量，不要觉得监管部门对我们是放纵的，我们钻了监管的空子就可以，监管部门人也是非常精明的，不是不监管，是时候不到，所以一定要有清醒的定位。”

四、用“匠心”留住客户。

陈龙表示，“2016 年我们布局了财富管理和私募基金的板块，对未来的市场也是非常有信心的，但不可忽视的一点也是经历了行业镇痛，无论老品牌还是作为新的品牌，都面临一个品牌重塑的过程。合众作为一个全新的品牌也算是机遇和挑战并存。机遇当然是如何在新的财富管理时代梳理一个有竞争力的平台和品牌；挑战而言主要是市场在变的，监管机构对市场也会适度提出一些新的要求，所以如何既能迎合市场的需求，又能满足监管的需求，这可能是我们重点要做的事情。”

总之，价值体系再造围绕信息展开，把信息变成最核心资产，是互联网金融的永恒主题。“夫物芸芸，各复归其根”，互联网时代改造传统金融要真正把握产业的核心驱动力，即增进人类的福祉，唯此互联网金融才能长久，唯此金融之树才能在平衡之间长生不息。

第三节　新金融品牌营销现状

在互联网金融领域，真正懂得什么是品牌营销的从业者可以说凤毛麟角。从业者品牌营销理念的落后，或许跟互联网金融行业从业者的背景有关。相当多的互金行业高管来自于传统金融机构，而在国内，金融是最不需要营销能力的行业之一。于是，大部分的平台只从经济学角度来考虑市场。

互联网金融在近几年的发展可以用风光无限来形容，平台用户动辄百万千万，成交金额动辄十亿百亿，然而真正在品牌塑造方面取得成功的平台却寥寥无几，作为互联网金融行业最早的参与者，我参与并见证了有利网、开鑫贷、银湖网和首金网等多家平台的建设，对此深有感触。那么，互联网金融平台的品牌营销面临哪些问题呢？

营销人才短缺

在互联网金融领域，真正懂得什么是品牌营销的从业者凤毛麟角。从业者品牌营销理念的落后，或许跟互联网金融行业从业者的背景有关。相当多的互联网金融行业高管来自于传统金融机构，而在国内，金融是最不需要营销能力的行业之一。于是，大部分的平台只从经济学角度来考虑市场渠道的投入产出比，而少有从品牌战略高度思考产品和营销策略，于是我们只能看到企业越来越承受不起的营销成本。

理财与借贷业务的宣传未能分离

大部分互联网金融平台经营理财和贷款业务，相当于银行的存贷业务。所以在进行品牌广告宣传时，平台经常像银行一样宣称自己是投融资平台，然而理财和借款的需求往往不是同时存在的，想理财的客户不一定需要贷款，想贷款的客户也不一定有钱理财。而理财用户的潜在数量也远远大于借款用户，所以可以说大部分平台花在广告渠道上的很多预算都打了水漂。而真正成功的平台，或者将存贷业务分离，或者区分不同渠道主打理财或融资的功能。

品差异化定位严重缺失

随着数千家互联网金融平台的涌现，不同平台的宣传策略越来越相似。提到理财，都是安全高收益，提到贷款，都是利息低放款快。这样同质化的品牌宣传，使得用户很难对平台留下印象。品牌基于产品而存在，品牌的差异化则是基于产品的差异化。当市场竞争惨烈之时，只有针对细分市场的差异化产品才能脱颖而出。比如诺亚财富旗下的财富派，在上线时叫做员工宝，专门与大型企业合作为企业员工提供理财服务，这种针对细分群体的定位使得员工宝在初期推广时只需要与合作企业达成合作便能覆盖大量客户，最终以极低的市场预算杀出红海。

推广渠道的同质化

数千家平台，获得风投平台数不胜数，由于资本的推动，烧钱换速度成为行业习惯，所以一旦某一渠道被证明了效果可靠，马上会引来众多平台竞相争夺，随着大家哄抬价格，效果渠道迅速丧失性价比，沦为鸡肋。比如2013年初时，有利网在百度等搜索引擎推广的CPC成本只有1元/IP，而到2013年底，行业平均成本已经到了2.5元/IP，此后更是飙升，天价点击价格让人瞠目结舌。要知道，营销效果脱颖而出的唯一方法就是创新。

盲目崇拜新媒体

很多平台在因为不懂营销而吃了败仗之后，痛定思痛，开始认为是自己不懂新媒体，便要在新媒体上做创新营销。恰逢一帮伪专家创造出来“微博营销】”“微信营销”“自媒体营销”等一大批新营销名词，把效果吹得神乎其神。结果一个月几十万的预算花出去后才发现毫无用处。天上哪会掉下馅饼来，其实营销的本质从来没有变化，即使媒体发生了变化，营销的策略也不会不同，运营一个卖萌的官方微博并不会为你带来几个客户。

大规模投放品牌广告

品牌广告只有在一个行业价格竞争、品类竞争、功能竞争、差异化竞争等完全失效的时候才应该投放，且只有行业领先企业才适合投放。所以大部分互联网金融行业的品牌广告投放毫无价值。

“羊毛党”猖獗 成行业顽疾

本来“羊毛党”只是参与平台活动而赚取奖品的一批用户，但由于回报非常可观，很多人做起了职业“羊毛党”，依靠大量虚假用户骗取平台奖励。“羊毛党”曾让互联网金融从业者闻风色变，甚至有P2P平台因为“羊毛党”薅羊毛而倒闭，其威力可见一斑。更让人心惊的是“羊毛党”被广告公司甚至平台员工利用而侵害平台利益。有一些平台，市场部门高管与广告公司勾结，虚假投放广告，然后发动羊毛党冲量，最后把广告预算装进自己的腰包。

互联网金融行业虽然面临众多问题，但是随着行业不断规范化，大浪淘沙之后，总会有人脱颖而出，而互联网金融品牌，也急需一场凤凰涅槃。营销不是目的，打造优秀的产品才是王道。产品是1，营销是加在1后面的0，营销可以为好产品锦上添花。

第四节　品牌价值与新金融竞争力

金融业的品牌建设正在发挥力量。经济学博士黄泽民表示，“创新+品牌”将是中国金融业的趋势和方向。

“对一个企业来说，品牌是它的声誉，品牌好的话，它的生意容易做，因为品牌也是一个无形的资产。”两会期间，全国政协委员、华东师范大学终身教授、经济学博士黄泽民接受了《中国品牌》杂志记者的采访。

《中国品牌》：互联网金融这几年发展得如火如荼，当然这个行业野蛮生长的乱象的症结逐渐爆发出来，跑路也好、非法融资也好，可以说互联网金融行业的品牌丢失了、丧失了。从您的专业研究领域考虑，您觉得规范这个行业发展应该是有哪些需要思考的地方？另外，您觉得品牌建设对于这个行业的规范、健康发展有哪些意义和作用。

黄泽民：无论是在现实当中的线下的金融，还是网上的金融活动，它的本身都是金融活动。金融活动就需要遵守法律，守法律、守制度，这个是必须要做到事情。

互联网金融开始的时候是一哄而上，叫“互联网+金融”，结果这当中没有进行规范也没有规则，开始的时候也没有监管，所以就出现了可以称为是互联网金融的乱象，骗子公司跑路好多老百姓的钱都被骗了。

目前，我们的监管主要是一行三会来负责，所以是分业监管，在出现了新的金融业态以后，大家都不愿意管，一行三会都很忙。我本来前几年就提过的建议，一行三会，人民银行作为央行它是可以一个机构成立的，其他的话，保监会、证监会、银监会三家就应该是作为同一个，建立一个“中国金融监督委员会”，这个是我一贯的观点。

所以你把它分开以后，你如果说是本来是一家的，所以出现互联网金融这些问题的时候，就是应该你监管，当然没有扯皮的情况。实际上后来互联网金融出现的这些乱象没有人去监管，我感觉到和我们的监管体制是有关系的。

至于品牌的问题，我是这样考虑的，对一个企业来说，品牌是它的声誉，品牌好的话，它的生意容易做，因为品牌也是一个无形的资产。比方说对我们来说，你这个在其他条件都相同的情况下，你是把钱存到大银行，比方说工商银行、中国银行，你还是愿意把钱存到小银行。那肯定的，我可能年纪比较大，比较稳健、保守，我肯定把钱存到工商银行去，而不是把钱存到小银行去。

所以我感觉，现在互联网金融这些新的金融来说，它也有品牌建设，我们现在可以看到，在互联网金融发展当中，绝大多数都会被淘汰的、已经被淘汰的或者是将来会被淘汰的。但是那些做得好的，本来它的出资方就是有品牌价值的，像这些公司它恐怕未来由于它的品牌也不错，所以它业务可能更容易开展。我想还是存在的。

像上海的陆金所，因为它后面的背景是平安，所以大家感觉它靠谱，当然不是它就不会出问题，只是我们一般相信它出问题的概率会少一些。还有我们讲的蚂蚁金服等，这些都是互联网金融企业，当然它们相对来说可能做得规范一点。大家对它的信任有一个很重要的原因，它背后的出资方很有品牌价值。所以你说的这个问题很对，互联网金融的企业作为一个新金融的方式，它们也应该是要守法经营、诚信经营，逐步在市场上树立起自己的品牌，它的品牌树立起来了，也更有利于它的经营。

《中国品牌》：所以我们觉得 2017 年，整个新金融行业需要重塑正能量的品牌。前两天全国政协委员、中国人民银行副行长潘功胜在接受记者采访时指出：互联网金融专项整治要考虑投资者的利益，您是怎么看待的呢？

黄泽民：这个是肯定的，我们说这个是平衡嘛，因为是经营活动嘛，经营者肯定是希望在经营活动当中获取利润的，对于投资者来说，他也希望在投资当中获得回报。各方利益实际上是要平衡的，否则的话这个游戏就玩不下去了。

其实不管是互联网金融还是传统金融，它的核心问题还是金融问题。互联网不过是一个工具。当然这个工具会使金融活动发生很多的变化。这个我们要看，金融活动当中使用互联网以后，使我们的金融活动非常便利，非常快捷。同时，风险也加大了，但总的来说，这个时代在发展，我们不能说是过去的。

我们也可以看到，传统的金融机构现在他们在互联网方面发展的速度也非常快，比如像说我们在五大行，也包括一些中小银行，他们现在互联网技术运营各方面现在也上来了，现在做得也不错。

总的来说，最后无论是传统的银行在使用互联网以后，使他们把互联网的技术更多地运用于金融活动当中，还是借助于互联网发展起来的新金融，最终他们会走向统一，这个当然这是需要很长期的。所以不管是传统的金融机构，还是新的金融业态，作为企业来说都应该要守法经营、诚信经营，建立起自己的品牌价值。

第十章

互联网金融：野蛮生长

野蛮生长用在互联网金融领域，可以说恰如其分。过去五年时间里，很少有像互金这一领域发展的这样迅猛。金融科技独角兽公司不断涌现，监管政策渐渐趋严，传统金融不断触网……这都代表着这一领域的潜力和价值。

第一节　互联网金融的坎坷发展路

自诞生以来，互联网金融业务模式不断丰富，交易规模持续扩大，用户数量持续攀升，产业布局加速扩张，竞争日趋激烈。受细分市场饱和、监管政策调整影响，互联网金融各细分业态进入不同发展阶段。

互联网金融是依托互联网技术和展业规则而兴起的金融服务业态。伴随互联网、移动通信、智能手机等技术的应用和普及，我国互联网金融行业在市场规模、用户数量、技术迭代等方面一直处于快速发展阶段，逐步形成了以互联网支付、网络借贷、股权众筹、互联网基金销售、互联网保险、互联网信托、互联网消费金融等为核心业务的互联网金融产业体系，在缓解传统金融体系信息不对称、降低交易成本、提高服务效率、拓展服务覆盖面等方面，发挥了积极作用。

逐渐回归理性

互联网金融市场的快速发展，一方面得益于庞大的市场需求，其中，既有由于传统金融体系中存在的金融抑制带来的未能有效满足的金融需求，也包括不断涌现的新兴、差异化金融需求。另一方面，我国互联网金融市场主体的创新能力和创新意识较强，在金融体系中发挥着“鲶鱼效应”，促进传统金融体系的效率提升，成为金融市场的有益补充。

自诞生以来，互联网金融业务模式不断丰富，交易规模持续扩大，用户数量持续攀升，产业布局加速扩张，竞争日趋激烈。受细分市场饱和、监管政策调整影响，互联网金融各细分业态进入不同发展阶段。

在互联网支付领域，获第三方网络支付业务牌照的机构有 100 余家，2016 年第三季度第三方支付机构处理网络支付业务 440.28 亿笔，金额 26.34 万亿元；在网络借贷领域，据银监会不完全统计，截至 2016 年 6 月底，全国正常运营的网贷机构数量为 2349 家，借贷余额 6212.61 亿元，同期累计问题平台 1778 家，约占全国机构总数的 43.1%；在众筹领域，据市场研究机构统计，截至 2016 年末，国内上线互联网众筹平台 608 家，正常运营平台 337 家，整体筹资规模估算在 220 亿元左右；在互联网保险领域，2016 年，共有 117 家保险机构开展互联网保险业务，签单保费 2347.97 亿元，新增互联网保单 61.65 亿件，占全部新增保单的 64.59%。

互金模式挑战空前

互联网金融在一定程度上克服了金融深化不足、金融抑制的制度弊端，成为传统金融服务体系的有益补充。与此同时，在经历数年爆发式增长后，互联网金融领域风险持续累积，风险传导效应趋显，行业出现的运营不规范、风控不到位等问题，导致互联网金融领域风险事件集中爆发，受到业界高度关注。

互联网金融的适应性监管框架有待进一步完善。传统金融业监管主体为“一行三会”及地方政府金融办，监管结构以垂直监管、分业监管为核心，而互联网金融混业化、多元化、跨地区发展特征明显，现有金融监管框架难以适应业务发展现状。同时，互联网金融业务带有鲜明的“技术驱动”特点，互联网技术快速远程处理能力，使资金流动速度更快、范围更广，传统的准入式、机构监管、属地管理模式无法实现对经营活动的持续性、动态化监测，提高了风险事件发生后的补救成本。

互联网金融对风险管理模式提出新的挑战。现代金融监管以风险管理为基础。一方面，互联网金融仍面临着流动性风险、信用风险、操作风险、市场风险等传统金融风险，但与传统金融体系相比，在风险来源、触发因素、表现形式、影响范围等方面有所不同。另一方面，互联网金融还存在传统金融领域不具备的信息、数据安全等风险，行业相关标准尚未健全，企业防护水平良莠不齐。建立符合互联网金融实际情况的差异化风险管理措施成为新的课题。此外，在开放的网络环境中，不同风险类别、细分市场之间风险转化和传导速度加快，对风险管理模式提出了更高的要求。

互联网金融成为新型违法犯罪活动频发领域。当前，涉互联网金融犯罪的类型和案件数量不断增长，既包括互联网金融产品或服务可能涉嫌的犯罪，如擅自发行股票、公司、企业债券，也包括利用互联网金融平台实施的犯罪。此外，部分利用互联网技术的远程化、虚拟化特征，假借“互联网金融创新”名义，通过社交、搜索等合法网络平台传播信息，进行非法集资、诈骗、传销等活动，隐蔽性强、涉及面广，多具有跨地区和跨境属性，极大扰乱了正常市场秩序，危害公众金融安全。在司法实践中，由于对互联网金融模式认识不一，对犯罪构成要件的理解不同，司法认定边界模糊，取证难度较大，给打击互联网金融犯罪造成一定难度。

互金持续发展需遵循规律

随着信息技术的不断发展，互联网金融概念的内涵和外延还将进一步丰富和完善。但无论如何演变，都需要遵循金融市场的基本规律，都应当回归金融的本质和原点，即服务于实体经济发展，服务于社会民生改善。告别了“野蛮式”生长阶段之后的互联网金融行业，应在监管部门和市场主体共同努力之下，进入良性、可持续发展的新征程。

完善基础性法律法规和监管框架，夯实互联网金融市场制度基础。一是构建互联网金融系统性法律框架，提升法律位阶，从宏观上为互联网金融的健康发展提供法律保障和制度依据。二是完善互联网金融基础性法律法规、相关司法解释，如涉互联网金融新型犯罪界定、消费者隐私保护、个人信息运用、安全认证手段等方面的法律规范。三是建立金融监管联动协调机制，鉴于互联网金融跨业、跨地区展业的特殊性和复杂性，宜考虑设立国家层面的互联网金融监管协调机构，纵向统筹“一行三会”和地方政府金融办，横向协调工商、公安、司法和电信等相关行业部门，形成互联网金融监管合力。

发挥监管与市场合力，推动互联网金融行业风险防控与整顿工作落到实处。一是严控行业“入口”与“出口”，优化行业门槛和准入条件，严格资质审查，防范动机不纯、风险管理能力不足的市场主体进入行业，有序建立市场退出机制，形成标准统一、常态化的市场退出措施，保持市场新陈代谢速度。二是加大违法违规行为惩处力度，建立长效化风险整治措施，提高违法违规成本，持续净化市场经营环境。三是鼓励互联网金融企业发挥技术优势，建立互联网金融风险监测与预警机制，合力打击假借“互联网金融”“金融创新”等名义，通过互联网平台传播不良信息，从事违法犯罪活动的行为。目前，微信公众平台已启动对涉互联网金融风险账号的集中整顿，对涉“二元期权”、贵金属交易、“互助计划”类公众号从严把控，视情况采取封禁、清理措施，切实保障公众资金安全。

以维护公众金融安全为重点，着力构建互联网金融消费者权益保护机制。一是健全互联网金融消费者权益保护法律法规，针对互联网金融服务特殊性，从法律层面对互联网金融活动中的主体权利义务关系、举证责任、信息数据保护等问题作出明确规定。二是成立专业的互联网金融消费者保护机构，处理相关投诉和纠纷，畅通维权渠道，建立有效的救济和争议处理机制，减少群体性事件发生。三是监管部门、行业协会、企业等市场主体共同努力，加大对互联网金融知识的普及和宣传力度，完善互联网金融领域的信息披露制度，使投资者和消费者明确理解产品的性质和风险，帮助和引导消费者熟悉交易流程，提高信息和资金安全意识，正确识别互联网金融风险。

（本文作者巴洁如系腾讯研究院高级研究员）

第二节　星星之火 有待燎原

2016 年对于 P2P 网贷行业而言，可以说是一个转折点。行业经历了平台跑路、停业等负面事件带来的阵痛，也让我们看到了监管条例和合规标准出台所带来的曙光，行业已经向野蛮生长的时代告别，向规范化和理性化迈进。

身处这个快速变革的科技时代，预言不仅需要勇气，更需要经得起推敲的理论或论证。现在唯一不变的就是一直在变，是时下非常流行的一句话，面对新变革、新技术或者新观念我们应当常怀敬畏之心。

心存敬畏之心，方能行有所止。互联网金融是我国深化金融改革、推进创新的新兴业态，并作为传统金融的有效补充，共同为中国经济发展发挥金融机构的支撑和服务作用。作为最早一批探索互联网金融，尤其网络借贷领域的从业者，我经历了该行业创新发展的各个阶段，如萌芽、野蛮、整治等，看到今天互联网金融业，尤其 P2P 的存续现状心中不乏悲凉。没有规矩，不成方圆，当初的野蛮生长，正是造就今天纷纷跑路的“因”。

2016 年对于 P2P 网贷行业而言，可以说是一个转折点。行业经历了平台跑路、停业等负面事件带来的阵痛，也让我们看到了监管条例和合规标准出台所带来的曙光，行业已经向野蛮生长的时代告别，向规范化和理性化迈进。

易纲曾直言，普惠金融是中国金融未来五年最大的风口。普惠金融不是做慈善，从英文直译过来其实应该是包容性金融（inclusive finance），中国今天的经济在向包容性增长转型，需要的恰恰就是这样一种金融，也就是所有人都能获得支持的金融。

无论互联网金融行业各家企业的外部形态如何，都改变不了 P2P 形态的媒介本质，即信息中介。目前来看，互联网金融的本质作用仍没有变，因为传统金融的操作模式和营销手段，或者金融的本质属性都没有发生变化。互联网的作用下，依靠第三方支付、社交网络、搜索引擎等新式工具，将传统的业务形式发生了变化。这正是互联网金融的特质，用所谓的互联网思维使得传统金融进行自我革命，使其更能发挥社会创新的潜在力量。这个过程通过云计算或者行为分析等创新性的算法工具积累的大数据，借助这些数据工具，大幅提高传统金融工作效率并节省业务成本，互联网聚集的流量和金融信息的流动性有机融合。

人类经济发展史是一部不断进行技术和制度创新以不断降低生产费用和交易费用，从而提高经济运行效率的历史。无论何时、何地，在市场经济中，我们都知道商品流通中随之而来的资金流动性需求永远存在，这也是金融或者金融介质的永久使命。我们正处于“互联网 +”的蓬勃发展时代，说起“互联网 +”，我认为：“互联网 +”并不是“互联网 + 各个传统行业”，不是简单的两者相加，而是利用现代化的信息通信技术以及互联网化方式，使得互联网与传统行业进行深度融合，创造新的经济发展机遇。

近几年，我国互联网金融机构为中小微企业发展开拓了新的融资渠道，也为百姓进行资产配置提供了新的平台，在提供消费、金融、融资服务上更专业、更有效、更灵活、更具针对性。未来，互联网 + 时代的金融，将通过创新与变革创造出新的市场需求。

做大“市场蛋糕”，拓展市场边界，挖掘新人群。互联网时代，在国家政策的指引之下，普惠金融、绿色金融必然是大势所趋，投资理财也将逐渐全民化，加之互联网金融信用信息共享平台的引进，必将促进互联网金融业的健康发展。正如当年欧洲人发现“新大陆”一样，对整个行业将产生更为深远和革命性的影响！

做互联网金融，光有坚定的信念还不够，残酷的现实时刻在提醒我们，行业正经历着一场深度的洗牌期。在经历了跑路、兑付危机、暴雷倒闭等事件后，让行业蒙上了一层灰色的面纱，也给社会造成了很不好的影响和恐慌，让大批的投资者伤透了心，网贷平台的获客成本越来越高，市场推广难度越来越大，平台的运营方日益艰难。互联网金融行业，是一个既生机勃勃前景无限又充满无数不确定性的行业。这些外部因素既有可能成就包括和信贷在内的众多创业企业，也有可能转瞬间变成巨大的挑战和致命的考验。

不久前，中国人民银行副行长潘功胜在慰问调研中国互联网金融协会时提出三大要求：一是继续配合和支持互联网金融风险专项整治工作，加强互联网金融监管长效机制研究并提出政策建议；二是抓紧研究建立全国互联网金融风险监测预警平台，不断提高互联网金融常态化监测和风险识别水平；三是积极参与互联网金融监管政策和规则的研究制定，准确把握监管动态方向和要求，加强行业自律规则和标准体系建设。中国互联网金融协会会长李东荣也作出表示，就整体情况而言，目前已经在健康的方向上发展。当然，这种完善不可能一蹴而就。随着整治一步步到位，相信互联网金融会越来越好，同时将通过差异化发展，满足不同层次的金融需求。

网贷平台出现的问题，能不能解决？如何解决？网贷形态的现实问题也正是从反面验证了这一点。用错误去寻找正确，用困境去找寻方法，没有比这更佳的途径了。套用“一个中心，两个基本点”提法，只有紧紧抓住“信息中介，解决资金流动性需求”这一根本点，围绕这个中心展开，服务好投融两端。

苹果手机的成功在于它不是一款简单的手机，而是一件融入了人文情怀和艺术灵感的“工艺品”。所以，新时代的金融产品设计也需要融入更多人文情怀，不再仅仅是赚钱的工具，而将成为生活的必需品与可供把玩的艺术品。同理，行业若想有未来，就必须重新审视现在出现的问题，有针对性地进行转变。从现有网贷平台反映出来的问题做提炼，重新定义金融产品，从根本上围绕“解决平台的流动性”着手，将互金形态放置于社会生产关系与商品流通体系中去解决现存的问题，利用各种现有的金融工具去服务平台的流动性要求。无论业务形态是资产抵押还是借贷需求的信用为出发点，如何增强平台债权需求的流动性是重点。

我相信，作为整个经济的基础设施，正如发电厂、自来水公司这样不为人们所见的基础设施在无形中改变了人类的生活一样，互联网 + 时代的金融也将用全新的方式，通过大数据 + 云计算改变金融的内核，从而全方位改变人们的生活。

（本文作者周歆明系和信贷 CEO，文章撰写于 2016 年）

第十一章

问题篇：新金融成长的烦恼

经历一个大浪淘沙的阶段，口碑好、风控强的互联网金融资产端，已经成为行业内普遍看好的趋势，这更给了我们对于行业未来的信心，甚至有人认为，互联网金融必将成为金融发展核心，并深入地介入到我们生活的方方面面。

其实，虽脱离了“野蛮”期，互联网金融仍面临不小的挑战，如何建立合规、安全的互联网金融业态？在2017中国新金融远鉴峰会上，与会专家用“合规路上，品牌建设需要提上议事日程”这样一句话，对未来互金资产端的发展做出表态。合规之前，品牌建设重点是传播，让更多人知道，但今后，在互联网金融品牌传播中，重点则是“信”。

第一节　互联网金融的教训

互联网金融的空气像凝固了一般，赴美上市的互金公司也面临着大跌的阴霾，坊间传闻针对互金的监管又要有新政出台了。

“监管”这个词汇，在互联网金融圈里一直有着复杂的纹理。对于突发的政策或者监管的一纸通知，通常会引起市场的负面连锁反应。其实，对于新金融行业而言，本来是好事，但由于新鲜事物监管不力，导致问题层出不穷，尤其是2017年下半年开始，互联网金融平台暴雷现象异常明显，截至2017年10月份，问题的平台已经达到3974家，其中光是2017年10月份，退出互金市场的平台就达到了54家，其中跑路的平台为9家，提现困难的平台为21家。

而如果我们不在此基础上进行反思总结、吸取一些有益教训，将会有越来越多的人陷入这些巨大的“坑”。

只是一个陷阱吗

新金融是一种高度依赖监管的金融实现方式。把目光拉回4年前，跑路、项目造假、非法融资、虚假担保等顽疾比比皆是。2015年12月爆发的“e租宝”事件就是这种“顽疾”的最佳注脚。

2014年上线的e租宝一亮相就很高调，各类广告在央视、安徽卫视、北京卫视等黄金阶段铺天盖地。但是，大部分互联网金融产品一般只承诺较高的收益率，投资者对投资标的基本一无所知。然而，e租宝从一开始就是一场“空手套白狼”的骗局，其所谓的融资租赁项目根本名不副实。

而且，其业务上也有诸多问题，融资租赁收益在8%左右。而e租宝平台的项目年化收益在13 %左右，加上平台的基础运营成本，钰诚租赁的债权转让成本应在15%以上。对比测算出的融资租赁业务收益和e租宝平台的运营成本以及给投资者的成本，平台收益难以覆盖成本。但e租宝依然保持凶猛增长态势。e租宝成交曾达到了创纪录的177亿元，夺得头把交椅。

其实，e租宝案例中被告人所实施的行为就是典型的庞氏骗局，其特征在于：首先，以“高回报、高分红”为幌子诱骗社会公众投资；其次，以“拉人头”计酬的方式不断发展客户；第三，用后加入客户的投资款来支付先加入客户的投资分红。

庞氏骗局最早源于一个名叫Charles Ponzi的投机商人，他在美国开设一家投资公司，为投资人保证了高达13%的月收益率，引来数万名投资人投资上千万美元。后经有关媒体质疑其资金来源后，资金链断裂，投资者的收益难以支付，其公司就此倒闭。这时人们才知道该公司并无相关业务，其仅仅只是将后期投资者的本金发给前期投资者作为“收益”而已。于是，此类骗局就从此被称为庞氏骗局。

美国证监会将庞氏骗局的核心定义为：利用新加入投资者的投资作为对现有投资者的回报。骗局组织者通常以号称无风险或低风险、并承诺高收益的项目吸引投资者，不断招揽新客户，其核心在于投资项目均为造假、惯于利用后入者的投资补偿承诺给前人的收益。

e租宝事件被载入了互联网金融史册，其根源主要是监管缺失，这是行业通病。

值得注意的是，e 租宝案爆发也推进了互金监管进程，开启史上最严的监管时代。目前互金交易的监管已经有了完整的机制，国内 2000 多家互金机构因政府的清理行动而关闭。

不懂金融惹的祸

美国著名报人普利策有句名言：“倘若一个国家是一条航行在大海上的船，新闻记者就是船头的瞭望者，他要在一望无际的海上观察一切，审视海上的不测风云和浅滩暗礁，及时发出警告。”这句话之于国家政府，又意味着什么？政府无疑是“船头的瞭望者”，如果指错航向，灾难不可避免。

很多人是在听了为泛亚站台的地方政府的话而买泛亚产品的。

“作为工作人员，在整个过程里面最大的感受就是，金融业务工作确实花费了我们大量的精力，我们花了很多的时间在上面。”有监管人员表示。

以泛亚为例，非法集资超 400 亿、涉及 22 万人的泛亚有色金属交易所，2010 年作为昆明市重点招商引资项目由政府批准设立。

2010 年 12 月 27 日，昆明市政府印发《昆明泛亚有色金属交易所交易市场监督管理暂行办法》，并成立由分管金融副市长任组长的监管委员会，对交易所进行监管。在 2011 年 4 月 21 日泛亚的“成立暨开市庆典”上，时任云南省委常委、昆明市委书记仇和敲响了开市第一锣。

这样在一些不明真相的投资者眼里，泛亚就不是一个简单的民间金融交易所，而是具有政府背景的甚至是政府主导设立的正规的交易所，乃至于到了 2015 年投资者已经出现提现困难，到处投诉泛亚的时候，包括云南省一行三局在内的金融监管当局还是多次以红头文件的形式确认了泛亚的合法合规性，还在给泛亚做信用背书，让投资者不要恐慌，不要挤兑。

然而，在昆明获得成功以后，同样的模式，泛亚却在辽宁却被喊停了。沈阳市金融办相关负责人表示，辽宁泛亚金属交易有限公司的这项投资不属于审批项目范畴内，其经营行为涉嫌非法集资，金融办会同服务业委员会对其进行调查。2014 年 9 月，辽宁泛亚该项业务被喊停，同时发布公告通知客户，清退处理交易资金。

“由于地方党政领导班子中懂金融和资本运作的专业人才偏少，当各种各样的金融风险出现时，不少干部就手足无措，不能把握市场的走向，从而也不可能正确地参与市场、管理市场和科学地驾驭市场。”一位专家说。

多位专业人士还认为，地方政府对于金融资源的无序竞争误判，是滋生泛亚事件背后的恶性土壤。前世界银行金融专家王君表示，“泛亚模式从技术上和专业性并不难被察觉到风险，但地方政府、金融办没有动力去防范，既然地方政府审批设立，不但不提示风险，反而让大家来支持，地方政府逃脱不了干系。”

而在重庆，近年来非法集资立案数、涉案金额持续下降，此前曾长期任重庆市市长的黄奇帆有“金融市长”之称。他曾表示，不懂金融运作的管理者领导地方发展经济，尽管身后有各种高参，但这都不能替代管理者个人的职业判断。

此外，当前国内分层、分业、主体导向的金融监管体制，被泛亚事件一举击穿，监管的真空地带也被充分暴露。克隆“泛亚模式”直接称融资平台的，还有厦商所、江西省煤炭交易中心等。遍布全国各地数以万计的投资者陷入“骗局”的恐慌中，也将金融监管的漏洞推至台前。

事实上，从这之后，一行三会就加大了监管的力度，截至 2017 年 10 月底，P2P 网贷行业正常运营平台数量下降至 1975 家。并且，“超级育儿师”央妈在此后的中国金融稳定报告中为银监会谱写了“育儿经”：首先，要求 P2P 和众筹融资要坚持平台功能，不得变相搞资金池，不得以互联网金融名义进行非法吸收存款、非法集资、非法从事证券业务等非法金融活动。

互联网金融容易出“变种”

该来的终于来了，亡羊补牢不算太晚。然而，互联网金融容易“变种”监管套利，换个小贷公司、科技公司、投资公司的“马甲”继续玩，使得监管容易出现漏洞，按下葫芦浮起了瓢。

北银消费金融公司被罚，成为 2017 年新一轮的关注焦点。

与草根 P2P 平台相比，含着金汤匙出生的北银消费金融公司（北银消费）有着严谨的风控，不用太费劲就能找到相对优质的项目，他们更容易被投资者所信任，也正因此，从出生起就被寄予厚望。

然而，2017 年 9 月 1 日，北京银监局发布公告称，因贷款和同业业务等违规行为，对北银消费实施 900 万元的处罚，同时对该公司两名高管分别实施 12 年银行禁业和取消 10 年高管任职资格及 2 年禁业的处罚。

这并不是北银消费第一次被罚。2016 年 6 月 30 日，北银消费曾因违规发放贷款等问题被北京银监局罚款 150 万，引起行业哗然。此次被罚又被曝出其在贷前审核、贷后管理、绕开上线管理、合作方管理上都存在着风控漏洞。

作为中国第一家消费金融公司、曾经的国内最大的消费金融公司，北银消费出身显赫：2010 年 3 月 1 日，北京市市长郭金龙亲自为北银消费金融有限公司揭牌；2014 年 9 月 25 日，在国务院总理李克强和西班牙首相拉霍伊的见证下，北银消费公司与全球知名的桑坦德消费金融公司签署深度战略合作协议。在此之前，桑坦德消费金融公司出资 3 亿元战略入股北银消费。此后，北银消费发行了国内首支消费金融公司资产证券化产品。

那么，到底发生了什么，让北银消费遭受北京银监局如此重罚？

事实上，从 2015 年开始，社会上针对北银消费的投诉和举报越来越多，最终引发银监部门介入。

根据网络公开信息，许多受害者声称，他们在不知情或者被欺骗的情况下，被中介公司从北银消费申请了消费贷款，也就是“拉人头”贷款，此后被北银消费追债，乃至央行征信被影响。有媒体也曾报道：北银消费与一些中介公司合作拓展客户，部分合作公司借此从北银消费违规套取资金，贷款客户并非实际资金使用人，资金用途和去向不透明。

除此之外，北银消费金融很可能涉及：发放不符合条件的个人贷款；将贷款调查的全部事项委托第三方完成；超越或变相超越贷款权限审批贷款；授意借款人虚构情节获得贷款；对借款人违背借款合同约定的行为应发现而未发现，或虽发现但未采取有效措施等。

值得注意的是，北银消费 2016 年巨亏 13 亿元以上，投资该公司的除北京银行外，万达集团、联想控股等知名企业均受其拖累，被套其中。

北银消费事件发生到现在，怎样违规放贷早已不是最大的看点，追究“骗贷门”的根源是当务之急。

“这件事情是前无古人，但一定是后有来者。”多位业内人士认为要从根本上杜绝此类事件再次发生需要更大力度的监管，“处罚要直接动其根本，直至让其关门歇业。”

但也需要指出，金融市场本身只是一个经济市场崛起过程的内生变量，其他很多因素对它的崛起都起到了更决定性的作用，比如有效和公正的监督和法律系统。

不管如何，互金平台在接下来注定是步步维艰，互联网金融的规范化理性化仍任重道远。希望我们能够牢牢记取这些事件带来的教训。如今，是到了大洗牌的时刻了。

第二节　规范发展 净化“灰生态”

行业底层诸如裸贷、老赖、骗贷、羊毛党、高利贷、恶意套现、暴力催收、征信黑市等种种“灰生态”，正自下而上腐蚀着互金行业、酝酿新的风险。这提醒我们，下半场的互联网金融风险专项整治，急需一场底层“灰生态”的净化行动。

2016年一场自上而下的“风险专项整治”过后，互联网金融行业监管加强，风险得到化解，顶层建设走向合规化，“拔烂树，治病树，保护森林”的成果斐然。但行业底层诸如裸贷、老赖、骗贷、羊毛党、高利贷、恶意套现、暴力催收、征信黑市等种种“灰生态”，正自下而上腐蚀着互联网金融行业、酝酿新的风险。这提醒我们，下半场的互联网金融风险专项整治，急需一场底层“灰生态”的净化行动。

为期一年的互联网金融风险专项整治，在2017年3月底前结束。这场自上而下旨在规范互联网金融发展的“监管风暴”和“合规行动”，一方面带来了互联网金融行业的一场“大洗牌”，P2P网贷、股权众筹、互联网保险领域的违规存在被重点进行了集中整治和清理；另一方面也让互联网金融企业走向合规经营，资质、牌照、资金存管、内控等成为新的经营约束。

但顶层建设走向规范之后，互联网金融行业的“底层”生态却并不乐观，行业里滋生的诸如裸贷、老赖、骗贷、羊毛党、高利贷、恶意套现、暴力催收、征信黑市等行业乱象还在持续发酵，且从下向上腐蚀着互联网金融行业，构成“风险专项整治”下半场新的风险因素。

这些风险因素主要来自于两个层面，一是存在于互联网金融企业内的一小部分违法违规、肆无忌惮的“基层从业者”；另一个是互联网金融领域寄生的见缝插针又贪婪成性的“黑灰产者”，他们共同构成了互联网金融底层“灰生态”的制造者。

业内人士感慨，“裸贷、高利贷等底层灰色生态，几乎与‘P2P 跑路’造成的行业负面影响相当。”在经历了 2016 年史上最强的“监管风暴”之后，行业品牌重塑的路径仍然不甚明晰，相比不规范的互联网金融业态，底层“灰生态”对行业的负面影响有过之而无不及，2017 年互联网金融行业的规范发展与品牌重塑，急需一场自下而上的“生态净化”行动。

“双面”互金

2016 年是互联网金融规范发展的一年，也是 P2P 网贷、消费金融、股权众筹、互联网保险、民营银行、金融科技等全面开花的一年。这一年里，互联网金融让大量沉淀着的社会资金流动了起来，让居民储蓄变身社会投资加入到“金钱永不眠”的财富创造过程中，而在实现金融普惠、支持实体经济方面，互联网金融也改变了传统金融对中小微企业和居民信贷服务不足的问题，打通了金融的“毛细血管”。

报告显示，截至 2016 年底，中国互联网金融市场规模已达到 12 万亿元—15 万亿元，占 GDP 的近 20%，互联网金融用户数量超过 5 亿，成为世界第一，2016 年全年仅网贷行业成交量就超过了 2 万亿元。

事实证明，相比传统金融，互联网金融对中小微企业和居民信贷的渗透性更强，它所能撬动的财富管理规模潜力巨大。以前，人们从银行获得贷款周期长、手续繁琐，一般还需要抵押，贷款满足率普遍较低，而如今，只要你信用良好，就可以很方便快捷的通过互联网金融平台获得网络贷款，用于线上购物、投资创业，包括贷款买车、买房也不难，人们最快甚至可以在十几分钟内贷到款，互联网金融极大地释放了居民消费力和创业创新活力，市场的信贷需求得到极大满足，这些都是互联网金融打通“毛细血管”，给人们生活和创业带来的实实在在的好处。

但同样在2016年，人们惊讶地发现互联网金融在打通金融“毛细血管”的同时，也一并打开了人性的“潘多拉魔盒”。

首先是各种P2P网贷公司跑路、兑付危机和股权众筹骗局等接踵而至，一大批超越市场规则边界、打着P2P幌子的伪网贷平台现出原形，很多投资人利益受到不同程度的损失，人们谈P2P色变。

也正是在这一背景下，2016年国务院政府工作报告定调要规范互联网金融发展，加强互联网金融行业顶层建设的监管，央行牵头、多部委出台《互联网金融风险专项整治工作实施方案》，在全国范围内启动有关互联网金融领域的风险专项整治。

互联网金融行业内规范经营的企业，则开始呼唤“金融匠心”的回归，一大批P2P网贷、股权众筹平台开始从“拼收益，抢资金”的浮躁中沉下心来做事，加强自身的风控、资金管理以及行业自律。可喜的是，截至目前，互联网金融生态的保护在监管风暴和行业自律共同作用下，行业违规发展的势头得到有效遏制，又重新回归健康有序发展的轨道。

不过，互联网金融打开的“潘多拉魔盒”，除了染指互联网金融行业顶层建设之外，更开始在互联网金融的底层生态中蔓延，包括很多合规的平台都出现有组织的违规放贷、暴力催收、征信黑市等现象，甚至有违规放贷者一度将黑手伸向了大学校园中涉世未深的女大学生，而在借贷群体中则出现了大面积的恶意套现、骗贷、老赖等现象，严重干扰了互联网金融行业市场秩序，一系列“灰生态”正逐渐成为下半场互联网金融风险专项整治亟待铲除的“毒瘤”。

凶险的“暗流”

业内人士看来，互联网金融底层的“灰生态”中的利益关系盘根错节，甚至已经形成分工明确的产业链，其间暴力、情色交织，各色人等出没其中，十分凶险。

2016年下半年，给互联网金融行业带来负面影响首当其冲的就是“裸贷”，其负面影响仅次于P2P跑路，与被重点打击和清理的非法P2P网贷平台不同，一些涉嫌“裸贷”的平台还是在被规范和保护的P2P平台之列，其总体上是合规的，不存在非法集资、跑路、兑付危机等问题，只不过在底下具体经营过程中出现了大面积的违规放贷现象。

以借贷宝为例，这是一家由国内顶级私募机构九鼎控股打造的从事熟人借贷的P2P网贷平台，并不在被重点打击和清理的非法P2P网贷平台之列，然而正是这样一家合法经营的网贷平台曝出了令人震惊的“裸条放贷”事件，数量达到“10G”的裸条很难说只是局部现象，大面积的违规放贷出现在大学校园中，甚至是高利贷，最后还被媒体曝出违规放贷者安排女大学生“肉偿”。虽然此后借贷宝公司组织“深蓝护卫队”打击借贷过程中违规行为，但大面积的违规放贷行为，已经严重危害了网络借贷行业的形象和校园贷生态。

实际上，除了底层“放贷端”的灰生态问题突出以外，在互联网金融的贷款端，“骗贷”“套现”“老赖”，特别是“职业老赖”等问题同样令互联网金融从业者感到头疼。据统计，全国P2P网贷、消费金融领域的老赖人群已将近百万，这其中很多人还是在多个平台进行借贷。而骗贷、套现的链条已经产业化，骗贷者获取一套虚假资料，只需2000元，却能骗贷20多万，钱一到手，人就消失，成为永久“坏账”，骗贷者还组建自己的QQ群，要入群者交纳学员费，定期开收费视频课程帮助学员骗贷。

“灰生态”之殇

与互联网金融企业顶层建设不合规由上而下造成的行业之殇不同，“灰生态”则是从底层向上腐蚀着互联网金融。

业内人士称，“灰生态”对互联网金融的腐蚀向上发酵，带给行业的负面影响是巨大的：一是频发的“裸贷”等现象等让互联网金融行业形象大受打击，社会沉淀资金因顾忌投资风险不敢再投入给互联网金融平台；二是高利贷、暴力催收等互联网金融的底层违规存在，让有借贷需求的人因惧怕“惹上麻烦”而不敢轻易尝试借贷；三是“老赖”“征信黑市”等大行其道，更让互联网金融平台不敢放贷，这在很大程度上影响了网络借贷的信贷效率。

这些互联网金融行业底层的“灰生态”，一开始造成的可能只是金融“毛细血管”的局部梗阻和疽坏，如果处理不及时就会溃烂、恶化成为极具危害的“毒瘤”，如果这个“毒瘤”得不到重视、不被铲除，它最终就会向上“发酵”腐蚀并危及整个互联网金融生态的运行。

而这也意味着，互联网金融打通的“毛细血管”，因为“灰生态”的存在而又重新选择了封闭，并进一步阻挡了普惠金融和金融支持实体经济发展的步伐。

同时，“灰生态”蔓延更为引人担忧的是，行业人士预计，继占领城市白领和校园市场之后，在 2017 年，包括 P2P 网贷、股权众筹、消费金融等在内的互联网金融行业将会进一步进行渠道下沉，将市场深入到金融服务尚不发达的广大农村地区，这意味着“灰生态”又有了新的继续滋长的土壤。

农村金融存在两大问题，一是长期的信贷饥渴的问题，二是民间借贷效率低下、资金利用率不高的问题。资料显示，从上世纪末以来，商业银行急剧收缩农村网点，使得农村金融发展严重滞后，造成农村经济“失血”“贫血”，农村一直存在金融“饥渴”的问题。

互联网金融“下乡”，的确可以帮助提升农村信贷水平，在一定程度上缓解农村信贷饥渴的问题。日前公布的中央一号文件对农村金融着墨颇多，中央农村工作领导小组副组长、办公室主任唐仁健称，文件“在农村金融方面有大篇幅的规定，写得也是最长最多的。”

不过，在金融知识匮乏、信用基础薄弱的广大农村地区发展互联网金融，有必要做好相关预防工作，持续打击违规放贷、放高利贷、暴力催收和征信黑市等行为，严防这些互联网金融行业的“灰生态”趁机向农村蔓延。

评论：

法律不容缺席

目前，针对互联网金融出现的“灰生态”问题，法律介入程度并不高，包括“裸贷”等问题在一定程度上存在被冷处理的现象，相关放贷责任人并未被依法追究责任，这一定程度上与互联网金融相关立法迟滞、无法可依有关。

在2016年4月19日的网信办工作会议上，习近平总书记在讲话中对互联网金融行业做出指示，明确要加快立法进程，完善依法监管措施。

习近平指出，“要加快网络立法进程，完善依法监管措施，化解网络风险。”前段时间发生的e租宝、中晋系案件，打着‘网络金融’旗号非法集资，给有关群众带来严重财产损失，社会影响十分恶劣。现在，网络诈骗案件越来越多，作案手段花样翻新，技术含量越来越高。这也提醒我们，在发展新技术新业务时，必须警惕风险蔓延。”

的确，互联网金融的生态净化之路，法律应扮演至关重要的角色，对于社会反映强烈的“裸贷”“老赖”“高利贷”“暴力催收”“征信黑市”等问题，应加大法律支持的力度，要以一批典型案件的审理对互联网金融“灰生态”背后活跃着的不法分子进行震慑。

譬如，2017年1月19日，甘肃定西警方就抓获了一名“裸条”放贷者，并以敲诈勒索罪对犯罪嫌疑人杨某刑事拘留，这是媒体公开报道的全国首例“裸条”放贷人被刑拘案件。这一案件产生了非常强烈和积极的社会影响，很多人拍手称快，它表明了法律不会纵容“裸条”放贷人及其背后利益集团的态度。相关部门也应该以此为契机，严惩“裸条”放贷的始作俑者，并深挖背后“肉偿”利益链相关责任人，唯有如此，才能彻底让互联网金融“灰生态”没有生存的土壤。

总体上，中国互联网金融行业正在逐步向“规范、有序、健康、可持续”的方向发展，底层“灰生态”的影响也依然在局部、可控的范围内发生，但这不能成为我们可以掉以轻心理由，灰生态也不能因其处在法律可管可不管的边缘地带而成为法外之地，一个健康的、蓬勃发展的互联网金融生态离不开新金融相关法律法规的保驾护航。

（本文作者杜明皓系《中国品牌杂志》专栏作家，《无公关不品牌》作者）

第三节 互联网金融风暴：中场不休息

以高压威慑为行动指南的“治标”之后，以“发展”为目标的“治本”措施将有望出台。到那时，虽然不会像现在有大批公司遭淘汰的现象，但却是考验整个互金生态圈健康与否的关键

当一个行业发展到一定阶段，“不以规矩难成方圆”、“不统则乱”。而行业监管作为发展过程中必不可少的“利器”，其作用不再仅仅停留在规范管理的层次上，而成为能帮助行业步入发展期“正轨”的强有力手段。

据初步统计，自2016年年底至2017年1月底，有上千家问题平台（不含转型平台）被清理。可以说，刚刚过去的2个多月，“互金专项整治活动”将互联网金融业带入了一个新的规范发展高潮期。

如果用一场足球赛事打比方，“专项整治活动”经过上半场的较量，大局逐渐明朗，我们已经可以进行一次“中场”观察。

“治标活动”继续威慑

自2016年4月国务院组织17个部委在全国范围启动整治工作以来，前期的摸底排查工作已于2016年四季度基本完成。总结上半场工作，监管条线基本厘清、规则框架基本成行、协调机制基本建立，不但有效排查了风险，还对互联网金融机构起到了警示作用，遏制了风险的进一步恶化。

2017年1月23日，中国人民银行党委委员、副行长，互联网金融风险专项整治工作领导小组组长潘功胜指出，互联网金融是在传统金融的基础上叠加互联网元素，一直处于野蛮生长阶段，监管则处于“鼓励创新”和“防范风险”的尴尬之间。此番则意在重塑互联网金融监管理念，强调互联

网金融回归金融属性。数据也显示，该行业正在进入一个良性淘汰阶段。网贷之家数据显示，截至2016年底，运营中的网贷平台共2448家，比上年末减少987家，即一年内消亡了近1/3。即便如此，上半场工作中仍难免有未竟之题。

据了解，银行存管被规定为互金平台合规的硬指标，然而，距离2017年8月前互金平台完成合规整改的时限不到6个月，正常运营的互金平台中有银行存管的平台占比仅为10.3%。

某城商行电子银行部高管分析："银行开展互金平台存管业务有一定风险，这其中主要是声誉风险，这并不是一家分行或者业务条线就可以承担的风险。站在银行传统思维来看，银行不会轻易做互金平台存管。做此项业务可能都有更多考量。"

此外，值得注意的还有，上半场的排查范围非常有限。调查小组主要参照两个指标：一是各地互联网金融行业协会的会员名单；二是在网贷之家、网贷天眼等第三方研究机构上留存过数据。

由此，金交所、征信公司、数据公司以及一些完全依靠线下推广和私募来从事借贷业务的机构，尤其是打着互联网金融旗号还没有在监管层视线之内的一些机构，被漏掉了。

"原以为会有调查小组，但这次整改没有囊括征信和数据行业。"中诚信征信一位高管说。我国的信息黑产已野蛮生长数年，严重威胁公众隐私、财产安全。而且，调查小组中，律师事务所和会计师事务所成为主力，会对每家被检机构出具报告，评判其为合规类、整改类或取缔类。但这些第三方机构的来历、资质和对其的监管手段也都有疑问。

即将向"治本"转变

"已经过了集中爆发期，风险缓释。"一位参与近期互联网金融风险整治工作的人士说，整治工作已进入"下半场"。陆续出台的以国务院办公厅《互联网金融风险专项整治工作实施方案》为轴心的配套文件，掀开了下半场的序幕。"下半场任务更重，要定规矩、定体系。互金机构要找准生存法则，监管层则需研究和建立长效机制。"前述参与整治工作的人士说。

2017年1月10日的全国银行业监督管理工作会议上，银监会明确提出继续严治互金风险，推进P2P网贷风险专项整治，加快分类处置和清理规范。

据悉，下半场互联网金融整治工作的重点，将落在总结汇报、规则常态化和“穿透式”监管三大重点上。

“穿透式”监管是一种新的提法，目前的监管难免出现一些监管不到位或者有断层和缺层的情况，如部分互联网金融行为打政策“擦边球”，改头换面后，使得监管难以将这种行为囊括。

“穿透式”的监管原则，从行为本质角度出发来定义监管的主体和要求，同时将整个金融业务流程的各个环节，从资金端到资产端完全穿透、连接起来，甄别业务性质，根据业务功能和法律属性明确监管规则，可以有效减少监管的真空地带，从而帮助风险的暴露和防治，实现金融风险监管全覆盖。

不过，诸多参与整治工作的受访者均坦言，眼下金融风险错综复杂，一些新风险超出了监管层预期。“业态变来变去。”前述参与工作的人士表示，金融网络化、社交化、场景化，让监管层难觅抓手。

值得一提的是，继2017年2月13日，广东省人民政府金融工作办公室（广东省金融办）在征求各地各有关部门意见的基础上，研究起草了《广东省网络借贷信息中介机构业务活动管理暂行办法实施细则》向社会公开征求意见后，次日，广东省金融办再次公开征求对《广东省网络借贷信息中介机构备案登记管理实施细则》的意见。

“广东省无论从平台数量，还是成交规模，都是全国范围内最大的。其业务发展在全国走在了前列，自律监管工作也没有落下，也是动作最快的。”对此，广州互联网金融协会会长、广州e贷总裁方颂表示。广东省监管和备案细则的出台，无论是时间还是细化标准都走在全国前列，再次凸显广东省金融监管工作的前瞻性和严格程度，也为其他地区的监管、备案细则工作提供了有效借鉴渠道。

“存量平台绝不可再心存侥幸，真是时日无多了！从2017年2月14日开始计算，合规只有75天的倒计时！这可比高考还紧张啊。”对此，新联在线 COO 陈智诚直言。

2017 年 2 月 15 日，另有接近监管层的权威人士表示，总体要求是网贷行业整治后不能发生备案后平台还跑路的现象，这个是监管底线。可见，从另外一个角度来讲，备案也是一块“硬骨头”，平台要有勇气“啃”下来。

维权路不尽如人意

野蛮生长得到一定的抑制，无论是银行存管还是借款限额，都对 P2P 网贷平台有了一定的约束，不合规的网贷平台在未来的时间将被清出场。这对投资人来说是一种好现象，但一个值得留意的现象是，目前并没有一个明确针对退出平台的跟踪调查机制。投资之前战战兢兢，出了问题只有寻求维权，成为另一种众生相。

一份行业的不完全统计数据显示，截至 2016 年年中，累计有 72 家网贷问题平台被立案调查，但有判决结果的不多。相比全国数以千计的互金平台大军和逾千家跑路平台，追回资金显然不是那么容易的事。

一个值得玩味的例子是，去年（2016 年）宣布退出互联网金融自由贷的平台老板虽然没跑路，但到现在都还在催收。知情人介绍，整整一年半，平台都在跟逾期借款人和相关担保公司打官司，投资人的回款依旧是遥遥无期。

据了解，投资者维权成功案例较为鲜见，回款率仅为两成左右，也就是说八成问题平台投资者血本无归，而从已立案的 P2P 平台看，能取回的本金仅为投资金额的 40% 以内。

短融网总经理杨夏耘认为，尽管监管落地，合规的平台越来越多，但并不能保证平台跑路等恶性事件不再发生，实际监管过程中，仍面临诸多挑战，因此做好投资者教育很关键。

监管和自律是互金的本质

其实从 2017 年以来，监管层的态度相较以往更加明确。时任中国人民银行行长周小川曾与 IMF 总裁拉加德对话时提到：“我们鼓励互联网公司发展，但当它们开展金融业务时，在当前的情况下，它们需要遵守现有规则。”国际货币基金组织（IMF）副总裁张涛此前对于该领域暴露的诸多问题则表示：“需要把包括互联网金融在内的所有金融业务纳入全方位的金融监管框架，不忽视监管空白，不留下监管死角”。中国互联网金融协会会长李东荣对互联网金融监管明确发声。

在互联网金融全面纳入监管的背景下，也有部分从业者对前景表示悲观，提出疑问：最强合规出台会是互联网金融由盛转衰的分水岭吗？答案显然是否定的。

一方面，监管组合拳有助于互联网金融可持续健康发展。经过监管规范和市场检验后，企业优胜劣汰必然出现，顺势发展却难以为继的情况也可能出现，但“没有不付出代价就能摘桃子的”。市场预期和良性资源资金等将向规范经营的优质互联网金融项目倾斜，真正实现良币驱逐劣币。而互联网金融也将更好填补传统金融服务盲区，做到齐头并进。

另一方面，监管合规将促行业大洗牌，安全压倒一切。有如互金平台利率持续下滑，回归理性。业内人士表示，“如果严格按照新规执行，原来已经受到重创的互金行业或将再次出现大批平台转型或出局的现象，97%的比例也许并不夸张。”又如随着舆论导向防范校园贷风险，多地校园贷监管政策密集出台，校园贷市场迎来转折点，终结、转型、坚守，生存形态不一。还如当前互联网股权融资市场出现以“众筹”名义误导投资者、涉嫌公开或变相公开发行证券等问题，存在风险。但从合规落地执行开始，震慑和洗牌并行，互联网金融行业发展环境将进一步优化。

回到自身，监管与自律相结合是互联网金融行业市场各方都应铭记的准则。互联网金融创新不是打监管擦边球套利甚至欺诈误导投资者，互联网金融需要不断沉淀、创新，完成深度蜕变。

目前，新的监管要运用新的技术进行监管已经形成共识，这将导致监管模式的改变。

对监管体制来说，重要的启示就是，在有一些举措刚出现或者发展初期并不清楚地知道它的风险、意义的情况下，应该有一定的包容性。互联网金融大规模发展已经几年了，直到现在，监管才出台了一个专项整治办法。应该讲，这几年对互联网金融在监管上的包容其实是促进它发展的一个最重要的制度环境。

互联网金融的发展或者说将来推进数字普惠金融的发展监管上，一方面，一些基本的原则不能放弃，比如投资者适当性原则；另一方面，监管体制也会随着互联网金融的发展需要有相应的改变。

整治不是为了打压，而是要落实监管，敦促行业回归本质属性和发展正轨。在这一过程中，互联网金融的发展态势将由早期的粗放式转向精细化。而基于资源和技术优势，优胜劣汰的竞争格局将显现，金融科技或成行业发展新的风向标。专家指出，“金融和科技是相互促进和支撑发展的关系，金融科技将成为传统金融业的突破口，也将为新一轮产业革命提供新的动能。”

第四节　现金贷“滑铁卢”之后

距离2017年4月10日“现金贷”首次被银监会点名已经过去良久，这段时间里，一些平台直接砍掉了现金贷业务，一些消费金融企业尽管经过长时间筹备，耗费大量财力物力，准备推出现金贷产品，现在也紧急暂停。从2016年岁末开始，被视为互联网金融领域下一个投资风口的现金贷，遭遇了严厉监管的“滑铁卢”之后，将何去何从？

异常火爆的现金贷

简单来说，现金贷就是小额现金贷款业务，一般指7–30天，1000元以下的个人短期信用贷款，具有借款方便快捷，时间短，范围广，借款人年纪轻等特点。一位现金贷资深从业人士表示，过去常由“寄卖行”来满足这种应急现金借贷的需求，比如民工抵押手机获得一两千现金，事后再加钱赎回手机。而现金贷APP无抵押和线下获客，相比传统业态，效率已大大提高。在国外，现金贷因为在发薪水的日子还贷，所以也被称为“发薪贷”，也多以年轻化消费群体为主。

随着移动支付的大面积覆盖与普及，借贷类项目在2013年开始了爆发式野蛮增长，随借随还类、短期、超短期现金贷开始在中国发力。查阅公开资料不难发现，从最上游的投资机构来看，现金贷是2014到2015年间金融赛道的VC热门投资主题之一。据智投云的统计数据显示，借贷类的投融资事件在2015年达到了顶峰。

另一方面，上述人士透露，由于2016年底网贷监管规则出台，许多P2P平台无法绕过企业借款200万元的限制，因此绕道拓展现金贷业务。

2016年2月，“现金卡”完成数千万元A轮融资；3月，用钱宝拿到C轮4.66亿元融资；4月，明特量化完成1亿元B轮融资。现金贷成了业内公认的科技金融（FINTECH）的新“风口”。短短三个月内，资本急速向这个细分的信贷市场涌入，融资金额则像“滚雪球”似的越来越大，创新工场、华创、晨兴等多家一线风投机构的身影都出现其中。

现金贷为何如此火？由于征信不完善等原因，真正能享受信贷服务的仅占中国人口的15%，除去工薪阶层之外，学生、农民、蓝领这几类长期无法获得传统金融机构信用服务的“零征信”人群，对贷款的缺口相当巨大。

而“现金贷”恰好能缓解燃眉之急，它的特点就是小额、短期、无抵押、不用说明资金用途、快速到账、灵活的借款与还款方式等。这些特点恰到好处地满足“短时间解决小额现金周转问题”的要求。

好景不长，现金贷很快被监管层“泼了一瓢冷水”。

2017年4月10日，银监会发布《关于银行业风险防控工作的指导意见》，首次把“现金贷”纳入整治范围，并提出严格执行最高法院关于民间借贷利率的有关规定，不得违法高利放贷及暴力催收。

2017年4月17日和18日，京深沪均下发“现金贷”排查方案。19日，广州互金协会要求会员单位自查自纠。短短数天内，北上广深四大互联网金融重镇，均已开始对“现金贷”业务展开行动。

“分类处置，立即叫停，存量业务逐步压降至零，及时移送公安机关”是监管行动中出现的关键词。

银监会认为，现金贷最大的罪状是利率畸高。据公开资料统计，市面上78家比较知名的现金贷平台，平均利率158%，有47家平台的年化利率超过100%，高于最高法院关于民间借贷利率上限为36%的规定。

更有不少企业会从借贷本金中先行扣除利息、手续费、管理费等不同名目的“砍头息”，使得借款人实收金额少于合同约定金额，变相提高借款利率。

高息现金贷平台的战略转向

目前现金贷平台常见的风险包括信用风险、骗贷风险、经营风险、政策风险等等，这导致现金贷平台坏账率居高不下。苏宁金融研究院互联网金融中心主任薛洪言在接受笔者采访时指出，国内的现金贷参与者面对的通常是，被商业银行信用卡业务抛弃的用户，信用卡贷款的贷坏账率在现金贷很难实现。

此前有媒体报道，目前国内现金贷平台的坏账率在 30% 左右，有一些做得还不错的平台应该也在 15% 左右，美国现金贷业务的坏账率在 20% 左右，而国内小额现金贷坏账率最高能到 50%。毫无疑问，多数平台的现金贷用户违约率很高。

“现在，现金贷行业乱象的确比较严重，但并不能完全否认现金贷的价值。这一业务有其存在的合理性和必要性，关键在于要做到合规运营。”一位银监会人士透露，“现金贷新政”的这一个多月以来，不少高息现金贷平台正在筹备战略转向。

“站在借款人的角度，低息永远是现金贷类产品的核心竞争力，这一点，现金贷平台在发展过程中始终要有清醒的认识。”薛洪言分析道：“认识不到这一点，便不能及时转变业务策略，业务模式迟迟不能摆脱高息的掣肘，习惯于粗放式增长，而极难进行精细化转型，以至于当行业大洗牌来临时（如此次的监管整顿），就失去了继续博弈的资格。”

而关于高息现金贷平台的战略转向，薛洪言给出的建议是，起步阶段需要寻找细分场景，迅速做大份额；但是到了快速发展期，则需抵制高息诱惑、转换发展引擎，依赖科技驱动；最后需要构建生态，平稳转型进入可持续增长阶段。

可以预见的是，战略转型将是现金贷平台面临的巨大挑战。对于被迫转型的现金贷平台来说，除了从高息问题开始转变策略之外，还需要从降低成本、产品细节、运营模式、技术能力等多方面进行调整。

2017年6月3日，清华大学教授廖理在清华五道口金融论坛上发表演讲指出："现金贷在国内是有市场的，的确改善了一部分人的福利，但是它也同时带来了恶意催收、过度消费的问题。"在他看来，一个好的监管政策应该引导金融产品改善设计，对于现金贷等类似的产品，要理性对待其机遇和风险。

"当然，不管是监管部门还是网贷平台，都不应该寄希望于通过不定期整顿来杜绝问题'现金贷'。而引导网贷平台追求先进的互联网技术内核和风险控制理念，这才是问题'现金贷'由"恶"向"善"，转型为互联网消费金融的关键。"中国社会科学院金融研究所银行研究室主任曾刚表示。

第五节　透视北银消费事件

被处罚的北银消费金融的大股东是上市公司北京银行，而对北银消费金融的一纸罚单撕开了消费金融繁荣背后的诸多问题。

北银消费事件，真的只是个案吗？这家贷款余额超过200亿元的消费金融公司，何以沦落至此？诸多漏洞下，迅猛扩张的消费金融公司到底该从该事件中反思些什么？

再次"犯了错"

与草根P2P平台相比，银行系出身的北银消费金融公司（以下简称"北银消费"）有着严谨的风控，不用太费劲就能找到相对优质的项目，他们更容易被投资者所信任，也正因此，从出生起就被寄予厚望。

然而，2017年9月1日，北京银监局发布公告称，因贷款和同业业务等违规行为，对北银消费实施900万元的处罚，同时对该公司两名高管分别实施12年银行禁业和取消10年高管任职资格及2年禁业的处罚。

这并不是北银消费第一次被罚。2016年6月30日，北银消费曾因违规发放贷款等问题被北京银监局罚款150万，引起行业哗然。此次被罚又被曝出其在贷前审核、贷后管理、绕开上线管理、合作方管理上都存在着风控漏洞。

作为中国第一家消费金融公司、曾经的国内最大的消费金融公司，北银消费出身显赫。那么，到底发生了什么，让北银消费遭受北京银监局如此重罚？

事实上，从2015年开始，社会上针对北银消费的投诉和举报越来越多，最终引发银监部门介入。

根据网络公开信息，许多受害者声称，他们在不知情或者被欺骗的情况下，被中介公司从北银消费申请了消费贷款，也就是“拉人头”贷款，此后被北银消费追债，乃至央行征信被影响。有媒体曾报道：北银消费与一些中介公司合作拓展客户，部分合作公司借此从北银消费违规套取资金，贷款客户并非实际资金使用人，资金用途和去向不透明。

除此之外，北银消费很可能涉及：发放不符合条件的个人贷款；将贷款调查的全部事项委托第三方完成；超越或变相超越贷款权限审批贷款；授意借款人虚构情节获得贷款；对借款人违背借款合同约定的行为应发现而未发现，或虽发现但未采取有效措施等。

值得注意的是，北银消费2016年巨亏13亿元以上，投资该公司的除北京银行外，万达集团、联想控股等知名企业均受其拖累，被套其中。

银行也缺钱

北银消费事件发生到现在，怎样违规放贷早已不是最大的看点，追究“骗贷门”的根源是当务之急。业内人士告诉记者，有银行做股东也并不代表消费金融公司不缺钱。

2017年3月，湖北银行旗下的湖北消费金融被监管处罚了50万元，起因即是通过券商非公开发行资产支持证券专项计划进行融资，超出了消费金融公司的业务范畴。

而事实上，成立两年的湖北消费金融已实现盈利。据股东鄂武商A2016年年报显示，湖北消费金融2016年总资产为34.8亿元，净资产为5.5亿元，净利润为0.28亿元。但即便如此，湖北消费金融仍面临资金难题。对此，湖北银行相关负责人表示，主要是消费金融业务发展迅猛，导致资本充足率出现逐步下降趋势。

据参与过消费金融公司调研的相关人士介绍，目前消费金融公司的融资渠道主要有向金融机构借款、同业拆借、接受股东境内子公司及境内股东存款、发行金融债券和资产证券化五种途径，此外还可通过探索信托计划、发行资产支持商业票据或理财计划等方式，筹措所需资金。

有在中小银行工作的网友表示，目前，他拉下脸四处借钱四处碰壁，顶格利率都借不到一分钱，特别是非银机构，资金面更是紧张到随时都有违约可能。

关注宏观经济的都知道，从 7 月开始，隔夜利率就一路往上走，接近 2017 年的最高点。

隔夜就是隔夜资金，指的是借出时间为一个晚上的周转资金，流动性最好，交易量最大，这种利率最能反映市场实际的货币需求，同时也代表了市场间应急能力的大小。

那么，银行为什么这么缺钱?

各种原因中，银行业大整治，才是造成银行缺钱的关键原因。

在监管日趋严格的时代背景下，银行的考核标准不断刷新高度，很多业务在开展的时候都受到限制。包括把银行的表外理财纳入 MPA 考核，整改银行的同业乱象，甚至还要把资产规模 5000 亿元以上的银行发行的一年以内同业存单纳入 MPA 考核。

一直以来表外理财和同业业务都是银行生钱的利器，现在最容易生钱的办法都被限制了，存款又被余额宝、P2P 等其他机构拉走了，银行怎能不缺钱。特别是同业存单纳入 MPA 考核，更是给了中小银行当头一棒。

中小银行风险显露

与国外有数十年的消费金融发展的历史相比，中国的消费金融开展不足 10 年。2010 年，银监会共向 20 多家机构发放消费金融牌照，所发放大消费金融牌照数量不多，一度是行业内争抢的香饽饽。这 20 多家公司中，绝大多数以银行系企业主导，消费金融成为银行发展非传统消费信贷业务的重要辅助工具。

互联网金融途径被大都银行作为开展表外事务的一个途径，凭借途径来满足表内事务中有融资需要的客户。这种运营理念的误差造成了银行系途径在职业的内的为难境况，金融市场竞赛剧烈，各途径为了扩展途径流量、抢占商场规划，继续加大途径推广等推广投入，而这种做法与商业银行的传统运营理念相违背。

在互联网金融迅速打开市场的今日，传统银行的运营理念，让银行系途径在剧烈的竞赛中彻底处于被迫，其标准的风控、流程办理非但没有成功招引用户，反而因其庞大的构成架构变为途径的负担，制约了途径的开展，在越来越多的财物写入互联网金融后，其背靠商业银行的先天优势也变得化为乌有。

值得注意的是，2017 年 9 月，作为中小银行融资工具的大额可转让定期存单，已有创纪录的 2.3 万亿元到期。这个超大规模的存单到期，会让原本资金就很紧张的中小银行更加捉襟见肘。最近银行发生了好几单莫名其妙的事，不是储户存款不翼而飞，就是存款无故被质押，要不就是各种理财产品飞单，银行不认账。这些单个事件联系起来看，其实就是一种明显的信号，一些银行的风险暴露出来了。

第六节　新金融的大教训

1. e 租宝事件

2015 年 12 月 3 日晚，知名平台 e 租宝被经侦突查，40 余人被警方带回调查，疑涉嫌非吸自融等问题，90 多万投资人资金得不到保障，有如一声巨雷，震动了整个互联网金融行业。在被查之前，凭借惊人的增长速度，e 租宝曾被奉为业界的一个传奇。

“e 租宝”靠着高额利息、发展客户返利为诱饵，各大媒体大力度宣传，一年半内非法吸收资金 500 多亿元，受害投资人遍布全国 31 个省市区。e 租宝对外宣称，其经营模式是由集团下属的融资租赁公司与项目公司签订协议，然后在“e 租宝”平台上以债权转让的形式发标融资；融到资金后，项目公司向租赁公司支付租金，租赁公司则向投资人支付收益和本金。事实上绝大部分项目都是假的。

2. ico 欺诈

2017 年 9 月 11 日，中国央行等七部委发布公告叫停代币融资。公告认定，ICO 本质上是一种未经批准非法公开融资的行为，涉嫌非法发售代币票券、非法发行证券以及非法集资、金融诈骗、传销等违法犯罪活动。

2017 年 9 月 13 日，中国互联网金融协会在其官方微信公众号上发布《关于防范各类以 ICO 名义吸收投资相关风险的提示》，其中指出：国内外部分机构采用各类误导性宣传手段，以 ICO 名义从事融资活动，相关金融活动未取得任何许可，其中涉嫌诈骗、非法证券、非法集资等行为。广大投资者应保持清醒，提高警惕，谨防上当受骗。

在业内人士看来，90% 的 ICO 项目是蓄意骗钱，剩下的 10% 中又有 90% 是伪需求。从形式来看，ICO 可以分为纯粹骗局和真实融资需求两种。知名 ICO 项目小蚁币、量子链的投资人在经历了上百倍的收益狂欢后，更多投资人一拥而上。

3. 裸条事件

裸条（裸贷）是在进行借款时，以借款人手持身份证的裸体照片替代借条。“裸条”借贷值得关注——女大学生用裸照获得贷款，当发生违约不还款时，放贷人以公开裸体照片和与借款人父母联系的手段作为要挟逼迫借款人还款。2017 年 1 月 19 日，甘肃定西警方抓获一名“裸条”放贷者，并以敲诈勒索罪对犯罪嫌疑人杨某刑事拘留。

4. P2P 平台跑路频发

伴随着 P2P 的火热，P2P 平台跑路或关闭也呈现出愈演愈烈之势。2016 年 10 月以来，几乎平均每天就有 1 家 P2P 平台陷入资金链断裂或倒闭状态。网贷天眼运营中心的监测显示，2013 年有 70 余家 P2P 平台涉嫌诈骗或者跑路；2017 年 6 月倒闭的网贷平台多达 7 家，其中有 3 家跑路、4 家涉嫌诈骗，最快跑路平台，浙江的恒金贷仅仅上线半天便失去联系。此外，北京地区首次出现 P2P 平台跑路现象，打破了北京网贷行业安全性极高、不存在跑路平台的神话。

5. IGOFX 外汇骗局

2017 年 6 月 9 日凌晨，突如其来的爆仓让大多数投资人损失惨重。据统计，IGOFX 在进入中国仅仅半年左右的时间里，疯狂发展下线 40 余万人，受害人总计被骗金额高达 50 亿美金，合人民币 300 多亿！而这一金融诈骗组织在中国境内的总头目，竟是一位 1991 年的高颜值美女！

6.“善心汇”事件

“善心汇”名为精准扶贫，实为非法传销，高收益为诱饵，通过网络虚假宣传，采取“拉人头”方式大肆发展会员，一年时间裹挟群众逾 500 万人，涉案金额 92 亿元。但是剥开光艳的外皮，内部就是一个通过拆东墙补西墙来瞒天过海的“庞氏骗局”。

2017 年 9 月，公司法定代表人张天明等多名主要犯罪嫌疑人被执行逮捕。经查，犯罪嫌疑人张天明等人以“扶贫济困、均富共生”、构建“新经济生态模式”为名，故意歪曲国家“精准扶贫”等有关政策，在互联网设立运行“善心汇众扶互生大系统”，同时以高额回报引诱参与人变相缴纳门槛费，以发展人员的数量作为返利依据，引诱参与人继续发展他人参加“善心汇”组织，骗取巨额财物，严重扰乱经济社会秩序。

7. 泛亚事件

昆明泛亚有色金属交易所号称世界最大的稀有金属交易所，自 2011 年开盘以来，投资热浪令市场震惊。泛亚一直宣传的是政府成立的（相当于国企），并且有过央视的宣传报道，昆明政府也多次表扬泛亚。更有许多爱国人士为了泛亚“为国储藏稀有金属争夺国际话语权”口号而投资，结果血本无归。

据悉，泛亚的铟价比市场价高 25%–30%，它的货其实没有真正用户购买。从投资者手中拿到钱之后，泛亚实际上是自己买入了“铟”，并且囤积起来。在“钱”变成“货”之后，泛亚只有拿后来投资者的钱，付给之前的投资者，这就是典型的“庞氏骗局”。

在 2015 年 4 月份就有投资人发现，不仅收益提不出来，连本金也无法提现。2015 年 9 月 22 日、23 日，昆明泛亚有色金属交易所股份有限公司资金链断裂，挤兑维权事件集中爆发。据统计，全国合计近 22 万人受骗，涉及资金高达 430 亿。

8.《叶问 3》票房造假引发互联网众筹信任危机

2016 年 3 月，电影业传来《叶问 3》票房造假的消息。而有意思的时候，《叶问 3》背后居然是一个金融产品，投资方快鹿集团从一开始就预期票房为保证，发行了多支与之相关的基金，还通过苏宁金融众筹平台做了众筹。快鹿集团围绕《叶问 3》的金融产品做了各种衍生交易，把 P2P、众筹、股市、基金、理财产品联系到了一起。而一损俱损，票房造假引发连锁效应，快鹿集团随即陷入兑付危机。

在围绕《叶问 3》发行的金融产品中，涉及苏宁众筹的只有 4050 万，金额并不是最大的。但是，这个事件引发了公众对众筹平台的质疑，《叶问 3》的所谓众筹实际上是年化收益率 8% 的金融产品，这种众筹所蕴含的风险谁来承担？《叶问 3》最后以苏宁起诉冻结快鹿集团财产得以兑付。而更多的所谓股权众筹风险更大，只要没有下一轮的接盘侠或者 IPO，就会血本无归。

9. 快鹿事件

快鹿集团吸收公众存款达到 150 亿元，此案涉及投资者 10 万人左右。快鹿集团从 2016 年 3 月底爆发兑付危机以来，用经侦追讨回的集团应收账款等资金合计仅兑付了 7 亿元。

快鹿集团爆发兑付危机已经超过一年，上海警方终于对该集团作为一个整体刑事立案；快鹿涉嫌罪名是集资诈骗，较之 2016 年针对快鹿下属部分融资平台的“非法吸收公众存款”更加严重。

10. 中晋资产崩盘

中晋资产“涉嫌非法吸收公众存款”以及“非法集资诈骗”。截至案发中晋累计向 2.5 万名投资者非法吸收金额累计近 399 亿元，涉及 1 万 2 千多名投资者。目前，中晋未兑付金额超过 52 亿元。

其实中晋系的套路也是差不多的——骗投资人的钱，一边拆东墙补西墙，一边自己享受挥霍。这个徐勤也挺能作，自己就挥霍了 5 个亿。

11. 华赢凯来兑付危机

2016 年 6 月，一种高架巴士“巴铁”走红，其投资方华赢凯来也受到关注。据了解，“巴铁”爆红当时，华赢凯来也对外发行“巴铁”基金进行募资。随后，“巴铁”神话破灭，华赢凯来也步入了资金链危机，兑付一再拖延。兑付危机，涉及4万多名投资人，未兑付金额达到48.86亿元。

2017年6月28日–30日，警方先后将白某某（男，47岁，河北省邢台市人）等32名犯罪嫌疑人抓获归案。目前，上述人员均已被依法刑事拘留，警方正在全力开展审查取证、追缴涉案资产等工作，依法最大限度保护投资者的合法权益。

12. 侨兴债违约

2014年侨兴集团发行10亿元发债，三重担保看似靠谱。2016年12月15日，风云突变。侨兴向广东股交中心发送了《保险告知函》，表示其因近期流动资金紧张，无法按时还款。广东股交中心把《保险出险通知书》发给了浙商，并把情况告诉了招财宝，几方都要求浙商财险及时启动理赔流程。但浙商却以材料不齐为由与广东股交中心互踢皮球，再到惊爆浙商与广发行之间的疑似“萝卜章”保函，这场狗血大戏让投资人目瞪口呆，无所适从。

据报道，10亿元债券，其中7亿元被用来偿还银行贷款，且大部分流向了广发银行惠州分行。截至2014年10月22日，侨兴电讯、侨兴电讯合计需偿还惠州分行贷款逾10亿元。

不仅如此，财新网援引一位曾就侨兴融资接触过广发银行惠州分行的信托机构人士的话称，广发银行惠州分行借贷侨兴贷款存在较高不良率，而广发银行惠州分行出具保函的动机就是为了保证私募债发行成功，从而可以收回贷款，弥补不良贷款窟窿。

13.“淘宝众筹”涉嫌欺诈 消费者屡遭骗刷

据了解，2016年出现倒闭、转型及其他问题的众筹平台数量高达206家众筹平台倒闭，众筹行业主要问题有跑路、提现困难及众筹板块下架等。据“中国电子商务投诉与维权公共服务平台”数据显示，“淘宝众筹”的投诉数量占2016年互联网金融领域投诉总量的5.17%，“淘宝众筹”是用户投诉的热点众筹平台，问题主要有涉嫌欺诈、退货退款难、质量有问题、售后态度差等。

第十二章

金融安全与法制

不以规矩，不成方圆。新金融发展日新月异的当下，自然面临着因技术、模式变革而带来的诸多变化。但与此同时，监管的滞后性亦决定了，金融安全与法制是新金融蜕变式发展中不可或缺的一环。

一方面，要允许金融技术与模式变革所带来的前所未有的创新，以及未来无限的商业前景。另一方面，也不能忽略这种变革给用户、行业、国家金融体系所带来的潜在风险。正因为此，学界、业界无时无刻不在探索着构建金融安全与发展的科学体系，寻求金融创新发展的良性循环。

第一节　普惠金融亟须密织安全网

2016 年是互联网金融行业具有转折意义的一年。行业监管政策密集落地，金融科技创新方兴未艾，经历了行业洗牌到渐入佳境，2017 年将成为互联网金融走向成熟发展的新起点。截至 2017 年 1 月底，网贷行业运营平台高达 2388 家，较上月下降 60 家，互金行业开始进入存量发展期。从整体部署来看，互联网金融风险整治行动的长期效果将在 2017 年更加突出。着眼于推进风险管理、安全管理与合规管理，是行业长效发展的健康保障。

加快建立全国互联网金融风险监测预警平台

由于我国互联网金融发展较快，市场上拥有大量的互联网金融平台，同时该行业存在着鱼龙混杂的现象，致使投资者很难辨别出问题平台。监管层应坚决贯彻中央经济工作会议“要把防控金融风险放到更加重要的位置”的部署要求，抓紧研究建立全国互联网金融风险监测预警平台，利用互联网思维、大数据理念和技术，做好互联网金融监管服务工作，及时反映互联网金融风险警情、警兆、警源及变动趋势，不断提高互联网金融常态化监测和风险识别水平。

建立全国互联网金融风险监测预警平台有利于营造良好的互联网金融生态环境，促进其规范、有序、健康的发展。一方面利用互联网大数据创新技术，及时发现互联网金融企业存在的异常情况，能够对其进行综合分析和预警；另一方面还可以建立互联网金融基础资源库，为监管部门提供技术和数据支撑。

加强互联网金融司法保护，营造法制化环境

2016年，互联网金融专项整治取得了阶段性成果，行业风险的整体水平在下降，互联网金融风险案件高发、频发的势头已经得到初步遏制。数据显示，自2016年10月份专项整治以来，P2P网贷行业平台数量在两个月的时间内锐减了310多家。同时，自专项整治工作启动以来，截至2016年底，公安机关查处的互联网金融案件达1400起，处罚人员4800多名，涉案金额高达5000多亿元。

如果说2016年是监管政策的颁布期，那么2017年将进入到一个具体执行期，各种监管政策的过渡期、整改期临近，都将加速行业洗牌。但同时，良好的行业环境需要执法机构依法履行其职能，严厉打击互联网金融领域的非法集资等行为，还要严格根据各项监管意见要求，彻底清除不合规平台，营造互联网金融司法保护法治化环境。

同时，相关执法机构还要准确把握罪与非罪界限，确保打击犯罪与保护创新相统一。注重区别对待，贯彻宽严相济刑事司法政策，保障互联网金融生存发展。此外，还可以建立健全互联网金融行政执法与刑事司法衔接机制，建立专家咨询制，加强与法院、公安机关的沟通协调，加强内设部门和上下级机关之间的协作配合等，提高互联网金融检察工作水平。

建议加强互联网金融立法和网络借贷业务监管

作为国家普惠金融战略的重要阵地之一，互联网金融在过去一年走得并不平稳。从《关于促进互联网金融健康发展的指导意见》，到《网络借贷信息中介机构业务活动管理暂行办法（征求意见稿）》《互联网金融风险专项整治工作实施方案》等一系列的监管政策已经为国内互联网金融行业发展定下了一个基本准则：平台唯有合规，才能长期发展。

但在2016年，由校园贷引发的裸条事件对社会产生了极大的负面影响。作为校园贷的承载主体，互联网金融平台也因此躺枪，甚至到了一种“人人喊打”的地步，部分平台还因此陷入浩劫。透过现象看本质，造成这种现象的根本原因在于随着互联网金融深入发展，部分网络借贷平台绕开了有关部门的监管，直接与大学生对接。因此，互联网金融、网贷市场监管滞后也是一项重要原因。

目前，互联网金融立法和监管严重缺乏，缺乏有效的引导和管理。这突出表现在三个方面：互联网金融机构法律定位不明，法律缺失留下监管真空，涉网金融犯罪现象不断突显。因此，监管层应制定切实可行的措施、采取必要的手段，及时规范校园网贷市场，重拳打击校园高利贷，强化互联网金融的监管力度、广度和深度。同时，还要以此为戒，加强互联网金融立法和对网络借贷业务的监管。

完善互联网金融行业征信系统建设

征信体系建设是我国社会与经济发展的必然要求，是我国市场经济的最新组成部分，是我国创新社会管理的重要内容之一。近两年，我国P2P网贷平台数量不断增加，然而在急剧扩张的背后频现的网络信贷公司“倒闭潮”也暴露了互联网金融信用体系建设滞后和监管缺失的问题。社会信用体系建设越来越受企业、个人重视，社会信用体系在建设过程中引进互联网金融征信系统更是迎合了互联网金融发展的需要。

目前而言，央行征信模式是快速建立互联网金融征信体系的有效途径。要在完善互联网金融征信法律法规体系、明确互联网金融征信行业标准的前提下，推动互联网金融信用信息纳入央行征信系统，建立互联网金融征信体系的思路。

央行征信系统在实现金融贷前贷后风险预警等业务中发挥着非常重要的作用，几乎所有的商业银行都把查询征信系统作为审查贷款的必经环节。互联网金融信用信息纳入央行征信系统是实现快速建立互联网信用信息统一平台、构建网络信用体系的有效路径。在互联网金融行业征信系统和征信标准化建设逐步建立和完善的情况下，应积极推动互联网金融全面接入央行征信平台，建立金融机构、互联网企业、第三方支付机构等对接机制和信用信息交换机制，形成央行征信系统和互联网金融征信系统的相互促进、互为补充。

鼓励互联网金融布局农村金融，但同时也要注意风险控制

目前，市场不断催化农产品生产进行升级改良或转型，需要大量的资本投入；我国农村还有很多农户的金融需求无法得到满足，仍然有很多农户面临“贷款难、贷款贵”的问题。但同时，随着农业供给侧结构性改革的不断推进，农村互联网金融基础设施的逐渐完善和服务的深入渗透，“互联网 + 金融”的创新形式将逐渐成为发展农村经济发展的推动器。因此，监管层应鼓励互联网金融布局农村金融，使其在服务“三农”、加强农村金融创新中发挥应有的作用，进而确保农业供给侧结构性改革和新动能的培育得以健康推进。

作为市场主体，互联网金融机构应抓准时机，做好“金融下乡”，深耕农村蓝海市场。以“互联网 + 农业”帮助市场进行资源调配和流通，为农民提供及时有效的市场供需信息、资金、技术等支持。

但在此过程中也要加强自律和监管，2017 年的一号文件中，首次提出要严厉打击农村非法集资和金融诈骗，积极推动农村金融立法。互联网金融机构要积极顺应中央政策要求，拥抱监管，自律规范，积极推动农村金融立法，严厉打击农村非法集资和金融诈骗。而监管部门则应针对农村实际，依据不同产业、规模、种类等因素，出台相关监管政策，完善互联网金融监管体系。最终实现创新与防范互联网金融风险并进。

鼓励互联网金融企业组建党组织，落实全面从严治理

近年来，互联网金融行业飞速发展，但跑路、非法集资等违法行为不绝于耳，与十八届五中全会规范和发展互联网金融的精神严重不符。所以，加强互联网金融非公企业的党建工作迫在眉睫。监管层应鼓励互联网金融企业积极开展党建工作。互联网金融企业规范发展过程中党建工作的必要性主要体现为两个方面：

一方面是指互联网金融企业所属行业的特殊性。作为新兴金融业态的互联网金融企业，往往借助互联网、大数据等新技术来开展相应业务，它的服务对象比传统金融要广泛得多，很容易覆盖全国，这也意味着这一行业企业发展到一定程度会转化为公共属性。

另一方面是指互联网金融企业的内部人员数量及其结构特性。由于“线上”与“线下”结合是互联网金融企业业务特点，故互联网金融企业员工既有来自传统金融机构的员工，也有来自互联网公司的年轻人。因此，党建工作在促进互联网金融企业的引导力、凝聚力、约束力、社会责任感和历史使命感等方面起到关键作用。

此外，互联网金融企业开展党建工作，还有助于引领企业“守法诚信”和履行社会职责。“守法诚信”的党建工作目标。习近平总书记指出：“党和法的关系是一个依法治国根本问题，党和法、党的领导和依法治国是高度统一的”。具体来说，不管是前几年针对互联网金融出台的行政法规，还是2016年多部委出台的专项整治工作方案以及银监会等四部委联合发布《网络借贷信息中介机构业务活动管理暂行办法》，都是在党的领导下为互联网金融企业健康发展而指定的行为规范，因此，引领互联网金融企业严格尊重法规和合规经营是党建工作基础内容。

履行企业社会责任。它是“坚持全心全意为人民服务”重要表现之一。互联网金融企业的社会责任主要体现在：响应国家政策，发挥互联网金融企业在国民经济体系中应有的作用，传播行业正能量和推动行业发展，并通过脚踏实地的公益活动来回馈社会。

（本文作者系91金融CEO　许泽玮）

第二节　P2P 设红线能否带来行业的春天

P2P 监管细则的出台，像是给目前 P2P 所面临的监管缺失问题打了一剂强心针，也能一定程度上扭转整个行业野蛮生长、疯狂发展的局面，淘汰不合规的中小平台，为运营规范的新生代平台带来更多的机遇。

2015 年 12 月 28 日，银监会会同工业和信息化部、公安部、国家互联网信息办公室等部门研究起草了《网络借贷信息中介机构业务活动管理暂行办法（征求意见稿）》（以下简称《征求意见稿》）。这是自 2014 年互联网金融火爆以来，金融监管部门第一次以规章方式对其提出要求。《征求意见稿》设定了 18 个月的过渡期，过渡期内，网贷（P2P）机构可规范自身行为，自查自纠、清理整顿，逐步走向健康发展轨道。

P2P 监管细则的出台，让人联想到不久前发生的 E 租宝与泛亚等 P2P 跑路事件。

上线 505 天，吸金 747 亿元，涉及 89 万投资用户，成为仅次于陆金所、网信理财、红岭创投的第四大 P2P 网贷平台，e 租宝的突然倒下将互联网金融跑路一事上升为全民关注的焦点，引发一系列连锁反应。大大集团、安昊控股、融业网等将越来越多的投资理财平台被投资者“扒皮”，据不完全统计，截至 2015 年 11 月末，全国正常运营的网贷机构共 2612 家，撮合达成融资余额 4000 多亿元，问题平台数量 1000 多家，超过全行业机构总数的三成、整个 P2P 行业在 2015 年 12 月中旬迎来了赎回高峰，这几乎是由 E 租宝事件直接引发的“信任危机”。

P2P 监管办法可谓是“千呼万唤始出来”，《征求意见稿》确定了网贷行业监管总体原则是以市场自律为主，行政监管为辅。对 P2P 取消了准入门槛监管，转而实行负面清单管理，同时明确提出不得吸收公众存款、不得归集资金设立资金池、不得自身为出借人提供任何形式的担保、不得利用本机构互联网平台为自身或具有关联关系的借款人融资等十二项禁止性行为，为P2P行业监管划出12条红线。

虽无准入门槛，但是客户资金必须由银行托管的政策，无形中已将小型或风险大的平台挡在门外。中信银行资产托管部处长王亚洲表示，未来商业银行在选择合作的P2P平台时，会遵循监管部门的标准，综合考虑P2P机构的资信情况、经营能力等。而那些无法合规的P2P平台，必然会被市场淘汰。

近两年来，P2P平台争相转型一站式互联网金融理财超市，提供基金、保险、债权、股权等多种产品，比如陆金所、积木盒子、91金融、人人贷、宜信等。在不少P2P高管看来，这是现有P2P业务的自然延伸，也代表一定的行业发展趋势。拍拍贷CEO张俊认为，在这种情况下，大量制度套利者、无风控能力的平台将退出市场。

P2P监管细则的出台，像是给目前P2P所面临的监管缺失问题打了一剂强心针，也能一定程度上扭转整个行业野蛮生长、疯狂发展的局面，淘汰不合规的中小平台，为运营规范的新生代平台带来更多的机遇。

第三节　消费金融：衍生的道德与法律风险

任何一个行业从诞生走向成熟都不可避免的可能会遭遇一系列的乱象，消费金融也不例外。2016年，有数百位读者向笔者爆料关于消费金融的各种问题，其中主要集中在：无牌经营、恶意欺诈、利息过高、收取变相砍头息、暴力催收等。

在2016年全国“两会”上，防范金融风险成为两会代表热议的话题之一，随后监管重拳连连出击，经过一年整治，互联网金融风险不断降低，然而也出现了新的风险高发领域——消费金融。

近些年来，“消费升级”成为极为火热的一个名词，也是一个极具包容性的一个名词。的确，高质量的生活已经是当下主流消费人群的追求，这促使消费金融蓬勃发展。

但任何一个行业从诞生走向成熟都不可避免的会遭遇一系列的乱象，消费金融也不例外。2016年，有数百位读者向笔者爆料关于消费金融的各种问题，其中主要集中在：无牌经营、恶意欺诈、利息过高、收取变相砍头息、暴力催收等。

无牌机构归属及监管成谜

2013年银监会公布的《消费金融公司试点管理办法》（下面简称《管理办法》）第四条规定，消费金融公司名称中应当标明“消费金融”字样。未经银监会批准，任何机构不得在名称中使用“消费金融”字样。

据不完全统计，截至目前获得消费金融牌照的机构不到20家，包括蚂蚁花呗、京东白条在内的大大小小数千家做着消费分期的企业均是无牌经营。

为避免违反《管理办法》，无牌经营的消费金融公司对自己的称呼多种多样，有的自称为金融科技公司，有的自称为助贷机构，还有的自称为场景化分期服务商，在监管问题上各个公司也是口径不一。

笔者曾向10家体量较大且无牌经营的消费金融公司就监管问题进行问询，得到的回复各不相同，其中有的平台以小贷牌照作为放款资质接受一行三会及地方金融局监管，有的平台没有任何牌照将自己定义为网贷平台受《网络借贷信息中介机构业务管理暂行办法》管理，还有的平台干脆表示不受任何部门、政策监管。

对于这类名称各异、监管不明的现象，中央财经大学中国互联网经济研究院副院长欧阳日辉对笔者表示，从事消费金融业务的公司自称为金融科技公司或者助贷机构都是在打政策的“擦边球”。

欧阳日辉认为，因为金融行业的牌照管理制度比较严格，所以一些机构在申请牌照无望的情形下，难免通过合作或者改变称呼来做消费金融业务，这对监管层提出考验：一是我们的牌照管理模式是否有利于消费金融发展；二是如何把这股消费金融蓬勃发展的力量引导到正确的方向，让金融回归为实体经济服务的轨道，光堵不疏的政策，可能会引发市场的反感。

乱象频发的消费金融

2016年数次爆发的裸贷风波及各类校园贷恶性事件的背后都有消费金

融的影子，然而这只是冰山一角，消费金融的商业模式注定了消费金融业务的开展必将充满坎坷。

一般来说，开展消费金融业务的公司，同时也会开展短期、小额的现金贷，放款对象一般为过去没有征信记录的客户，且只审核身份信息、联系方式等基本信息的真实性，对于还款能力没有过多审核，所以消费金融更像是一个网络信用卡，不过相对于银行发放的信用卡来说，消费金融的门槛很低，所有成年人都可以成功地在消费金融平台上贷款。

此外，消费金融公司用户的贷款目的都是消费，然而由于消费金融公司的主要客源来自于线下，用户受业务人员的欺诈、诱导的现象严重，很多本没有贷款需求的用户在业务员的诱导下而负债，甚至曾有大型消费金融公司的内部人士向笔者透露，其所在公司定期集中培训如何忽悠客户进行消费分期、贷款，可见其中所存的道德风险之大。

上面两类情况，必然导致的一个结果就是，超高的坏账，而解决坏账问题的三个手段就是增加费率、扣砍头息、暴力催收，而暴力催收的方式包括但不限于裸贷、援交、恐吓。

对于民间借贷的利息及费率问题，《最高人民法院关于审理民间借贷案件适用法律若干问题的规定》第三十条规定："出借人与借款人既约定了逾期利率，又约定了违约金或者其他费用，出借人可以选择主张逾期利息、违约金或者其他费用，也可以一并主张，但总计超过年利率 24% 的部分，人民法院不予支持"，按照此项规定，大部分消费金融公司的费率都是不受法律保护的。

对于砍头息，我国《合同法》第 200 条明确规定："借款的利息不得预先在本金中扣除，利息预先在本金中扣除的，应当按照实际借款数额返还借款并计算利息。"

笔者曾在"名校贷""现金白卡""向钱贷"等多个从事消费金融和小额现金贷的平台上发现以各类名义收取变相砍头息、加收各项费用的情况，而用户一般在这类平台的借款综合成本一般为本金的 30%–50%（年利率）左右。（计算方式为：用户利息及各项费用 / 实际到手金额）

对于消费金融公司收取高额费用、利息的情况，北京众鑫律师事务所谢罡对笔者表示，实际上高利息并不违法，但如果平台收取的年利息超过了24%，就不受法律保护了。

野马财经智库成员、大成律师事务所肖飒律师对笔者表示，司法规定在借贷过程中不能有砍头息（即提前扣除利息），如果放款本金中是扣除还款保证金后，把剩余的部分打给借款人，属于变相的砍头息，涉嫌违法。

由此可见，当下的消费金融公司多存在法律和道德风险。

消费金融或成风险高发区

过去互联网金融的风险高发区为P2P网贷，但随着监管层的重拳出击，行业发展趋势明朗，P2P网贷的道德风险、法律风险均逐步降低。

和前两年频频“跑路”的P2P网贷不同，消费金融的资金端多来源于银行、信托等金融机构，资金端承受的风险相对较小；相反，在消费金融市场中，因消费分期和小额现金贷无证可入的情况严重，导致整个市场龙蛇混杂，加上消费金融公司放款流程过于简便、客户人群分散且无明显特征、业务人员的诱导和欺诈等因素，导致消费金融市场中处于弱势群体的是借款人（资产端），而非资金端。

虽然当下的消费金融存在巨大的道德、法律风险，但是监管层也一直在努力整治包括校园贷在内的消费金融乱象，可以预见的是，未来消费金融也必将如今天的P2P网贷一样，逐渐回归清明，真正成为服务大众的消费金融行业。

（本文作者陈剑锐，供职于野马财经）

第四节　功能监管可解金融风险

面对我国面临的金融风险，吴晓灵认为，是时候将机构监管变为功能监管和行为监管

北京，梅地亚中心多功能厅。这座建成于1988年的弧形建筑，2017年

3月10日早上挤满了兴奋的记者。全国人大代表、全国人大财经委副主任委员吴晓灵在这场专场记者会上表达了她对于金融监管架构改革的看法。

“机构监管要向功能监管转变”

从央行正会同证监会、银监会、保监会拟出台《关于规范金融机构资产管理业务的指导意见》，到全国两会期间“一行三会”多位领导表态，大资管产品统一监管的政策已经得到监管层确认。

“我对监管体制改革的想法，不是简单地把三会合在一起，或者简单地把三会合并到央行去。”吴晓在记者会上表达了她对于监管架构改革的看法。“金融机构尽管有很多业务相互渗透，但是金融业务本质上的东西是不会因此而改变的，比如银行主要吸收存款、发放贷款，创造信用货币，银行吸收存款和创造货币的特性是不会改变的。证券机构要搭建投资者和融资者的桥梁，保证信息的真实全面，这种中介机构的本性也不会改变。保险公司基于大数法则，进行经济补偿的功能也不会改变。”

那么，金融机构综合经营下如何监管？吴晓灵认为，应该对应的是功能监管和行为监管。

“过去我们是机构监管，监管机构通过发放、吊销牌照，对机构的审慎经营进行管理。而行为监管是，即便机构的牌照不是我发的，但是你做了我所管的功能的事，还是要到我这里来领取牌照。”吴晓灵认为，在综合经营的大背景下，交叉经营的资产管理产品，应该按照法律属性交由证监会统一监管比较好。

“综合经营的情况会出现很多风险，我们的监管体制不管怎么改变，对于央行在整个金融体系当中所承担的货币政策职能和金融稳定职能是不会改变的。金融市场最终流动性的提供者是央行，央行既担负着货币政策的制定和实施的责任，也担负着金融稳定的职能。”吴晓灵建议，综合经营情况下，要从单纯的机构监管，向功能监管和机构监管相结合转变，而央行要更加强调它承担金融稳定方面的任务。

吴晓灵认为，央行有其特殊性，在纷繁复杂的国际国内金融形势下，需要有效的央行，货币政策更加有效，汇率政策也要更加有效。只有这样，才能拥有一个比较稳定的金融系统，来应付更加复杂的国际国内形势。

事实上，世界各国的监管体制各种各样，受各自的历史、文化和现实的经济条件等制约。“要有稳定的金融防范框架，更好地让宏观审慎和微观审慎结合在一起，形成一个有效的货币政策调控体系，如果能达到这样的目的，无论哪种模式都是合适的。”吴晓灵说。

“影子银行的风险需格外重视”

2017 年开年以来，一系列防控金融风险的信号相当明确——

2 月 28 日，习近平总书记在中央财经领导小组第十五次会议上强调，防控金融风险，要加快建立监管协调机制，加强宏观审慎监管，强化统筹协调能力，防范和化解系统性风险。

3 月 5 日，李克强总理在政府工作报告中表示“经济金融风险隐患不容忽视”，并点名对不良资产、债券违约、影子银行、互联网金融等累积风险要高度警惕。

在这次专场记者会上，吴晓灵也多次提及“风险”。

“在我看来，影子银行的风险需格外重视。”吴晓灵指出，影子银行的本意是在银行信贷之外的非银行金融活动，有些有执照，有些则没有。在中国，大量的影子银行活动主要是有执照的非银行金融机构开展的，最容易引起风险的是资产管理产品，市场也叫做理财产品。

“资管产品之所以容易出现风险有三点原因。首先，规则不统一，层层嵌套，拉长了债务链，隐含了很多风险。其二，投资者的适当性坚持得不好，因而出现投资者的风险承受能力与投资方向不匹配。其三，数据不清晰、投向不清晰，难以对其风险进行判断，一旦出现风险，有感染性和波及性，会出现比较严重的问题。”吴晓灵说。

“近几年理财产品发展非常快，金额非常大，包括证券公司、基金管理公司、期货经纪公司，私募资产管理产品，数额都是比较大的，而且横跨银证保各个领域。如果不能很好地了解这些产品的投资者、投向等准确数据，经济下行的情况下，当一些产品出现违约，容易引发风险。”吴晓灵认为，这就是由人民银行牵头建立资产管理产品统一监管办法的原因。

她介绍称，目前由央行主导、各个监管当局一起制定资管产品的统一标准，坚持穿透性监管原则，投资者要穿透到最终的投资者、产品要穿透到最终用钱的产品。“要建立资管产品的综合统计系统，了解总量、关联度、杠杆水平、资金投向，了解和化解资管产品风险。”吴晓灵认为，资管产品是现在风险比较严重的一方面。

在吴晓灵看来，目前正在制定中的统一监管规则，有针对性但也有不足。对于资管产品法律关系的认识不一致，资管既有信托关系、也有委托关系。“资管产品本身是一个信托产品，是一种信托关系，本身是一个证券，”吴晓灵认为，如果明确是信托法律关系的证券，可以把监管的责任主体归于证监会。

第五节 《沙盒监管》对我国金融创新监管的启示

沙盒是一个“安全空间”，在其中企业能够测试创新产品、服务、商业模式及交付机制而不会立即招致从事有关活动而致的所有正常监管后果。

《沙盒监管》是英国金融行为监管局于 2015 年 11 月递交给英国财政部的有关开展沙盒监管可行性和实用性的报告。报告由六个主体部分以及四个附录组成，详尽说明了英国引入沙盒监管的原因，沙盒监管的具体实施，以及需立法变革的条款等。《沙盒监管》的宗旨是英国金融行为监管局（FCA）为保护消费者的利益，寻求去除对创新不必要的监管壁垒，促进金融服务的有效竞争，建设性地与创新企业合作而首创的一种金融创新的监管制度。

金融发展史已经充分说明金融的发展就是金融创新的结果，没有金融创新就没有金融业的发展。金融创新是为了满足社会需求的结果，同时金融创新会伴随风险的产生，人类社会为了消解金融创新的风险就采取了对金融业的监管机制，也因此在金融业发展过程中有一个永久的“金融监管与金融创新的关系”探讨的话题。“金融监管与金融创新的关系”问题主要是：首先，在整个金融发展史中，金融监管总是滞后金融创新，因此在金融创新过程中无法有效地发挥金融监管消解金融创新带来的风险；其次，金融监管对金融创新的阻碍作用；再其次，在创新过程中怎样保护参与金融创新的客户的权益（金融消费者的权益）。这些问题一直困扰着人类社会，以至于人类社会不断在遭受金融风险带来的灾难，这也是金融监管产生于金融危机，又在不断地在金融风险事件和危机中变革的原因所在。

我国自 2013 年以来的互联网金融创新发展过程中也同样面临和亟待要解决这些问题。英国金融行为监管局的《沙盒监管》报告里程碑式地解决了这些问题。

沙盒是一个“安全空间”，在其中企业能够测试创新产品、服务、商业模式及交付机制而不会立即招致从事有关活动而致的所有正常监管后果。

英国金融行为监管局成立了创新中心，该中心运营已有一年了，由金融行为监管局设立的创新项目通过支持正在开发的、能够真正提高消费者体验及成果的产品和服务的小微、大型企业的方式，来推动金融服务的竞争和增长。

《沙盒监管》解决这些问题的具体措施：解决金融监管滞后于金融创新的问题

为了能够解决金融监管对金融创新的制约问题，又能够控制风险，《沙盒监管》采取了创新企业申请制，并制定了进入《沙盒监管》的标准，为了能够激励企业的金融创新还采取了虚拟沙盒与沙盒保护伞的灵活的方式。

（一）授权式沙盒式的创新监管

进入该沙盒监管需要金融行为监管局授权。第一步，公司使用沙盒的提案：公司向金融行为监管局（FCA）提交测试提案，提出新解决方案以及它将如何满足标准。第二步，金融行为监管局（FCA）评估：金融行为监管局（FCA）审查提案，如果符合资格标准，则接受该提案。案例官员被分配为公司的联系人。第三步，公司和金融行为监管局（FCA）合作并同意测试方法：如果提案被接受，金融行为监管局（FCA）将与公司合作建立最佳沙盒选项，测试参数，测量结果，报告要求和保护措施。第四步，正式交付沙盒选项：金融行为监管局（FCA）允许公司开始进行测试。第五步，测试及监测：公司开始测试，并根据步骤3所达成的一致意见与金融行为监管局（FCA）进行磋商。第六步，公司递交最终报告、金融行为监管局（FCA）审查最终报告：公司递交有关测试结果的最终报告，金融行为监管局（FCA）审查最终报告。第七步，公司决定是否将会提供解决方案：在金融行为监管局（FCA）收到并审查最终报告之后，公司决定是否将在沙盒之外提供解决方案。

（二）虚拟沙盒

创新公司进入虚拟沙盒不需要金融行为监管局的授权。虚拟沙盒可以由行业引入。这将是一个使公司能够在不进入真正市场的情况下测试其解决方案的环境。所有创新者都可以使用虚拟沙盒，无论他们是否被授权。这对于不能构建自己的沙盒的小型初创企业来说可能是最有用的。寻求与老牌公司接触的技术公司也可以受益；被接受到虚拟沙盒中可以鼓励更多的现有老牌公司参与新的解决方案。这种环境还可以使多个企业与其他感兴趣的各方（例如学术界）之间进行合作，以更快速和更可靠的方式开发出创新的解决方案。该模式在《沙盒监管》中建议："我们认为金融行为监管局（FCA）不需要设置虚拟沙盒；该行业自身就很好地设置了一个有用的虚拟测试环境。但是，我们建议促进感兴趣各方之间的协作，并在开发虚拟沙盒时提供支持。"

（三）沙盒保护伞

私营部门的利益相关者共同行动应当考虑设立一个非盈利的沙盒保护伞公司：该公司能够寻求来自金融行为监管局的授权，并允许创新企业作为试验持续时期内的"指定代表"。金融行为监管局将帮助设立保护伞，并提供持续的支持和建议。该模式《沙盒监管》规定：" 依据行业规则，非营利性的公司可以以沙盒保护伞的方式成立。未经批准的金融创新者作为被沙盒保护伞公司委派的代理人，在保护伞的庇护之下提供他们的服务。与其他被授权的组织相同，沙盒保护伞公司需要通过批准的方式被授权然后受到金融行为监管机构的监管。沙盒保护伞公司将会监管其委派的代理人。对于金融创新者来说，与第三章规定的严格的审批条款相比，本条款对于目的的实现来说会花费一些周折，但是使用起来更加的快速和简便。金融监管者为了实现自己的权利，不需要再申请授权并且符合授权要求。通过对解决方案的考察，沙盒保护伞公司将会评估是否那些申请成为代理人的公司有能力胜任。这是一种有价值的评估方式。由于并非所有被监管的组织都有合格代理人公司那样的内部组织制度，所以不是所有的金融创新者都会有能力使用沙盒保护伞。例如，这种内部组织制度就不适用于保险公司以及管理投资公司。这些公司就需要通过第三章规定的严格授权条款来加入沙盒。”

英国金融行为监管局通过上述三种金融创新的准入机制解决了监管滞后于金融创新的问题。只要企业想进行金融创新就要通过上述的机制进入了监管的视野。

解决金融监管对金融创新的制约问题

这个问题的解决体现在《沙盒监管》的概述中的介绍：金融行为监管局为了消费者的利益，致力于促进监管金融服务的有效竞争。破坏性创新是有效竞争的重要组成部分，这也是我们开展项目创新的原因。项目创新的目的是支持那些为消费者提供新的产品和服务，挑战现有商业模式的创新。为了做到这点，我们建设性地与创新企业合作，并寻求去除对创新不必要的监管壁垒；《沙盒监管》中的“沙盒”是一个“安全空间”，在其中企业能够测试创新产品、服务、商业模式及交付机制而不会立即招致从事有关活动而致的所有正常监管后果；修改豁免规则：可以对豁免规则进行修改，为沙盒公司引进授权豁免制度。如果公司符合沙盒状况并且金融行为监管机构确认它符合沙盒准则，那么豁免条款将会适用；修改以商业目的制度：可以对商业目的制度进行修改，从而规定沙盒公司不被视为从事商业目的的活动，因此它不能成为被监管主体。如果公司符合沙盒状况并且金融行为监管机构认为它符合沙盒准则，那么这一条款将会适用；另外也体现在沙盒保护伞方面的规定。依据行业规则，非营利性的公司可以以沙盒保护伞的方式成立。未经批准的金融创新者作为被沙盒保护伞公司委派的代理人，在保护伞的庇护之下提供他们的服务。与其他被授权的组织相同，沙盒保护伞公司需要通过批准的方式被授权然后受到金融行为监管机构的监管。沙盒保护伞公司将会监管其委派的代理人。

金融创新的消费者保护

在整个《沙盒监管》报告中体现的主要宗旨是保护消费者的权益。在《沙盒监管》报告中的附录 4 阐述了消费者保护的方式。如《沙盒监管》中规定："FCA 能够采取很多方法保护参加沙盒测试的消费者。方法一：在临床实验中，沙盒公司仅能够对信息包含在测试范围内的消费者试用新的解决方法。消费者应被告知测试的潜在风险以及可获得的补偿。方法二：商业机构可以寻求适用沙盒关于消费者信息披露、消费者保护、消费者赔偿的建议。FCA 将会根据获得我们同意的建议来进行商业活动。方法三：参加沙盒测试的消费者和与其他授权公司产生争执的消费者之间享有同等的权利（例如：消费者可以先向公司投诉，然后向 FOS 投诉，如果公司投诉失败，还可以向 FSCS 寻求救济）。方法四：加入沙盒的一个条件是：商业机构必须承担向消费者赔偿所有损失的责任（包括投资损失），并且应当证明其有足够的资产确保赔偿。"

启示

我国自 2013 年互联网金融创新发展至今一直在探讨摸索能够适应我国互联网金融健康发展的长效金融监管机制。英国金融行为监管局《沙盒监管》报告是值得我们借鉴和学习的。首先，我国对金融创新也应采取《沙盒监管》的理念。其次要制定适合我国的《沙盒监管》制度。我国《沙盒监管》制度制定应从以下几个方面进行：

第一，《沙盒监管》主体需要明确。《沙盒监管》的主体应由目前各类机构的监管机构负责。

第二，《沙盒监管》的具体模式。模式应从创新的风险程度与创新机构的风险控制能力进行划分为一般沙盒创新、虚拟沙盒创新与沙盒保护伞三种模式。

第三，《沙盒监管》的具体制度。《沙盒监管》的各模式的准入制度；沙盒内运行制度；沙盒内运行的期限；沙盒内运行的责任；沙盒内的客户范围等。

第四，消费者的保护具体机制。

（作者李爱君系中国政法大学互联网金融法律研究院院长，教授、博士生导师）

第十三章

趋势篇：金融的未来

金融往何处去？这是官方、学界与业界共同关注的话题。一方面，技术与模式的创新，让监管不断细化；另一方面，一个行业的变革又牵扯到其他行业的方方面面。金融的本质和意义，决定了这一行业具有前一发动全身的作用，尤其是金融对于我国当下的战略和定位，都有着重要的影响。

第一节 “一带一路”倡议下的金融递变

过去的5年时间里，“一带一路”从一个倡议遐想到落地为被沿线国家交口称赞的政策，中国在其中起着至关重要的作用，从一开始就与金融一词息息相关。

2013年9月和10月，国家主席习近平在出访中亚和东南亚国家期间，先后提出共建“丝绸之路经济带”和“21世纪海上丝绸之路”的重大倡议，得到国际社会高度关注。习近平主席这一区域合作的倡议提出以后，得到了世界各国的广泛关注和积极响应。两年之后的2015年3月28日，国家发展改革委、外交部、商务部联合发布了《推动共建丝绸之路经济带和21世纪海上丝绸之路的愿景与行动》，这个“一带一路”的愿景与指南，正式宣告“一带一路”进入了全面推进阶段。

顶层设计 金融助力

2016年8月17日，在北京人民大会堂举行的推进“一带一路”建设工作座谈会上，习近平主席出席并发表重要讲话。他就推进“一带一路”倡议提出了8项要求，其中，“切实推进金融创新”赫然在列。习近平主席强调，要切实推进金融创新，创新国际化的融资模式，深化金融领域合作，打造多层次金融平台，建立服务“一带一路”倡议长期、稳定、可持续、风险可控的金融保障体系。

2017 年 10 月 11 日，上海市政府印发《上海服务国家“一带一路”建设发挥桥头堡作用行动方案》。《行动方案》共 8 个部分，聚焦 6 大专项行动，提出了 60 项具体行动举措，而“金融开放合作”正是六大专项行动的第二项。

根据《行动方案》，金融开放合作专项行动共涵盖了 10 项举措：要把握国家金融开放和人民币国际化机遇，在风险可控前提下，依托上海自贸区金融改革创新，对接“一带一路”金融服务需求，加强与上海国际金融中心建设联动，目标是把上海建设成为“一带一路”投融资中心和全球人民币金融服务中心。围绕企业普遍关心的跨境资金汇兑问题，行动方案提出，要加快推进人民币跨境支付系统（CIPS）二期建设，打造人民币跨境支付和清算中心；进一步拓展上海自贸试验区自由贸易账户功能。围绕全面对接企业的投融资需求，提出要完善面向“一带一路”的投融资服务体系，支持沿线国家（地区）在上海发行熊猫债等人民币证券产品，支持境内外优质企业利用上海资本市场发展；加大开发性和政策性金融支持力度，争取国家开发银行和中国进出口银行加大对通过上海开展“一带一路”项目的贷款支持。围绕拓展金融市场开放度，提出要加强上海金融市场与沿线国家（地区）双边和多边合作，支持在沪金融市场与沿线国家（地区）交易所、登记结算机构间的双边业务和股权合作，深化黄金国际板建设和“上海金”定价机制；尽快推出原油期货等。

《行动方案》的出台，某种程度上也可以说是上海市响应习近平主席在 2017 年年初时做出的指示。就在 2017 年 3 月 5 日，习近平主席在全国“两会”期间参加上海代表团审议时指出，要把上海自由贸易试验区建设成为服务国家“一带一路”建设、推动市场主体走出去的桥头堡。

实际上，上海只是各地积极响应“一带一路”倡议的地区之一，随着“一带一路”倡议的不断推进，越来越多与“一带一路”相关的区域、机构、团体和企业，都将抢抓这一千载难逢的机遇，适时出台相关配套措施，在“一带一路”的推进中实现共赢。

战略高地　创新渊薮

从“一带一路”倡议的推进不难看出，资金融通是“一带一路”建设的重要支撑，而“一带一路”也为进一步的金融合作拓宽了前景。“一带一路”建设，不仅有助于深化金融合作，推进亚洲货币稳定体系、投融资体系和信用体系建设。同时，也利于加强金融监管合作，推动签署双边监管合作谅解备忘录，逐步在区域内建立高效监管协调机制。

在2017年5月召开的“一带一路”国际合作高峰论坛上，我国财政部与26个国家财政部门就“一带一路”融资指导原则达成共识，并与6家多边开发银行共同签署“一带一路”合作谅解备忘录。可以预见，相关举措将为下一步资金融通搭建有效的政策和机制平台。

在“一带一路”建设进程中，我国政府通过统筹国内各种资源，强化政策支持，大力推动了亚洲基础设施投资银行筹建，发起设立丝路基金，强化中国—欧亚经济合作基金投资功能。与此同时，还推动银行卡清算机构开展跨境清算业务和支付机构开展跨境支付业务，积极推进投资贸易便利化，推进区域通关一体化改革。这些积极的举措都取得了显而易见的成效。

第一，随着大量中国企业和投资走出去，人民币在“一带一路”区域的认可度大大提升，将有助于在这条世界上最长的经济走廊中形成“人民币区”，“一带一路”将为人民币国际化提供新的发展动力。中国与哈萨克斯坦，乌兹别克斯坦等国家的中央银行已经签署了双边本币互换协定，中国大力拓展跨境金融交易通道在全球14个清算行安排中七个在“一带一路”沿线的国家地区支持人民币成为区域计价。

第二，金融机构和服务走出去大大提升了中国对外话语权的感召力，进而推动能源金融中心建设和提升金融领域话语权。

第三，通过与“一带一路”倡议的融合，当前国内在技术和模式方面有着显著进步的金融创新，也得到了进一步助推。一方面，作为运用互联网、大数据、人工智能等新兴科技，金融科技有助于提升与“一带一路”有关的金融服务效率，重塑传统金融业的客户行为和服务结构。

前中国人民银行行长周小川曾经撰文明确指出，在金融科技的发展和带动下，各国可以更有效地推动以互联网 / 电信支付、手机银行为核心的普惠金融，加强经验交流，为“一带一路”建设提供多渠道、广覆盖的金融服务。

截至目前，不仅是亚投行、丝路基金这样的金融实体积极参与“一带一路”建设之中，很多金融科技的领先者也因地制宜，在“一带一路”建设中发挥着积极的作用。

成就显著　未来可期

2017 年 5 月 14 日，习近平在“一带一路”国际合作高峰论坛开幕演讲《携手推进“一带一路”建设》中，对过去四年“一带一路”在金融领域取得的合作成果予以评价：这是“资金融通不断扩大的 4 年”和“贸易畅通不断提升的 4 年”。习近平主席举例，中国同“一带一路”建设参与国和组织开展了多种形式的金融合作。亚洲基础设施投资银行已经为“一带一路”建设参与国的 9 个项目提供 17 亿美元贷款，“丝路基金”投资达 40 亿美元，中国同中东欧“16+1”金融控股公司正式成立。这些新型金融机制同世界银行等传统多边金融机构各有侧重、互为补充，形成层次清晰、初具规模的“一带一路”金融合作网络。

在“一带一路”中起到重要作用的亚投行，是习近平主席 2013 年 10 月 2 日倡议筹建的。2014 年 10 月 24 日，包括中国、印度、新加坡等在内 21 个首批意向创始成员国的财长和授权代表在北京签约，共同决定成立亚洲基础设施投资银行。亚投行行长金立群表示，成立亚投行的亚洲地区乃至世界各地引起了巨大的反响，各方对此寄以厚望，亚投行的成立初衷，则是为了解决世界银行，亚洲开发银行无法满足亚洲资金需求这一问题。

与此同时，中国同“一带一路”参与国大力推动贸易和投资便利化，不断改善营商环境。仅哈萨克斯坦等中亚国家农产品到达中国市场的通关时间就缩短了 90%。2014 年至 2016 年，中国同“一带一路”沿线国家贸易总额超过 3 万亿美元。中国对“一带一路”沿线国家投资累计超过 500 亿美元。中国企业已经在 20 多个国家建设 56 个经贸合作区，为有关国家创造近 11 亿美元税收和 18 万个就业岗位。

不仅如此，未来中国对于“一带一路”建设的金融支持将日渐深入和拓展，正如习近平主席在 2017 年合作高峰论坛开幕讲话中所说：

中国将加大对“一带一路”建设资金支持，向丝路基金新增资金 1000 亿元人民币，鼓励金融机构开展人民币海外基金业务，规模预计约 3000 亿元人民币。中国国家开发银行、进出口银行将分别提供 2500 亿元和 1300 亿元等值人民币专项贷款，用于支持“一带一路”基础设施建设、产能、金融合作。我们还将同亚洲基础设施投资银行、金砖国家新开发银行、世界银行及其他多边开发机构合作支持“一带一路”项目，同有关各方共同制定“一带一路”融资指导原则。

回顾“一带一路”倡议的确定与实施历程，我国的金融的改革、发展与创新无不深度融汇其中，为这一国家级顶层战略保驾护航。而另一方面，这一重要战略的实施，也在客观上推动了我国的金融发展与实践。

第二节　迭代之后，风口吹向何方？

中国新金融发展正处于一个关键的阶段，业界聚焦的是：当“疾风暴雨”已过，中国新金融将凭借什么在未来走得更远。

不论是从业者还是研究学者，都不约而同地认为技术或将决定新金融的未来走向。在经济步入新常态的背景下，从移动支付到银行存款、金融资产、金融信息，互联网金融几乎无处不在，其向传统金融领域全面渗透已经成为行业共识。互联网金融发展到今天，机构通过支付、网贷、理财、众筹等不同业务都找到了各自在市场中的角色。

这些市场参与方在探索各自业务模式的同时，也产生了多元化的资产需求。目前，通过互联网金融平台流通的资产，除了最初的个人借款之外，开始引入更多的如私募债、直融工具、金融资产收益权、票据、黄金等各种不同类型的金融资产。

可以看出，资产管理业务和新金融业务的融合发展已经是大势所趋。以移动互联网、大数据技术、区块链，人工智能等为代表的信息技术，正在新资产领域得到广泛应用。

大资管需求正在延伸

大数据的运用会逐步成为互联网金融的核心，目前我国大资管时代的到来，其实最为深刻地反映了商业银行在互联网金融的冲击下，负债成本高起而优良资产无处可寻的困境。

据笔者了解，近年来，无论是银行、保险、基金、信托还是互联网金融机构，都纷纷瞄准了资产管理业务。有客群积累的传统金融机构自不必说，互联网金融机构在发展到一定体量之后，也纷纷朝着大资管的方向将原有品牌和业务转型升级。

以前，对少数富裕人群的资产而言，才有财富管理概念，但随着人们理财意识的增强，私人式及个性化的财富管理需求不断延伸，越来越多的中产人群也需要定制化的资产管理服务。

然而，仅凭现有传统金融机构的服务能力和服务数量，并不能充分满足财富金字塔顶端资管需求，因此对新金融投资顾问的需求应运而生。

在当前以 P2P 等为特色的平台纷纷打着“高收益理财产品”的募集资金的背景下，事实上大部分产品均处于监管缺失的灰色地带，而在目前信用体系尚不完善，对于真正想长期规划互联网企业来说，将其自身设计的金融产品进行托管，可以使银行为其产品信用进行增信，而通过托管营运的投资监督与估值复核功能，也能够对资金划付和收益计算起到监管作用。银行机构的资管产品被认为是部分专注于产品的互联网金融企业的必然选择。反观银行机构，这些资管项目和银行自有资产又完全隔离，不占用银行风险资本。所以，双方在此类合作上往往一拍即合。

“随着监管限制政策逐渐放宽，各类机构竞争的壁垒一步步被打破，金融行业进入了以创新和混业经营为主体的大资管时代。”诺远控股创始人董事长兼首席执行官韩学渊表示，“未来互联网金融将有两个发展方向：一是基于大资管时代下的全牌照多业务，即在互金平台界面上可以进行基金、保险、银行的理财产品的销售；另一个则是面向目前民营机构的细分领域方向，比如这两年成长比较快的网贷、第三方征信、消费分期、众筹等。无论是哪种方向，互联网金融的未来必将越来越好。”

除此之外，2017 年互联网银行或网络银行也是一个重要趋势。中国社科院金融所法与金融室副主任尹振涛表示，随着监管政策的落地以及传统金融机构互联网业务开展的不断深入，BAT 或者互联网企业想要在互联网金融领域有更大的发展，互联网银行是一个有益的选择。也有专家指出，2017 年是互联网民营银行布局的关键阶段，真正的业务爆发时期应该是在 2018 年。

消费金融已处“风带”中

进入 2017 年，消费升级将继续拉动互金行业的可持续发展，而风控和合规性也将是网贷平台的主要工作。在笔者的采访过程中，不少业内人士认为，消费金融仍然是 2017 年的风口。从市场需求来看，近几年来，我国居民的短期消费贷款余额一直保持了 20% 以上的高速增长，万亿级的市场容量吸引了各类资本竞相涌入。

消费金融市场蛋糕究竟有多大？有机构预计，到 2019 年中国消费信贷规模将超过 37 万亿元，消费金融在我国还有巨大的市场提升空间。

消费金融正成为新蓝海，银行、零售、家电、旅游等各路资本正在加速入场。截至 2017 年年底，据公开信息统计结果，国内持牌消费金融公司已有 23 家，在 2016 年获批筹建的数量是 2015 年的两倍。仅从 2016 年年底至 2017 年年初，就有长银消费金融、包银消费金融、中原消费金融和长银五八消费金融相继开业，上述 4 家公司背后的城商行持股均超过 50%。

未来消费金融的发展或呈现三个特点：一是消费金融日益场景化，消费成为一种基于衣食住行的场景型消费；二是消费金融日益热点化，踩对热点可能就先一步触达消费金融的核心；三是消费金融市场的碎片化，各路资本都想将消费金融掠为囊中之物。

目前切入消费金融的各类资本很多，产业资本以其产业链的横向分工而切入消费金融。在西方主流发达国家，汽车、房地产、家电通讯甚至家具等厂商，都已深度介入消费金融，金融资产则以信用卡公司、普惠金融、小微金融和财富管理等方式，不同程度地切入这一市场。近年来还有日益众多的互联网企业关注和投身其中，互联网个人征信和场景化消费信贷急剧膨胀，良莠不齐。

伴随着整个消费大潮从线上向线下回归，消费金融也开始重新向线下市场渗透，然而，线下消费金融一直是传统金融机构的战场，如今，在新技术的冲击下，传统金融机构不得不考虑开放合作，尤其是在信用卡领域，借金融科技的力量留住消费者已经成为业内共识。

相对而言，线下消费有着更大的市场空间，同时也拥有丰富的消费场景，除了购物之外，还有餐饮、娱乐、医疗等众多线上消费所不具备的直接体验场景。从 2016 年开始，京东白条、蚂蚁花呗纷纷开始加速向线下消费领域扩张，涵盖了零售、教育、医疗、娱乐、旅行等多种线下消费场景。

伴随着新零售时代的到来，支付宝、微信线下扫码支付的流行，消费金融也开始在线下市场得到用户的热捧，尤其是受到消费主力群体的 80 后、90 后的欢迎。

大数据风控成新手段

风控对于任何一个金融产品都极为重要，尤其是对于消费金融产品来说，要想让产品能够走得长远，风险控制是核心与关键。

业内人士表示，2017 年的消费金融领域中，加强风控和合规是行业的主题。面对消费金融领域客户风险较高、客户信用信息不全、恶意欺诈频发、客户违约成本低、债务收回成本较高等诸多新的挑战，消费金融必须利用大数据风控丰富传统风控的数据维度，利用多维度的数据、算法和模型来实现快速识别借款人风险。

在新金融兴起的大潮中，无论是互联网系、电商系，还是银行系消费金融，都在积极布局大数据风控。而各家的商业模式、资源优势不同，应用的状态和优势也各异。

蚂蚁金服旗下的芝麻信用，利用梯度提升决策树、随机森林、神经网络、分群调整技术、增量学习技术等机器学习算法，为缺少信贷记录的人群做出客观的信用评价。

京东金融形成了由多种大数据机器学习模型构成的弱分类组合预测模型，借助随机森林、lasso 回归等算法，参考数千个预测变量，借此评估用户的还款意愿和还款能力。

相比依托场景化信贷的大型电商所布局的大数据风控，对于互联网消费金融公司来说，其大数据风控的模式和能力则更加重要。以马上消费金融为例，平台在运用传统客户身份识别手段的同时，增加活体识别、人脸比对等新兴技术手段，进一步增强客户身份识别精准度、有效防范控制第三方欺诈风险。在此基础上，马上消费金融以央行征信数据为基础，但又不局限于央行征信数据，充分挖掘并利用客户的其他信贷数据、消费数据、互联网痕迹数据等，生成高达几万个的风险变量，并分别输入不同的预测模型，例如欺诈模型、身份验证模型、还款能力模型、还款意愿模型等，更为精准细致的评估客户的信用风险和欺诈风险。

在构建模型的过程中，马上消费金融引用了先进的机器学习、随机森林、人工智能技术，以科技手段武装风控能力，来提高大数据风控的实效。据银监会公开数据，目前消费金融行业的不良率为 4.11%，马上消费金融的不良率只有 1.36%。

另一方面，大数据模型与自动化审批是相辅相成、相得益彰的。基于大数据模型的自动化审批，能不断优化信审流程、提升业务量，同时有效控制风险；而高速发展的业务也为大数据模型积累了更为有效的训练样本，使得模型可不断迭代更新，真正实现数据和技术驱动的信贷决策。也正是基于大数据模型的自动化审批，使得马上消费金融能够为广大用户提供审批速度达到秒级的消费贷款服务。

线上不良资产处置

如今，坏账率已经成为各家互联网金融公司“难以言说的痛”，清收不仅被认为是互联网金融风控建设的“最后一公里”，也是信贷风控末端的最后一道防线，在互联网金融发展过程中扮演着重要角色。2017 年清收市场不再是传统意义上的线下清收、暴力催收，越来越多的平台开始通过大数据做起了线上不良资产处置。

目前，众多互联网企业利用自身的平台，以及大数据、云计算等技术进军不良资产处置领域，根据企业服务内容的不同，可以分为以下几类：

金融资产交易所的网络资产交易平台。目前全国已有北京、深圳前海、天津、重庆等10余家金融资产交易所，全部实现了电子化和信息化，并设立了“网络交易大厅”形式的网络平台，其业务范围基本都包括了不良资产交易和处置。在金交所参与不良资产交易和处置的主体除了银行以外，还有四大金融资产管理公司和法院的司法拍卖等专门从事不良资产处置的机构。

依托大数据技术的不良资产委托催收撮合平台。此类平台利用大数据和云计算技术，通过对不良资产委托方和催收方进行撮合，成为连接委托方和催收方的不良资产处置平台。其基本运行模式是：首先由不良资产委托方发布委案信息；其次平台利用大数据技术寻找能与委托方匹配的催收方，主要包括催收服务公司、咨询管理服务公司、有清收服务的律师事务所等；最后由催收方应标，应标成功后开始进行催收，再借用大数据、云呼叫平台等互联网方式解决不良资产处置的痛点。

打包成理财产品销售不良资产。目前主要通过三种模式进行销售：一是众筹模式，二是B2B2C模式，三是“撮合委托 + 设计理财 + 理财出售”模式。

上述各类互联网 + 不良资产处置平台的涌现，为中国不良资产处置打开了充分的想象空间，用互联网思维扩展传统处置渠道，有助于对传统处置方式与处置流程进行优化，提高竞价和催收效率，从而加快不良资产的处置进度。

第三节　农村金融发展迎考

指导“三农”工作的第14份中央一号文件于2017年2月正式发布。在这份全文约1.3万字、题为《中共中央、国务院关于深入推进农业供给侧结构性改革加快培育农业农村发展新动能的若干意见》的文件中，对农业农村改革发展的突出问题提出了更为具化的政策措施。

“今年（2017 年）的中央一号文件在农村金融方面作出大篇幅的规定，相较往年写得也是最长、最多的。”中央农村工作领导小组副组长、办公室主任唐仁健表示，农业农村发展在“十三五”期间，投资和建设的需求很大，任务很重。特别是在经济下行、财力增收困难的背景下，如何筹集农业农村发展的建设资金，是个大问题。

与此同时，业内分析人士指出，中央一号文件也为农村金融机构指明了业务发展的重点和改革创新的大方向。

定方针

笔者注意到，与 2016 年作出的“加快推动金融资源更多向农村倾斜，发展农村普惠金融，降低融资成本”相比，2017 年中央一号文件给出的目标变为“加快农村金融创新确保‘三农’贷款投放持续增长”。

另外，文件还针对行业内非法集资、金融诈骗等事件从城市蔓延到农村的态势，首次提出了“要严厉打击农村非法集资和金融诈骗，积极推动农村金融立法”的相关表述。

显而易见，2016 年这一年中，在农村金融发展中表现最为突出的便是农村互联网金融、移动金融的发展，其中涉及非法集资或诈骗等问题尤为恶劣。对此，蚂蚁金服农村金融事业部负责人认为，中央一号文件中出台的新规定，将有助于农村金融规范化，加速包括互联网金融行业在内的相关金融机构洗牌，进一步净化行业环境，对规范化运作的平台型金融机构或企业来说，是一大利好消息。

值得注意的是，在这份助推农业供给侧结构性改革的文件中，银行业也被寄予厚望。中央一号文件指出，支持农村商业银行、农村合作银行、村镇银行等农村中小金融机构立足县域，加大服务“三农”力度，健全内部控制和风险管理制度。同时文件还提出，支持国家开发银行创新信贷投放方式。完善农业发展银行风险补偿机制和资本金补充制度，加大对粮食多元市场主体入市收购的信贷支持力度。

相关银行业机构对此也作出积极回应。中国农业银行日前出台的《关于贯彻落实中央一号文件精神 服务“三农”做强县域的若干意见》中指出，要积极做好涉农重大工程和项目金融服务，加强与发改委、农业部等部门合作，建立涉农重大项目工程包，大力拓展高标准农田、重大水利工程、“美丽宜居乡村”建设等重大建设项目。

不仅如此，中国农业银行表示还将拓展“三农”新主体和新业态金融服务，有效提升对农业产业化龙头企业的金融服务深度，支持农业适度规模经营，力争 2017 年拓展专业大户（家庭农场）10 万户。着力加强特色农业和特色资源开发金融服务，进一步强化县域小微企业和个人金融服务。

唐仁健还表示，对于“三农”而言，强调财政支农投入总量的增加才是关键。对此，中央一号文件要求要把农业农村作为财政支出优先保障的领域，确保农业农村投入适度增加。更为重要的是，文件中对相关方法举措也作出了更为具化的表述。

强助推

“确保农业农村投入，要下功夫用好用活存量，做好整合和撬动两篇大文章。”唐仁健分析指出，整合就是通过对存量资金统筹整合，撬动就是把有限的财政资金当做“药引子”，吸引金融和社会资本更多投向农业农村。

具体来看，一则要用好用活存量资金，提高资金的使用效能，把一分钱掰成两分钱用，实现两手抓；二是用财政有限的资金撬动金融和社会资本投入农业和农村。

既然要合理高效地用活存量，我国银行业金融机构的支农过程便不可忽视。我们了解到，仅“十三五”期间，国开行将发放脱贫攻坚贷款 1.5 万亿元，其中 2017 年计划发放 4000 亿元，精准支持贫困地区基础设施、易地扶贫搬迁、特色产业发展、教育卫生改善等领域。

而要撬动其他金融机构与社会资本更多地投向农业农村，中央一号文件也提出了更多机制和办法，大体包括七类：一是政府和社会资本合作，也就是大家很熟悉的 PPP。二是实行以奖代补。三是贷款贴息。四是建立担保机制，向市县一级延伸，其他渠道、其他行业也可建立涉农的担保体制。五是建立风险补偿基金，主要是考虑贷款银行出现风险时怎么给予一定补偿。六是设立各类农业农村发展的投资基金。七是加大政府债券，特别是专项债券，加大对地方农业农村基础建设项目的支持。

蚂蚁金服农村金融事业部负责人也表示，旗下开展的“旺农贷”“旺农保”“旺农付”等业务正是文件中提到需要撬动的“金融和社会资本”，而文件具体细化的机制和办法或有助于企业相关业务进一步深入农村，有可能为蚂蚁金服在农村业务的探索创新带来更大发展空间。

唐仁健也强调，若能实施好以上举措，或在很大程度上缓解“十三五”时期农村建设这个庞大的资金缺口，不仅能建立起金融和社会资本“下乡”的“导流渠”，也能疏通资金回流农村的“毛细血管”，助力供给侧结构性改革的推进。

补短板

有观点认为作为现代经济核心的金融领域中，传统金融的模式已经无法更好地服务大众，尤其是“三农人群”，使得农村金融日渐成为我国金融体系中的一块短板，而以京东金融、蚂蚁金服、宜信普惠等为代表的互联网金融创新力量的出现，不但能有效提高农村金融效率，且正在补齐三农发展过程中的短板或缺口。

国内首部三农互金蓝皮书《中国三农互联网金融发展报告（2016）》（下文统称“蓝皮书”）中显示，我国目前农村金融的需求缺口高达 3.05 万亿，目前只有 27% 的农户能从正规渠道获得贷款，40% 以上有金融需求的农户难以获得贷款。

91 金融创始人、董事长、CEO 许泽玮告诉笔者，“需求缺口下，单纯依靠传统金融机构的力量，很难实现覆盖。”中国社科院财经战略研究院互联网经济研究室主任、蓝皮书主编李勇坚也给出了一组数据支持这一论点。

据测算，2020 年三农互联网金融总体规模将达到 3200 亿元，其中，电商大数据模式预计占据 200 亿元，线下风控模式大概 2500 亿元，供应链金融模式占据 500 亿元。

“中央一号文件提出调整种植结构、全面振兴奶业、发展适度规模经营等要求，都对涉农业务给予支持与鼓励。”在接受笔者采访的过程中，宜信租赁总经理毛芳竹认为，文件为像宜信租赁这样的农村金融工作者提供了明确的指导。

“特别是从市场角度出发，我国农业规模化经营、机械化生产水平的不断提高，农民专业合作社、家庭农场、种粮大户等农业新型经营主体对高性能、复合型、智能化等大型农机具的需求日益旺盛。”毛芳竹指出，伴随农村产业链、价值链的全流程需求，资金匮乏成为现代化农村建设的难点。有别于传统的信贷模式，国家在近年来推出了一系列政策对农机融资租赁业务予以明确鼓励，使得这一业务模式在农村市场逐步活跃起来。

据了解，宜信普惠作为一家金融科技类公司，在农村金融市场已累积了近十年的经验，目前业务范围已经覆盖 93 个农村地区。而宜信普惠融资租赁作为旗下专业的农机金融服务机构，早在 2012 年时便在农机行业推出农机融资租赁服务，为购机资金匮乏的农户提供有别于传统金融机构的融资服务。

实际上，如何深入农村腹地、帮扶农村经济，让农民享受到和城市一样的优质消费和普惠金融服务，早在 2015 年初便成为京东在企业发展中重点关注的问题。

京东不仅提出了包括工业品进农村战略、生鲜电商战略和农村金融战略农村电商“3F 战略”，并且凭借“电商下乡 + 农产品进城”两条腿走路，收效显著。数据显示截至 2016 年 10 月，京东金融已经在全国 1500 个县、30 万个行政村开展业务。

在消费金融、供应链金融、理财、众筹、支付等多条线都实现了稳固发展的京东金融，为开展农村金融战略打下了良好的基础。京东农村金融负责人在接受采访时指出，针对农村特点和农民需求开发的“京农贷”解决了涉农企业融资，京东还通过支付、白条等让农民更好地享受消费，“京东下一步会将逐渐成熟的多条业务创新应用到广大农村地区，打造全产业链和全产品链的农村金融，满足农民在生产、收购、加工、销售等多个环节中产生的资金需求。”

不甘落后的蚂蚁金服也于2016年1月成立了农村金融事业部，经过一年多实践，探索出了服务三农用户的三种农村金融服务模式。

通过网络方式为全国范围的“三农”用户提供综合金融服务，包括支付、保险、信贷等服务的数据化金融平台模式；在信息化和金融服务欠缺的县域、乡村，蚂蚁金服联合阿里巴巴村淘合伙人、中和农信（中国扶贫基金会发起成立的小额贷款社会企业）等线下“熟人”，为用户提供贷款等金融服务的“线上+线下”熟人模式；面向龙头企业的大型养殖户，与中华联合财产保险股份有限公司（以下称中华保险）联手，提供从贷款到销售的金融及生态服务的供应链金融模式。

蚂蚁金服农村金融事业部负责人提供的一组数据显示，截止到2016年12月中旬，蚂蚁金服在支付、保险、信贷方面服务的三农用户分别达到1.5亿、1.3亿、3300万。

促创新

备受关注的是，2017年中央一号文件中删除了“互联网金融、移动金融在农村规范发展”的相关表述，但以另一种方式进行了更为具体的阐述。

在蚂蚁金服农村金融事业部负责人看来，中央一号文件“鼓励金融机构积极利用互联网技术，为农业经营主体提供小额存贷款、支付结算和保险等金融服务，推进信用户、信用村、信用乡镇创建”的表述，无疑是个利好消息，“这与蚂蚁金服‘让信用等于财富’，以及‘为世界带来微小而美好的改变’的价值理念不谋而合。”

而对当前已经在1500个县、30万个行政村开展各类农村金融业务，并构建起了一个以农民个体、涉农企业、农产品消费者及众多合作伙伴为核心的农村金融生态圈的京东金融而言，拥有9亿人口的农村市场，诱惑力相当巨大。《中国经济信息》记者了解到，京东金融已于日前宣布将深耕农村金融作为其2017年六大战略之一。

事实上，不但有京东金融、蚂蚁金服、宜信普惠等金融科技巨头将布局农村金融视为重大战略，一些“年轻有为”的金融科技企业也纷纷响应中央一号文件提出的“加快农村金融创新确保‘三农’贷款投放持续增长”的目标，努力把握这一发展机遇。

91 金融正是其中积极的年轻探路者。它不仅在北京延庆大庄科乡开展精准帮扶工作，还在贵州石门乡政府联合创建符合当地实际情况和特色的“乡村工坊”，实现造血式扶贫。“未来，我们会进一步助力贵州等农村区域借助‘互联网 +’等渠道打开销路，提升当地农民收入，或将复制建立更多的‘乡村工坊’，帮助农民实现‘本土化’就业，深入实践农村脱贫攻坚工作。”许泽玮如此表示。

许泽玮强调，当前互联网金融基础设施已经渗透到农村基层，发展农村各类经济都需要“互联网 + 金融创新”的形式予以支持和推动，但与传统金融机构相比，金融科技类企业在开展农村业务时确实会面临诸多挑战，例如要寻求更广阔的资金渠道、开发更大的市场、降低风险成本与人力成本。

不过，金融科技企业的优势也十分明显。在许泽玮看来，互联网金融可以加大农村金融市场的供给，提高农户、农民融资的可获得性，扩大金融服务的覆盖范围。“无论是互联网支付、P2P 网贷，还是互联网理财，互联网上的资金融通、支付、投资和信息中介服务等各个方面都可以为农村提供更便捷的金融服务体验。”同时，能够实现交易双方的直接沟通，有效减少中介作用，提高交易效率，降低交易成本。

实际上，不论传统金融机构还是金融科技类企业，在中央一号文件聚焦“三农”问题，突破解决农村金融发展难点、问题的过程中，都将迎来更多发展空间。“虽然双方在风险管理、成本把控、客户规模等方面存在差异，但彼此是互补的关系。”宜信普惠相关负责人坦言，希望有越来越多的金融机构能够进入这一市场，不断满足大量农村客户的潜在资金需求，将农村普惠金融的蛋糕做大。

对此，蚂蚁金服农村金融事业部负责人也进一步表示，未来将一如既往地加深在农村金融方面的实践，充分发挥互联网技术的优势，与更多金融机构等合作伙伴一起服务三农用户，助力我国农业面向现代化、规模化发展。